生涯輔導與諮商

《理論與實務》

Career Guidance and Counseling :

Theories and Practice

吳芝儀◎著

自　序

「生命究竟有沒有意義並非我的責任，但怎樣安排此生卻是我的責任。」

～赫曼．赫賽

　　莊子逍遙遊中，最膾炙人口的故事，大概就屬大鵬與小雀的對話了。大鵬的故鄉在遼闊的北海，本尊是碩大無朋的「鯤」，化身為「鵬」之後，雙翅奮力搏擊能在水面濺起三千里的波濤，順風盤旋展翅高飛則如遮天的雲彩，能奔向九萬里的高空，往南海而去。然而，一旦缺乏風勢的助力，大鵬的雙翅也沒有了用武之地。地面上的小雀和斑鳩忍不住譏笑大鵬：「我們跳躍著就飛了起來，想飛就飛，碰到樹枝就停下來歇息，雖然飛不高，但也自由自在。何必要辛辛苦苦衝向九萬里的高空到南海去呢？」

　　究竟是大鵬或小雀才真是「逍遙遊」？恐怕是個見仁見智的問題。大鵬有大鵬的使命，小雀有小雀的自在。順應著自己的本性，將自己的潛能發揮到極致，擁有自己的目標、欣賞自己的生活方式，不妄自菲薄、不怨天尤人，人生就有更充分的機會可以自在逍遙，可以自我實現。所以，赫曼．赫賽說：「一個人生活的目標不應該以世俗的成就為標準，而應該在生活與行為上把自我實現到極致」。

　　在人群之中生活的我們，經常為了和別人比較優勝劣敗，而忘卻了自己真正的理想和目標；或者為了不辜負別人的期待，而勉強壓抑自己深層的憧憬和想望。即使在社會上獲得了偉大的成就，聰明才智足以服千萬人之勞，然而當肩頭擔負的壓力愈是沉重，愈需要為了讓大多數人滿意而隱藏自己真正的感覺，愈是無法做回真正的自己。

我們總是期待向艱難挑戰可以獲致高度的成就感，成就感的滿足會帶給自己快樂的感覺，並對自己感到滿意。然而，當成就不是為了讓自己快樂而是為了讓別人滿意時，成就與快樂的天平也將會嚴重失衡，終至迷失了自己。不可否認每個人都有他自己的生活哲學。對相同一件事，當思考的觀點不同，看重的層面有別，即會衍生南轅北轍的生活態度。

　　據傳在一幅中國名畫中，繪著三位中國哲學大師圍繞著一罈醋，每個人都正將蘸著醋的手指頭從口中移出。於是觀畫者正好可以看到他們在品嚐同一罈醋之後，凝住在臉上的表情：一個充滿酸味、一個苦澀溢於言表，一個則笑容滿面。由於畫中那一罈「醋」代表人類「生活的本質」，大師的表情則反映了他們的人生哲學。對於那位充滿酸味的大師，生活總是無法與自然取得和諧，人類社會因此需要許多禮節規約，以防制人們誤入歧途。而那位苦澀溢於言表的大師，卻相信人類世界充滿苦難折磨，唯有禁絕一切物欲，始能避免災禍。最後，笑容滿面的大師，則相信人類日常生活經驗皆是吾人可以從中學習的自然導師，故與自然事件和諧共存的結果，自然是愉快的。

　　據說，品嚐到酸味的大師是孔子，味覺苦澀的大師是釋迦牟尼，感覺到香甜味的大師則是老子。三位大師反映了影響中華文化至為深遠的儒、道、佛三家思潮。姑且不論該幅名畫的真實性，但不同的思想觀點會讓我們對人生或人間世抱持著相當歧異的生活態度，卻是不爭的事實。

　　因此，面對自己這一生長遠的發展歷程，我們如何看待自己、他人和人生，決定了我們的生命主題和生涯發展方向。

　　由於工作佔據人類生活的絕大部分，我們不可必避免地透過工作來掌握生活，也透過工作上的表現來尋求個人的意義和價值，並在工作中致力於達成自我的實現。工作的選擇和發展即成為生涯發展歷程中至關重要的議題，亟須深入而廣泛的探索，釐清目標和方向，並發展出循序漸進的行動計劃。對尚未進入工作世界的青少年，尤須提供適當有效的協助策略，以增進其各方面的良好準備，因應工作世界的挑戰，達成最佳的生涯發展與充分的自我實現。

「生涯輔導和諮商」的目的，即在協助立足於生涯發展起點上的青少年進行自我和生涯探索；提供生涯技能的學習機會和適當的生涯安置；協助遭遇生涯發展難題的青少年克服困難，促成有效的生涯選擇和決定；協助已確立生涯目標的青少年擬定行動計劃，進行生涯規劃。

　　本書的目的有二：一方面彙整有關生涯發展、選擇和輔導的理論，及針對各階段學生實施的生涯輔導方案，以提供各級學校老師位學生實施生涯輔導與規劃的理論依據和策略參考。二方面則彙整筆者數年來帶領學生進行生涯探索與規劃的團體活動教材，除提供老師們設計活動之參考外，更可直接作爲學生自我學習的活動手冊，引導學生自行進行生涯探索與規劃。

　　因此，本書的編排分成三大部分：第一篇說明生涯輔導與諮商的理論，第二篇介紹生涯輔導與諮商的方案，第三篇則提供生涯輔導與諮商的工具–我的生涯手冊。

　　理論篇中，首先說明生涯輔導與諮商的發展，並將有關生涯的各家說法歸納爲生涯發展理論、生涯選擇理論、生涯決定理論，更進一步探討生涯發展中的難題，以及生涯諮商策略與技巧。方案篇的重點在說明生涯輔導方案之規劃與實施，並分別介紹小學階段、中學階段、大專階段的生涯輔導方案和應用。

　　「我的生涯手冊」則涵蓋了自我探索、工作世界探索、家庭期待與溝通、生涯選擇與決定、生涯願景與規劃、生涯準備與行動等數個與生涯發展相關的重要議題，均提供了循序漸進的個別或團體活動，以輔助青少年或大專學生的自我學習，並可運用於生涯規劃課程、生涯探索團體、或生涯規劃工作坊中，作爲輔助教材。

　　期待本書的付梓，能傳承國內生涯輔導與諮商領域前輩學者的專業經驗，爲青少年的生涯發展開創嶄新的契機！

吳芝儀
謹誌于國立中正大學
2000/9

目　錄
CONTENTS

第一篇

生涯輔導理論篇

◆

生涯輔導與諮商的發展

◆

生涯發展理論

◆

生涯選擇理論

◆

生涯決定理論

◆

生涯發展中的難題

◆

生涯諮商策略與技巧

第 *1* 章
生涯輔導與諮商的發展

◆

生涯輔導在美國的發展

◆

生涯輔導在我國的發展

◆

生涯輔導相關名詞之涵意

由於當前青少年普遍對自我及未來充滿了不確定感，生涯輔導與生涯諮商是現今學校輔導工作上經常被討論到的主題，無論是學生課業的學習問題、未來職業的選擇問題、甚至個人生活的適應問題，均是生涯輔導與諮商歷程中可能觸及的焦點。廣義的生涯輔導與個人的發展歷程密不可分，發展中所面臨的特定難題則需透過生涯諮商來處理。而當代生涯諮商所關注者則是個人主動為其生活經驗賦予特定意義的歷程，探求其建構理想生涯目標的獨特方式。本章旨在說明生涯輔導諮商在美國和我國的發展歷程，及其衍生的相關議題。最後並簡述生涯輔導與諮商中常見的重要詞彙。

第一節　生涯輔導在美國的發展

　　許多先進國家在工商業愈加進步繁榮之後，以促進人力資源之生產力為目標的「人群服務」（human services）需求，即愈加強烈。「生涯服務」（career services）—包括生涯輔導、生涯諮商、生涯教育等—即是此類人群服務的重點工作項目之一。生涯服務的內容，從提供處遇介入以促進個人的生涯發展，協助個人做成有效的生涯決定，改變個人特定的職業行為，或協助個人適應某一特定機構之要求等包羅萬象，大體而言，均是與個人工作生涯的發展與選擇息息相關。

　　「生涯輔導」（career guidance）和「生涯諮商」（career counseling）既是舊有的名詞，也是嶄新的名詞。早在二十世紀初葉，「職業輔導「（vocational guidance）即為現今的「心理諮商」（counseling）奠定穩固的根基。當1950年代早期，「諮商心理學」（counseling psychology）逐漸從「臨床心理學」（clinical psychology）領域區分出來成為一獨立的專業時，生涯諮商亦在其

中扮演著相當重要的角色。然而另一方面,「生涯輔導」已迥異於早期「職業輔導」的概念模式與服務重點,而廣泛涵蓋了個人終其一生的生涯關注。這些生涯關注不再只是工作的初期選擇或職業環境上的調適,而是涵括了工作角色、家庭角色、休閒及心理健康等與個人一生發展息息相關的議題。此外,發展中的理論性觀點、行職業內容的快速變遷、經濟上的現實、法令規定的改變、青少年及成人的失業問題、對工作生涯品質及工作生產力的關注、學校至工作間轉換的問題、以及勞工市場人口特性的變化等,率皆使得生涯服務的內容、範疇、技術及消費人口等必須加以重新界定(Herr & Cramer,1996)。於是,對工作成就的焦慮感、資訊匱乏、猶豫不決、角色混淆等,均成為現今生涯輔導或諮商的重要內涵。此外,1970年代,許多教育界人士積極將生涯服務推廣至中小學校、專科學院或大學,及職場中,而有「生涯教育」(career education)運動的誕生。根據許多生涯學者的闡述分析,生涯輔導與諮商在美國的發展,基本上可區分為五個重要的階段,逐一縮說明如下:

一、 職業輔導之發軔:1900至1930年代

最早在美國倡導職業輔導的舵手,當推Frank Parsons。他在1909年著作《選擇職業》(*Choosing a Vocation*)一書,並在波士頓(Boston)建立「職業局」(Vocation Bureau),教導人們不要只是「找工作」(hunt a job),而是要「選擇職業」。他歸納出三項選擇職業時應具備的程序或策略:

1.對自己要有清楚明確的認識,包括自己的態度、能力、興趣、野心抱負、資源、限制及其他特質等。
2.對成功所需條件、利弊得失、補償、機會和不同工作之發

展前景應具備知識。

3.對上述兩項事實作眞確的推論。

程序中的第一步是建議個人在選擇職業之前應能充分自我瞭解，第二步需獲取有關職業層面的知識，第三步則需將有關自我與工作世界的知識加以整合研判，始能尋找到最有益於個人發展的職業。這個三步驟的職業選擇策略，即成爲後來職業輔導工作的圭臬。尤其在心理評量技術大量問世之後，職業輔導即圍繞在藉助評量方法獲取較佳的自我資訊（第一步）、職業資訊（第二步）及作決定的歷程（第三步）。

在Parsons等人的推波助瀾之下，第一屆全國職業輔導會議（National Conference on Vocational Guidance）於1910年在波士頓召開，且於1913年在密西根成立「全國職業輔導協會」（National Vocational Guidance Association），領導推動職業輔導工作於學校教育體系中，貢獻厥偉。

另一方面，在心理學領域中由於Wundt在德國成立第一所心理實驗室，積極從事心理測量技術的研究與推展工作，心理測量運動也逐漸與職業輔導運動合流，爲職業輔導注入更豐富的生命力。例如，1905年Binet 和Simon出版智力測驗，1916年由Termen修正爲史比智力量表，1928年Hull出版了性向測驗，而1927年Strong出版了興趣量表等，使得職業輔導人員有許多嶄新且有用的工具，來協助人們有系統地瞭解自己的能力、興趣、人格特質等，促使職業輔導專業廣泛地受到社會各層面的重視。尤其爲因應第一次世界大戰的人力資源分配需求，無論是智力測驗、性向測驗、興趣測驗、人格測驗等皆被軍事單位廣泛加以採用與實施，促使職業輔導領域更加迅速地發展。

從1900至1930年代，職業輔導所強調的重點在於職業，而非個人；職業輔導實務工作者絕大多數是職業教育人員，因不具備

心理學背景，多較重視職業資訊的提供；職業輔導或職業教育所致力從事的是學生的安置工作，將畢業學生分配於職場的不同領域中。

二、職業輔導工具之開發：1930年代晚期至1940年代

從1930至1940年代，職業輔導領域逐漸受到當時幾個重要勢力所影響：一是因心理評量技術和工具之發展而增進個別差異與人格動力的知識，二是從發展性的觀點來看待個人，三是以心理治療策略取代單純的資訊提供。這些勢力使得職業輔導的內涵與形式又產生重大的變革。另一方面，由職業教育人員和人力資源專家所實施的職業輔導，則受到不同的刺激。例如，美國勞工部於1939年出版《職業名典》（*Dictionary of Occupational Titles*）和《職業展望服務》（*Occupational Outlook Service*）等綜合性職業資訊手冊，以及一些職業訓練機構的設立，促使職業教育人員更注重勞工市場的人力需求，而使職業輔導更成為個人與工作或教育課程的配對服務。1940年代初期，Williamson出版《如何諮商學生》（*How to Counsel Students*）一書，提出六個漸進的諮商步驟：分析、綜合、診斷、預測、諮商、及追蹤等指導性諮商方式，對由Parsons所建立的特質因素取向職業輔導影響深遠。此外，美國軍事單位為因應第二次世界大戰將新兵作分類安置的需要，於1939年成立人員測驗部門，並於1940年開發出陸軍一般分類測驗，以根據測驗結果將新兵分配至適當軍事部門，使其發揮最大之效能。這些為特定需求所發展的心理測驗工具，在二次世界大戰之後更廣泛被運用於對退伍軍人及一般青年的職業安置服務中，使心理測驗和職業輔導的關係更形密切。

綜合而言，無論是心理導向或勞工市場導向，職業輔導從發軔之後的前五十年，所服務的重點多在於個人或學生進入就業職

場之前，藉由心理測驗結果或剖面圖所獲得的資料，來對應可供選擇的工作世界之要求條件，以預測個人的職業選擇或職業成功的可能性。此一方式，使得職業輔導僅發生在學生離開學校進入就業市場之前的特定時間點。於是美國全國職業輔導協會在1937年即將「職業輔導」定義為：「協助個人選擇職業、準備就業、就業安置、及職業適應的歷程」。

三、 發展性生涯輔導之實施：1950至1960年代

然而，此一傳統的職業輔導觀念，從1950年代之後即受到Robert Hoppock及Donald Super二人的強烈挑戰。如Super（1951）將全國職業輔導協會對「職業輔導」的定義修正為：「其歷程在於協助個人發展並接受一個統整且充分的自我形象，及其在工作世界中的角色，檢驗其是否符合現實，使之對自己感到滿意，並有益於社會。」在此一定義中，提供職業資訊或是將個人與工作配對的作法已不再受到重視，而是著重於職業選擇的心理特性，將輔導的個人層面和職業層面相結合，尤其強調個人的自我瞭解與自我接納。於是，職業輔導被視為是對個人所面臨的職業難題的處遇介入，需仰賴許多心理諮商的策略，為諮商心理學的發展奠定了良好的根基。

自Super（1951）重新界定職業輔導的涵義之後，「生涯」（career）的概念也逐漸被引介到職業輔導領域中。生涯所指涉的時間架構較之職業選擇為長，涵括職業之前的活動如教育訓練，以及職業之後的活動如退休後的兼差或志工服務等。傳統上，職業輔導僅在特定時間點上協助有特定職業選擇需要的個人；然而，「生涯輔導」（career guidance）的目標則在於有系統地教育學生或成人，面對未來生涯選擇時所需的知識、態度和技巧，據以規劃其所欲接受之教育方案、為未來的工作做好準備、並協

助其規劃未來職場中的生涯發展進路等。生涯輔導所關注的對象已不僅止於需解決特定生涯難題的個人，同時更是每一位須為未來生涯發展做好準備的人。

美國在1950年代晚期至1960年代早期也是「學校諮商」（school counseling）勃興的時代，生涯輔導領域亦受到Carl Rogers個人中心學派的影響，而生涯發展理論的主要關注焦點，也在於生涯決定與生涯投入歷程中「自我概念」（self-concept）的角色。1960年代以降，發展性與綜合性生涯輔導方案的推陳出新，大大擴展了職業輔導的範疇。Hansen（1981）曾詳列出生涯輔導與職業輔導的差異，在於下列數項：

1. 生涯輔導聚焦於生活型態，而非工作本身。
2. 生涯輔導協助個人覺察其自身的生涯社會化歷程。
3. 生涯輔導協助個人為其生活風格的選擇做準備，而非僅將個人與工作相配對。
4. 生涯輔導關注較大的個人生活領域，及職業和個人間的互動關係，而非單純的職業選擇。
5. 生涯輔導協助個人在快速變遷的社會中達成角色的統整。
6. 生涯輔導協助個人跨越性別角色刻板化的障礙，從而擴充可供選擇的職業選項。

「美國學校諮商師協會」（American School Counselors Association）亦於1985年明確列舉出學校諮商師為了協助學生獲得較佳的生涯發展，所必須為學生設計的經驗性活動，包括：

1. 澄清工作價值，發展因應及規劃技巧。
2. 透過正式及非正式的評量，評量學生的能力、人格特質和興趣。

3.提供職業和生涯資訊，連結社區資源於輔導中。

4.協助學生學習面試和找工作的技巧，增進其對教育和訓練機會的覺察。

5.鼓勵學生接受訓練、設定目標、做出與暫時性生涯進路有關的決定。

6.統整學術和生涯技巧於在學校課程中。

7.檢視和評鑑學生的行動方案。

四、 生涯教育方案之推展：1960年代晚期至1970年代

1960年代晚期，在學校教育情境中為學生提供生涯輔導已演變成風起雲湧的「生涯教育」（career education）運動，其主要焦點在於將學校中所學的學科，和探索自我與未來工作的活動相連結，協助學生瞭解教育的內容和機會，和其未來的工作選擇與工作適應間的關係。這些為中、小學乃至大學院校學生所設計的生涯發展活動，提供包括生涯覺察、生涯探索、生涯決定、生涯規劃、生涯準備（如工作搜尋、工作面試）等不同階段的生涯技巧（Herr & Cramer, 1996）。而隨著電腦輔助生涯輔導系統，如SIGI及DISCOVER等方案的陸續問世且廣被使用，生涯教育的概念也被引介學校外的工、商業機構，著重點則擴增為：人力資源發展、人事服務、員工協助和訓練方案等。從1960至1970年代，美國的生涯教育模式廣泛地被世界許多先進國家所採用，且陸續開發出許多生涯發展或決定的課程、建立了生涯資源中心、擴展了學校和社區的聯繫，並強化學校中的生涯相關活動。而1975年通過的「生涯輔導與諮商法案」（Career Guidance and Counseling Act）及1977年通過「生涯教育激勵法案」（Career Education Incentive Act），促使聯邦及各州政府增加教育經費，支援生涯發展計畫與生涯輔導的推動，同時也強化了諮商人員在生涯教育中所扮演的

角色。

「美國生涯教育領導者溝通網絡」（National Career Education Leaders´ Communication Network）曾於1987年將生涯教育的目標界定爲下列數項（引自Herr & Cramer, 1996）：

1. 促進私人機構和教育體系的夥伴關係。
2. 裝備學生一般的就業/適應技巧。
3. 協助學生進行生涯覺察、生涯探索、及生涯決定。
4. 藉由將生涯融入班級課程中，推展教育改革。
5. 讓工作（work）成爲生活風格（lifestyle）中的一個有意義的部分。
6. 連結教育和工作的關係，以促成對二者作更好的決定。
7. 減低偏見和刻板化印象，以確保生涯選擇的自由度。

此外，根據Herr & Cramer（1996）的歸納，在四類不同服務對象的生涯教育模式中，以學生爲對象的有下列兩類：

以學校爲基礎或綜合性生涯教育模式

1. 與工作社會有關的自我概念。
2. 對工作、學校和社會的正向態度，以及由這些成功經驗所導致的滿意感。
3. 自我尊重、自我信賴、堅毅性、開創性和博學多聞等個人特質。
4. 對工作世界和教育之間的關係能有合於現實的理解。
5. 對工作世界中生涯機會的覺察。
6. 發展出在最具有生產力的時機選定適當的職業進入市場能力。

以員工為基礎或經驗為基礎的模式

此類生涯教育模式係針對十三至十八歲的青少年所設計，以符合其在現有教育環境之外的特定教育需求。由於某些學生並無法適應於現有的正規教育體系，因此需要特別的協助，以使其獲得基本的學術技能、自我瞭解、生涯覺察和生涯準備。此一模式將整個社區視爲一個學習的試驗場，提供許多機會使學生能體驗工作世界，故學生需參與許多個別化的學習計畫、工作學習、建教合作教育、及其他發生於社區和職場中的學習機會。

對於「生涯教育」和「生涯輔導」兩者間的異同，Hoyt（1984）及Hoyt & Shylo（1989）有相當具有參考性的歸納：

相似點

1. 源起：二者均根源於生涯發展的理論、研究和生涯發展歷程。
2. 內涵：二者均涵括從生涯覺察、生涯探索、生涯決定、生涯規劃至生涯行動等發展性和長期性的服務。
3. 對象：意圖服務所有人的發展需求，而非僅限於爲特定群體服務。
4. 目標：協助所有人擴展最大的生涯選擇自由。
5. 重點：在所有教育階段均強調教育和工作的關係。
6. 範疇：涵蓋從幼稚園階段至退休階段的生涯服務。
7. 價值體系：將個人的工作價值視爲其個人整體價值體系的一環，將工作視爲個人生活風格的一環。
8. 工作重要性：體認到有酬及無酬工作均具有重要性。
9. 父母角色：體認並促進父母在兒童生涯發展歷程中所扮演的重要角色。
10. 社區支持：促使教育體系及更廣大的社區致力於支持個人的生涯發展。

相異點

1. 生涯教育多與教學或學習的歷程相結合，生涯輔導則否。
2. 生涯教育亦是教育改革運動的一環，生涯輔導則否。
3. 生涯教育的主持者多為一般教育工作者，生涯輔導則由專業人員負責。
4. 生涯教育的實施，多在班級教室中由班級教師來進行，生涯輔導則由專家在特定輔導情境中實施。
5. 生涯教育更重視教育目標在工作準備中的落實，生涯輔導則否。

由此可見，「生涯輔導」比「生涯教育」更具有「以生涯為中心」的意涵，執行者需具備更多專業知識和技能，因此也更被生涯實務工作者所討論和關注。

五、 生涯諮商之專業化：1980年代迄今

到了1980年代，生涯輔導更是處在一動力性發展的狀態，新的概念不斷地被提出來，而且發展出新的技術，以在不同的機構或情境中運用，服務對象從兒童、青少年擴展至成人等不同發展階段的群體，使得生涯輔導方案更具綜合性及全面性。Herr & Cramer（1996）曾歸納當代生涯輔導領域所關注的六項主題為：

1. 致力於發展生涯決定：協助學生和成人發展決定技巧、獲取及應用適當的資訊於不同的生涯選擇行動中。
2. 關注自我概念：無論是生涯決定或生涯規劃均是個人自我概念的表達。因此，生涯輔導有必要協助學生和成人在進行生涯決定之前獲得充分的自我瞭解。有關職業的資訊應與個人的生涯抱負、生涯價值或潛能等有所連結，以提供個人心理需求的滿足。

3. 關注生活風格、價值和休閒：教育、休閒、職業或生涯彼此間的交互作用，會建立或影響個人的生活風格，且與個人的價值觀息息相關。

4. 自由選擇：生涯輔導並不引導學生做出特定的職業選擇，而是引導學生探索較大範圍的可能選擇、與這些選擇相關的個人特質、以及這些選擇將產生的可能結果等，以俾使學生能做出個人的自由選擇。

5. 個別差異：生涯輔導體認到現代多元社會中，無論是個人天賦或環境機會均有莫大的差異，因此協助每一位個別學生或成人能以其獨特的方法來發展和表現其特有的天賦潛能。

6. 因應改變的彈性和能力：生涯輔導必須協助個人考慮持續性的生涯規劃、達成目標的多種途徑和目標的彈性，並發展出能因應社會及職業條件之快速變遷的方法。

學校中為學生提供「生涯輔導」（career guidance）的方式，遂包含了廣泛的「生涯介入」（career interventions）策略，而「生涯諮商」（career counseling）是其中主要的策略之一。

在心理治療或諮商領域中，「介入」（intervention）常指涉諮商師在個人行為發展歷程中主動加入一些可以促成行為改變的元素，可以包含認知、行為與情緒的不同介入策略。Rounds 和 Tinsley（1984）即認為：「生涯介入簡單來說即是心理介入的一種形式，其目的在影響與職業相關的感受、態度、認知和行為。因此，它是心理治療的一種形式，應被視為是行為改變的方法，與心理治療理論息息相關。」常見的生涯介入策略，包括促進自我和職業的覺察、生涯探索活動、生涯規劃技巧的學習、壓力和情緒管理、處理生涯猶豫的問題、處理工作適應的問題等，融合生涯和一般諮商的策略和方法（Herr,1997）。

Crites（1981）率先使用「生涯諮商」一詞，以指涉「協助個人做出適當生涯決定的人際歷程」；且由於生涯難題和個人難題具有交互作用的關係，生涯諮商常需包含一般的個人諮商，進而協助個人探索其在工作世界中所欲扮演的角色，Crites（1981）並曾對生涯諮商與心理治療的關係提出精闢的見解：

1. 人們對生涯諮商的需求大過於對心理治療的需求。
2. 生涯諮商也可以具有治療性效果（生涯與個人適應息息相關）。
3. 生涯諮商應接續在心理治療之後（需先行處理生涯發展中的個人適應問題）。
4. 生涯諮商較心理治療有效（生涯諮商較能預期未來的成功可能性）。
5. 生涯諮商較心理治療困難（生涯諮商師常需扮演心理治療師和生涯諮商師兩種角色）。

而Brown 和Brooks（1991）則將「生涯諮商」界定為：「生涯諮商是一項人際歷程，用以協助有生涯發展難題的個人。生涯發展是選擇、進入、適應一項職業，且在該職業中升遷的歷程。它是一個終其一生的歷程，與其他的生活角色發生動力性的關連。生涯難題則包括生涯未定向、工作表現、壓力和調適、個人和環境的不一致性，以及生活角色缺乏統整等。」從「全國職業輔導協會」改制而成的「全國生涯發展協會」（National Career Development Association）更明言：「生涯諮商被界定為與個人或團體諮商有關其職業、生涯、生活或生涯角色與責任、生涯決定、生涯規劃、休閒規劃、生涯進路、其他生涯發展活動（如撰寫履歷表、工作面試、工作找尋技術等），以及個人所面臨的與其生涯有關的議題或衝突。」

由於當個人面臨其生涯難題時，常無可避免地出現焦慮或沮喪、猶豫或徬徨失措等心理、情緒、或行為上的困擾，因此生涯諮商的歷程經常和個人諮商歷程相互重疊，無法截然二分。

在這些對生涯諮商所抱持的看法中，不難發現生涯諮商已逐漸被視為是心理治療的一項特定領域，只是生涯諮商師所處理的是與個人生涯發展有關的特定問題。而且生涯諮商師的關注焦點，亦從與工作世界層面有關的資訊提供，轉移至面臨生涯決定受輔者心理層面特質的瞭解與重建。此外，由於「輔導」一詞在傳統上指涉在學校中所提供的心理服務和活動，並不適用於社區機構、私人機構或工作職場中針對成人找尋工作與工作適應問題所提供的協助（Herr, 1997），故「生涯諮商」在學校以外的其他機構更受到關注與重視，遂使得生涯諮商服務更加專業化，對生涯諮商師的專業資格與條件要求更加殷切。

於是，1990年代以來，協助個人處理其生涯發展或生涯選擇難題的「生涯諮商師」（career counselor），同時亦需具備心理學及諮商或心理治療的理論與技術，方能有效地從事生涯諮商的工作。另一方面，在培育心理治療師或諮商師的課程中，「生涯發展」（career development）多半是重要且必修的課題。

Engels, & Minor（1995）列出數項美國生涯諮商專業化的里程碑，最新近的貢獻是1994年美國「諮商與相關教育方案證照局」（Council for Accreditation of Counseling and Related Educational Programs）明令規定，諮商領域的學士後課程方案應包括教學和實習經驗兩部份，要求所有修習諮商專業的學生須先精通一般性的諮商理論與技術之後，才能接受專門領域（生涯、學校、心理健康、學生發展等）的實習。「全國證照諮商師委員會」（National Board for Certified Counselor）亦於1993年規定在取得「全國證照生涯諮商師」（National Certified Career Counselor）的資格之前，必須先取得「全國證照諮商師」（National Certified

Counselor）的資格，且通過「全國諮商師考試」（National Counselor Examination），考試科目包括：人類成長和發展、社會和文化基礎、助人關係、團體動力與諮商歷程、生活風格與生涯發展、研究與評鑑、及專業導向等。而作爲一個專業的生涯諮商師，依據「全國生涯發展協會」的要求，至少必須修習十項基本課程且具備精熟的專業知能，包括：生涯發展理論、個別與團體諮商技巧、個別與團體評量、資訊與資源、方案管理和實施、諮詢、特殊族群、督導、倫理與法律議題、研究與評鑑等。

在生涯服務的政策方面，美國聯邦政府亦於1994年頒布《從學校到工作機會法案》（*School-to-Work Opportunities Act*），促使學校積極和社區機構發展協同合作關係，爲學生提供許多「從學校到工作方案」，以使教室中的學習內容和眞實世界的工作經驗相結合。這類方案多包含三項主要的內涵：以學校爲基礎的內涵、以工作爲基礎的內涵、連結活動內涵等。以學校爲基礎的內涵，包括生涯探索和諮商等活動；以工作爲基礎的內涵，包含工作訓練和經驗、工作跟隨（work shadowing）、在職訓練、職場實習督導等；連結活動的內涵則將學生和雇主所提供的學習機會配對、提供技術協助和相關服務、並統整學校和工作之活動內涵等。這類生涯服務使得許多不適應於升學導向教育體系的「危機中學生」（at-risk students），受到莫大的助益。此外，美國就業與訓練行政局（The Employment and Training Administration, 1993）亦曾詳列學校中提供生涯輔導的重要策略，應包括：

1. 班級教學（classroom instruction）：提供統整性的、有計畫且有系統的班級課程活動，討論生涯相關議題。
2. 生涯諮商（career counseling）：透過個別諮商或團體諮商方式，協助學生探索個人與生涯相關的特定議題，並學習應用資訊和技巧於個人生涯規劃中。

3.自我評量（self-assessment）：提供學生對其興趣、能力、成就、技巧、抱負、需求、價值觀等，有較為清楚的瞭解。

4.生涯資訊（career information）：提供學生現有、可取得的、無偏見的相關生涯資訊，以作為生涯決定之參考架構。

5.探索活動（exploration activities）：設計一些探索性、經驗性生涯活動，以拓展學生之視野、檢驗其興趣、激發其進行生涯規劃。

6.工作經驗（work experiences）：提供實際工作經驗，促使學生有機會檢驗其暫時性生涯決定，並發展有效的工作能力和行為。

7.生涯規劃活動（career planning activities）：協助學生學習作決定所需的技巧，並深入瞭解其生涯選擇對未來生涯生活的影響。

8.安置服務（placement services）：協助學生進行生涯轉換，以銜接學校教育、訓練機構和工作等。

9.轉介（referrals）：轉介有特定需求的學生，以接受生涯輔導方案以外的其他專業服務。

10.追蹤活動（follow-up activities）：維持和學生的接觸，並追蹤記錄其進步情況。

從生涯諮商專業化的進展，可以推測未來提供生涯服務的諮商師應扮演更多重的角色（Herr & Cramer, 1996）：

1.作為資訊的提供者和使用資訊時的協同合作者。

2.作為支持者，促進個人洞察阻礙其生涯發展的職業刻板化印象和非理性信念。

3.作爲激發者，促使個人增進其自我價值感（sense of self-worth）及自我效能感（self-efficacy）。

4.作爲心理教育方案的提供者，協助個人學習果決（assertiveness）、憤怒管理（anger management）、作決定（decision-making）、衝突化解（conflict resolution）、壓力調適（stress adjustment）和工作找尋（job searching）等有意義的工作生活所需之技巧。

5.作爲督導者，提供與生涯職務相關的回饋、教導和建議。

6.作爲治療師，增強個人對其在工作世界進步發展的希望和可能性。

第二節　生涯輔導在我國的發展

職業輔導之發軔

根據林幸台（1987）的記載，從民國初年伊始，職業輔導即是我國推展輔導工作之主要內容。民國六年由伍廷芳、梁啓超等人發起成立「中華職業教育社」，設立宗旨即在使「無業者有業，有業者樂業」，爲我國推展職業輔導之開山祖師。根據沈逢時（1928）的分析，提及中華職業教育社因鑑於當時的學校教育和生活脫節、職業結構改變、人力供需失衡、及國人職業觀念偏差等問題，而大力推廣職業輔導，於民國八年出版《職業指導》專刊，於民國十二年出版《職業指導》一書，並於民國十三年積極展開職業指導運動，推動中小學校設置「職業指導委員會」或「職業指導部」，設有「職業指導員」協助學生選擇適當職業，並培養學生進入社會工作所需的職業知識和技能。中華職業教育社於民國初年在南京、上海等地發起的職業指導運動，爲我國職業輔導工作奠定了良好的根基（朱秉欣，1977）。

國中階段職業輔導工作

從民國五十七年實施九年國民教育以降，為國民中學學生進行職業輔導即是學校輔導工作的一項重要環節，與學業輔導、生活輔導鼎足而立。然而，為因應社會經濟發展的需求，當時職業輔導的重點，亦多以妥善將人力資源用之於社會為主要考量。一般國民中學輔導室在為學生實施職業輔導時，標準程序即是在國一或國二實施興趣、性向、人格等心理測驗，以測驗結果作為國二或國三分組、分流的依據。然後，輔導室即為以升學為目標的學生提供升學相關的資訊，為以就業為目標的學生提供職業相關資訊，進行升學或就業的安置工作。待應屆畢業學生皆各就其位，學校的職業輔導工作即算大功告成。

根據民國六十六年師大教育心理系對當時職業輔導重點所調查的結果，顯示當時國民中學實施職業輔導的主要工作，在於：「提供現有職業概況及待遇情形」與「應用有關測驗增進學生瞭解自我的能力，以選擇最適合的職業」等二項。而教育部在民國七十四年所訂頒的「國民中學輔導活動課程標準」中，在職業輔導的內容項目之下，明列其課程應涵蓋下列數項：

1. 協助學生養成正確的職業觀念。
2. 陶冶學生的就業情操。
3. 輔導學生作職業選擇與職業準備。
4. 加強學生生計（生涯）教育的認識。

顯見當時學校中實施的職業輔導工作，係以提供職業資訊及自我資訊為主軸進行職業安置輔導的活動，甚少著眼於生涯發展的觀點來協助學生進行未來生涯的規劃與準備。因此，李大偉（1983）曾指出當時國民中學實施就業輔導工作的主要問題，在於：

1.職業輔導工作的內容侷限於「就業輔導」。

2.未建立可供搜尋的職業資料庫。

3.國中生的職業選擇仍受限於性別刻板化現象。

4.職業陶冶的範圍過於狹隘等。

而楊朝祥（1984）則更詳列出多項當時國民中學實施職業輔導工作亟待處理的問題：

1.行政人員對職業輔導未予重視。

2.專業輔導人員太少，負責輔導的學生人數太多。

3.專業輔導人員缺乏職業經驗。

4.一般教師缺乏職業輔導的訓練。

5.家長觀念難以溝通。

6.測驗工具的缺乏或應用困難。

7.藝能科目不能發揮職業試探的功能。

8.職業選修課程及技藝訓練課程設置不當。

9.職業資料的缺乏。

10.學生缺乏與工作世界接觸的機會。

11.指導活動中職業輔導的時間不足。

12.缺乏職業觀念的陶冶。

13.輔導體系不夠完備。

14.畢業生的追蹤與後續輔導不易。

這些涵蓋觀念、體制、人員、方法等多項在當時1980年代台灣的教育環境下亟待重視與解決的職業輔導難題，似乎在過去二十年的教育發展中仍未能受到應有的重視，因此問題仍然存在。

高中階段的職業輔導工作

　　高中階段的職業輔導工作，則更要等到民國七十年公布「高級中學輔導辦法」建立學校輔導組織與制度後，各校始於民國七十三年度正式展開輔導工作。而高職部分則比照高中輔導工作的作法，就業輔導與生活輔導、學業輔導並列學生輔導工作的三大範疇。當時一般高中職學校所辦理的職業輔導工作項目，主要有：進路輔導、安置就業、實施測驗、建立個人資料、介紹工作世界、指導學生謀職技巧、宣導職業觀念、與地區國民就業輔導中心聯繫等，以輔導學生就業謀職為考量的重點（林幸台，1988）。除加強謀職技巧之外，其餘和國民中學的職業輔導工作並無太大差異，且同樣未受到當時以升學為導向之學校教育體系的太大注意。

大專院校的職業輔導工作

　　大專院校的職業輔導工作則自民國六十五年開始設置「學生輔導中心」或「心理衛生中心」，並依據民國六十六年「專科以上學校輔導畢業生就業工作實施要點」，於各校設置「畢業生就業輔導室」，為準畢業生提供校外實習、建立職業資料庫、提供就業機會等服務。例如，台灣大學的「畢業生就業輔導組」隸屬於學務處，主要業務在提供同學們求職就業與生涯規劃所需的各種資訊及相關服務，服務項目包括畢業生求職登記、公司企業求才登記、媒合推薦各種就業機會、國家考試簡章及就業相關書籍資料蒐集借閱、辦理就業輔導講座及校園徵才相關活動。然而，一方面由於職業輔導工作在當時乃百廢待舉，二方面就業輔導室或實習輔導處所雇用者多為非輔導專業之行政職員，三方面就業輔導室與輔導中心權責無法明確劃分等，均使得就業輔導室無法發揮應有的功能，職業輔導工作的推展受到相當的阻礙。

大專畢業青年的職業輔導工作

大專畢業青年的職業輔導工作，則有「行政院青年輔導委員會」於民國五十五年成立，並於七十一年完成現今的組織架構，共分四處。其中，第二處即是辦理大專畢業青年就業輔導及技能培養，主要工作內容包含下列四項：

1. 關於大專院、校畢業青年生涯輔導就業登記、推薦及工作機會之開拓等事項。
2. 關於大專院、校、職業學校及地區就業輔導機構之聯繫協助事項。
3. 關於青年就業甄選、分發及協助等有關事項。
4. 關於服完兵役之大專院、校及高中畢業青年就業技能之培養事項。

生涯輔導觀念與作法之引介

民國七十年代晚期，國內輔導學者金樹人（1987）、林幸台（1988）等人將Super等人生涯發展理論觀點及Holland人境適配的生涯輔導作法引進學校輔導工作，並著書討論《生計輔導》的理論與實務，積極推動生涯輔導與生涯諮商的實施，遂促使國內原有的職業輔導內涵產生重大的變革，從職業安置轉向生涯的探索與規劃。台北市更在民國八十學年度透過教師研習活動，致力於推動生涯輔導工作，並進行國中學生生涯輔導教材的設計與實驗，而於民國八十年學年度在各國民中學全面實施（洪寶蓮，1994）。觀諸其生涯輔導的目標，乃在於：

1. 幫助學生發展正確的人生觀，俾能瞭解及接受自我積極的思想、成就與興趣等。
2. 幫助學生熟知一切教育的機會、特性；並體認教育、生活

方式、工作環境等之間的關係。

3.幫助學生熟知各行各業的狀況，以爲將來選擇職業之參考。

4.幫助學生瞭解社會經濟的結構。

5.幫助學生建立對事、物的價值觀，並培養其作決定的能力。

6.協助學生選擇及評鑑就業或再進修的方向。

7.讓學生熟知未來的目標，確定其所欲擔任的角色。

8.有效的安排工作時間與休閒時間。

於是，國民中學「生涯輔導」工作擴展了「職業輔導」的範疇，其工作重點包括下列數項內涵（金樹人等，1992）：

1.生涯探索：包括瞭解自己的興趣、能力、價值觀等，及對所處社會環境的瞭解。

2.認識職業世界：包括各種升學、就業資訊的提供，以做爲未來職業選擇和準備的基礎。

3.生涯決定：學習爲自己的生涯發展作決定的技巧。

4.生涯規劃：包括生涯發展觀念的教育，並學習循序漸進達成生涯目標的計畫技巧。

5.就業安置：包括就業訓練、安置及追蹤輔導等內容。

高級中學之生涯輔導工作，主要在輔導學生認識各類組課程內容與升學進路及社會工作環境關係，由自我探索中，瞭解其本身之人格特質，興趣，能力，性向，及價值觀與未來生涯之發展關係，及早讓學生建立生涯規劃的觀念。以台中一中輔導室爲例，所實施的生涯輔導項目有：

1. 實施新生始業輔導：透過新生訓練與公民課，協助學生瞭解高中與各項課程的特性，並講解學習技巧，以規劃未來三年的高中生活。

2. 實施高一性向測驗，大考中心性向測驗，賴氏人格測驗，協助學生瞭解本身之能力，性向，興趣，性格，以發展自我觀念。

3. 實施選課選組輔導：利用公民課到各班與學生座談，說明高中課程內容、各組將來進路、大學聯招制度、科系簡介及分析心理測驗結果與選修課程之關係，協助學生選擇適合本身條件之類組就讀，奠定未來發展之基礎。

4. 協助舉辦生涯規劃講座：聘請專家學者蒞校演講，讓同學瞭解生涯規劃的意義，指導學生如何規劃人生，以及如何努力來達成目標。

5. 實施經驗傳承座談會：利用寒暑假邀請校友返校為學弟講解準備大學聯考的經驗及目前大學生活的情形，提供學生參考。

6. 實施大學科系介紹：經常透過班會通報，分發大學科系介紹資料，提供學生參閱，輔導室亦設置大學科系介紹專櫃，隨時提供學生查詢，並利用寒暑假，擇日開放給各大學院校宣導，協助學生認識可升學之學校，增加其適性選擇的機會。

7. 實施大學選填志願輔導：高三應屆畢業生大學聯考成績單寄發之後，舉辦選填志願輔導，依學生興趣，能力，性向，人格特質，就業趨勢，家庭背景及聯考成績，協助其大學校系之選填等，解決學生理想與現實之矛盾，作合理之抉擇。

8. 實施參觀大學活動：利用假期安排應屆畢業生參觀大學院校，透過大學服務人員之引導參觀，說明及座談會，增進

學生對大學科系學程與未來發展的瞭解。

9.印發生涯輔導文章提供同學參閱，以建立個人生涯發展目標。

10.實施大學院校推薦甄選說明：利用朝會、班會、週會，或適當時間，宣導該學年度大學推薦甄選實施辦法，鼓勵符合條件同學，按照本身的性向與志願踴躍申請，並隨時接受學生的諮詢。

鄭崇趁（1995）曾詳細列舉出學校生涯輔導工作的主要內涵，係透過各種活動設計，讓學生「認識自我」、「瞭解工作世界」、「建立個人資訊系統」、「有效管理時間」、「增進社會人際技巧」、「運用生涯資訊系統」、「設定生涯發展目標」、「活用生涯規劃策略」、「擬定自己生涯規劃書」、「貫徹執行生涯規劃」……等項。主要的實施方法，則必須配合一般教育輔導活動統整規劃，包括下列各項：

1.辦理始業生涯輔導：國中至大學各求學階段的學生，在新入學之初所接受的始業輔導活動應包括生涯發展的內涵，及學生畢業後可能的發展等，以及早讓學生確立生涯發展目標。

2.實施興趣、性向測驗：學生在進入二年級之後，應安排適當的時間普遍實施興趣或性向測驗，例如由勞委會職訓局出版的「我喜歡做的事」、及由大學入學考試中心所發展的「興趣量表」，分別適用於國中及高中學生。

3.辦理生涯進路輔導：各級學校輔導室應統計分析畢業生的升學就業情況，提供學生升學與就業之諮詢服務，協助其思考生涯發展進路。

4.辦理生涯小團體或工作坊：各級學校輔導室應為有生涯困

擾問題的學生設計舉辦「生涯規劃工作坊」，以小團體方式進行，增進學生之生涯探索與規劃知能。

5. 實施個別生涯諮商：各級學校輔導室並應針對已發生生涯發展困擾問題的學生，提供個別化的生涯諮商服務，增進其生涯適應能力。

6. 辦理「生涯探索週」活動：各級學校輔導室應配合學校年度工作計畫，選定一週集中辦理生涯探索活動，包括靜態生涯資料展示，及演講、座談、競賽等動態活動的實施。

7. 開設生涯輔導課程：大專院校可利用學校通識課程之規劃，加強開設生涯輔導選修課程；中小學校則辦理教師生涯輔導研習進修活動，以提升生涯輔導知能。

8. 運用生涯輔導資訊系統：輔導資訊網路的建立，有助於學生直接透過電腦網路獲取大量生涯相關資訊，作為生涯規劃之基礎。

9. 執行具體生涯規劃事項：各級學校輔導室應配合個別生涯諮商或團體生涯輔導的實施，促進學生切實執行生涯規劃的行動。

10. 實施生涯追蹤輔導：各級學校輔導室應為有生涯輔導需求之學校畢業學生，提供追蹤服務。

生涯輔導工作之推廣與困境

近年來，為因應台灣社會的變遷與多元發展，在學校教育體系之外對生涯輔導的需求亦日益殷切。「行政院勞工委員會職業訓練局」為因應青年就業求職的需求，亦積極和國內生涯學者合作開發電腦輔助生涯輔導系統，一方面提供學校輔導工作所需，另一方面亦作為求才求職網路之所用，以協助求職者自行評估個人特質並據以選擇偏好的職業。民國八十年代之後，「生涯規劃」

幾乎已成為全民運動的口號。不僅許多大專院校的通識教育紛紛開設「生涯規劃」課程供學生選修，工商業界亦經常以「生涯規劃」為名為員工進行教育訓練，甚至政治人物也以「生涯規劃」之名轉換其人生跑道，而退休人員的「生涯規劃」亦是許多社會福利機構所津津樂道的主題。此外，鑑於近年來日益嚴重的青少年問題多源於處在價值紛亂時代的青少年缺乏人生目標，於是「生涯規劃」亦成為教育單位為解決青少年問題所祭出的一帖良藥，而有民國八十九學年度全面於高中職校實施「生涯規劃」課程的決議。

然而，令人憂心的是高等教育單位培育生涯輔導專業人員的腳步並未因此而加快，不僅輔導學界尚未能正視生涯諮商專業化的趨勢而充實專業師資培育課程；高職目前極少數的專任輔導教師亦因受限於其「專任」輔導工作、無須授課的角色，很可能沒有機會也缺乏高度意願擔任「生涯規劃」課程教師。於是，「生涯規劃」極有可能淪為一般班級導師的「配課」，而無法發揮其協助學生生涯探索、生涯決定、生涯準備、促進學生最大生涯發展之功能。另一方面，國民教育階段也預定於民國九十學年度實施九年一貫課程標準，原有的「輔導活動」課程很可能被拼盤式的「綜合活動」所取代，除了原有輔導活動科教師之外，童軍教師、公民教師等均可能被要求擔任「綜合活動」課程，在多數教師缺乏生涯輔導相關知能的情況之下，生涯輔導工作的推展很可能會面臨相當大的阻礙。因此，無論是職業輔導或生涯輔導是否仍能在國民教育階段發揮其生涯服務功能，目前仍是未知數。這些可以預見之生涯輔導工作困境，亟待輔導人員苦思破解之道。

表1-1 工作可能達成之目的

經濟的	社會的	心理的
物質需求的滿足 體能資產的獲得 對未來發展的安全感 可用於投資或延宕滿足感的 　流動資產 購買休閒和自由時間的資產 購買貨品和服務 成功的證據	一個和人們會面的地方 潛在的友誼 人群關係 工作者和其家庭之社會地位 受他人重視的感覺 責任感 受他人需要的感覺	自我肯定 角色認定 秩序感 可信賴感 主控或勝任感 自我效能感 投入感 個人評價

資料來源：Herr & Cramer (1996：70)

第三節　生涯輔導相關名詞之涵義

工作

　　工作（work）係指個人所重視且他人所渴慕的追求目標，需要全力以赴。可能獲得報酬（有收入的工作），或沒有報酬（如志工或副業等）。個人所追求的目標可能是工作本身所帶來的內在愉悅感、工作角色所賦予生活的結構、工作所提供的經濟支持、或者是其所伴隨的休閒型態等（Super, 1976）。工作可能達成經濟、社會及心理上的目的，詳見**表1-1**所列舉之工作目的。

工作

　　工作（job）係指在一個組織機構中，一群類似的、有薪資的職位（positions），且要求工作者具有類似的特性（Super, 1976）。例如：農務、建築、貿易、教育（人員）、醫護（人員）、公務（人員）等。

職業

職業（occupation）係指在許多工商事業或機構中的一群類似的工作（jobs）。其在經濟社會的歷史上早已存在，與個人無關（Super, 1985）。例如：農人、工人、商人、教師、醫師、律師、會計師等。

職位

職位（position）係指個人在機構中所必須執行的一群職務，會有薪資收入。一個機構會有許多不同的職位，有一定需執行的職務和成果（Super, 1976）。例如：農會幹事、工地主任、業務經理、教務主任、民政課長等。

生涯

生涯（career）不僅止於工作（job）或職業（occupation）。生涯是一個有關生活風格（lifestyle）的概念，包含一個人在其一生中所從事的一系列與個人工作生涯有關的所有活動。最常被引用的定義，當推Super（1976）所說的：「生涯是生活中各種事件的演進歷程，統合了個人一生中各種職業與生活的角色，由此表現出個人獨特的自我發展組型。生涯是人生自青春期以迄退休之後，一連串有酬或無酬職位的綜合，除了職位之外，尚包括任何和工作有關的角色，如副業、家庭和公民的角色等。生涯只存在於人們追求它之時，是以個人為中心的。」

生涯發展

生涯發展（career development）係指由個人心理、社會、教育、體能、經濟、和機會因素等綜合形成個人終其一生的發展性生涯歷程；這些個人所經驗的層面，與個人在教育、職業、休閒嗜好等方面的個人選擇、投入和進步情形有關；是個人之自我認

定（self-identity）、生涯認定（career identity）、生涯成熟（career maturity）等特質的發展歷程。此一終其一生的發展歷程，導致個人的工作價值、職業的選擇、生涯型態的建立、決定風格、角色統整、自我認定及生涯認定、教育進修，以及其他相關的現象（Herr & Cramer, 1996）。

生涯介入

生涯介入（career intervention）之設計係以促進個人生涯發展、且有助於個人做出有效生涯決定的任何活動，並解決生涯難題為目的（Spokane, 1991），包含生涯教育、生涯輔導、生涯諮商等一系列的生涯服務。基本上，生涯介入是心理介入的一種形式，其目的在影響與職業相關的感受、態度、認知和行為（Rounds & Tinsley, 1984）。

生涯教育

生涯教育（career education）係以一系列在教育情境中所設計的活動，致力於協助個人獲得有關自我和工作的知識，能應用選擇、規劃、準備工作或生活型態的技巧，以使工作在其生命中具有意義、且令人滿意。其主要焦點在於將學校中所學的學科，和探索自我與未來工作的活動相連結，協助學生瞭解教育的內容和機會，和其未來的工作選擇與工作適應間的關係。這些為中、小學乃至大學院校學生所設計的生涯發展活動，提供包括生涯覺察、生涯探索、生涯決定、生涯規劃、生涯準備（如工作搜尋、工作面試）等不同階段的生涯技巧（Herr & Cramer, 1996）。

生涯輔導

生涯輔導（career guidance）係指由諮商師所主持的系統性方案，用以促進個人的生涯發展和生涯管理，是生涯教育的一項重

要內涵，整合了家庭、社區、和學校等層面，以促進學生的自我導向；是一系列用以協助學生自我瞭解並掌握工作世界中的機會、學習發展其個人生涯所需的決定技巧，包括工作找尋、工作面試、工作適應技巧，並將學生安置於其所選定的職業中。亦包含了在教育機構、諮詢機構及其他提供諮商輔導服務的機構中，所提供的有關生涯發展與生涯選擇的服務（Herr & Cramer, 1996）。例如，「美國就業與訓練行政局」（The Employment and Training Administration, 1993）曾詳列學校中提供生涯輔導的重要策略，包括：班級教學、生涯諮商、自我評量、生涯資訊、探索活動、工作經驗、生涯規劃活動、安置服務、轉介、追蹤活動等。

生涯諮商

生涯諮商（career counseling）係指一個以語言溝通的歷程，諮商師和受輔者建立一動力合作關係，應用許多不同的諮商技巧，協助受輔者自我瞭解、瞭解工作世界中可能的生涯選項、設定生涯目標、作出有效的生涯決定、且採取生涯行動。生涯諮商所服務的範圍，包括所有與受輔者生涯選擇相關的活動。而任何對受輔者生涯選擇有所影響的層面，如家庭、工作、休閒等，都是協助受輔者進行生涯決定及規劃時，所需探討的主題之一（Herr & Cramer, 1996）。生涯諮商的目標係促進受輔者在其一生之中的工作選擇與實踐。當一個人面臨工作抉擇之時，他所選擇的其實不只是工作，尚包括所有與工作有關的事項或活動，例如：和誰一起工作、扮演的工作角色、工作角色的社會地位、伴隨工作而來的休閒生活方式、休閒的時間與夥伴、要求的教育資格或訓練、接受督導的方式，以及時間安排的自由度等。

第 2 章

生涯發展理論

◆

職業選擇的發展性

◆

生活—生涯發展理論

◆

自我發展理論

◆

職業抱負理論

◆

時間關照與生涯規劃

當就業安置被奉爲職業輔導工作之圭臬五十年之後，Donald Super（1951）以嶄新的理念爲職業輔導工作開創新局，其所界定的職業輔導焦點不在「職業」，而在於協助「個人」發展統整且合於現實的自我形象，及其在工作世界中的角色。「自我概念」（self-concept）的發展，即是Super（1963）生涯發展理論（career development theory）的重心。幾乎與此同時，Ginzberg等人（1951）也從發展的觀點來思考職業選擇，認爲「職業選擇係爲一發展性歷程：不是單一的決定，而是在幾年之間所做成的一系列決定。歷程中的每一步，都與其前後之發展關係密切。」邇後，動態發展性的「生涯」（career）概念即逐漸取代了靜態穩定性的「職業」（occupation）概念，以規劃人生長程生涯發展爲主軸的「生涯輔導」策略亦逐漸凌駕以短期職業選擇爲內涵的「職業輔導」工作。

第一節　職業選擇的發展性

　　Ginzberg、Ginsburg、Axelrad及Herma（1951）等人是一個結合經濟學者、心理學者、社會學者的研究團隊，根據其一系列針對中上階層白人男性所進行的職業選擇研究結果，推論職業選擇是一個涵括六至十年階段的發展性歷程，從出生至十一歲是「幻想期」（fantasy）、十一至十七歲是「試驗期」（tentative）、十七歲以後則是「實際期」（realistic）。表2-1列述這三個階段的發展性特徵。

幻想期

　　在職業選擇的幻想期，兒童對未來工作的想像是以遊戲導向的，例如在「扮家家酒」的遊戲玩樂中嘗試各類職業角色的扮

表2-1　Ginzberg等人的職業選擇發展階段

時期	年齡	特徵
幻想期	兒童 （出生至十一歲）	兒童其最初階段完全是遊戲導向，隨後，遊戲便成為幻想未來工作的依據
試驗期	青少年初期 （十一至十七歲）	逐漸認識到工作所要求的條件，體認到興趣、能力、工作報酬、價值觀等。
實際期	青少年中期 （十七至成人初期）	能力和興趣的整合，價值觀進一步發展，促使職業選擇的特定化，職業型態的具體化。

資料來源：Zunker（1994）

演，反映出兒童對某些種類活動的最初興趣，及初步的價值判斷。如當兒童扮演「醫生」角色為病人看病，或扮演「護士」角色協助病人打針吃藥等，係將其現實生活中的接觸和體驗透過想像的遊戲方式來表現。此外，幻想期的兒童也會扮演童話故事或卡通漫畫中的人物，如「白雪公主」、「美少女戰士」、「小叮噹」、「超人」等，流露其對故事主人翁的喜好和崇拜。

試驗期

　　試驗期的青少年則會逐漸經歷幾個次階段：一是「興趣期」（interest），青少年純粹以對特定人物的喜好和厭惡來勾勒未來的職業選擇；二是「能力期」（capacity），青少年會逐漸以自己所具備的能力做為未來職業選擇的判斷依據；三是「價值期」（value），此階段的青少年更為看重不同職業選擇能滿足個人需求的程度；四是「轉換期」（transition），這個階段中的青少年會逐漸體認到須為職業選擇作出決定，並需擔負伴隨職業選擇而來的相關責任。

實際期

　　實際期的青少年對職業選擇已能有更符合現實的考量，亦可區分爲幾個階段：一是「探索期」（exploration），個人已逐漸透過對職業的探索和瞭解，縮減可能的職業選項至二或三個，但仍處在矛盾或猶豫不決的情況中；二是「具體期」（crystallization），個人已能準備投入特定的職業領域，但仍有變化的可能性；三是「特定期」（specification），在此階段中，個人終於決定投入一項特定的職業，並開始接受專業的訓練。

　　由於，Ginzberg等人最初的研究主張職業選擇的過程是不可逆轉的（irreversibility），因個人不能回到童年，心理上即不可能回到早期決定的原點，因此Ginzberg（1972）更爲強調職業選擇過程中早期選擇的重要性。不過在十年之後，他對此一觀點做了修正（Ginzberg, 1984），說明個人的早期決定雖能影響其後的生涯發展，但個人從實際工作經驗中所獲得的回饋、經濟環境和家庭狀況等，均會對個人一生的職業選擇歷程發生影響和改變。因此，他坦言：

> 「對於從工作中尋求最大滿足的人，職業選擇是個終其一生的決定歷程。這使得他們需不斷地評估如何修正其生涯目標，以使生涯目標能切合工作世界的現實。」

第二節　生活--生涯發展理論

　　Super（1953）試圖擴展Ginzberg等人的職業選擇發展階段論點，提出十項重要的理論性命題，並於1990年修正爲「生活—生涯發展理論」（life-career development theory）中的十四項命題，如下列所述：

1. 人們在能力、人格、需求、價值、興趣、特質和自我概念上有個別差異。

2. 奠基於這些個人特質，人們適合從事某一些職業。

3. 每一項職業均要求特定的能力和人格特質組型，足以使每一個人適合不同的職業，且每一項職業適合不同的人。

4. 職業偏好、能力和人們所生活和工作的情境，及隨時間改變的自我概念，會在青少年晚期之後逐漸穩定和成熟。

5. 改變的歷程可歸納爲一系列的生活階段（又稱爲大循環：成長（growth）、探索（exploration）、建立（establishment）、維持（maintenance）和衰退（decline）。在探索期的幾個次階段爲：幻想期、試驗期、實際期，而在建立期的次階段爲嘗試期和穩定期（圖2-1）。在每一個階段至下一個階段之間的「轉換期」（transition）（又稱爲小循環），包含新的成長、再探索與再建立的歷程。

6. 生涯組型（career pattern）—即職業階層、嘗試和穩定工作的序列、頻率和持久性等—均受個人父母之社經階層、心理狀況、教育、技巧、人格特質（需求、價值、興趣、自我概念等）、生涯成熟、及生涯機會所影響。

7. 在任何生涯階段是否能成功地因應環境需求和個體需求，取決於個人的準備度或生涯成熟。生涯成熟（career maturity）是個人生理、心理和社會特質等所組成的整體情形，指涉能成功因應生涯發展階段的程度。

8. 生涯成熟係爲一假設性概念，甚難界定其操作性定義但並非單一向度的特質。

9. 生涯階段中的發展是可被引導的，一方面促進個人能力和興趣的成熟，一方面協助其進行現實的考驗和自我概念的發展。

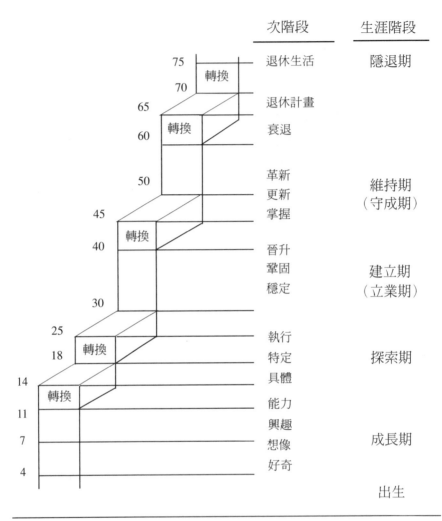

次階段　　　　　生涯階段

75　　退休生活　　　隱退期
　轉換
70
65　　退休計畫
　轉換
60　　衰退

50　　革新　　　　　維持期
　　　更新　　　　（守成期）
45　　掌握
　轉換
40　　晉升　　　　　建立期
　　　鞏固　　　　（立業期）
　　　穩定
30

25　　執行　　　　　探索期
　轉換
18　　特定
14　　具體
　轉換
　　　能力
11　　興趣
7　　　想像　　　　　成長期
　　　好奇
4

出生

圖2-1　生涯發展階段
資料來源：Brown & Brooks（1984）

10.生涯發展歷程基本上即是發展和實踐職業自我概念的歷程。自我概念係爲遺傳性向、體能狀況、觀察和扮演不同角色之機會、評估角色扮演之結果等交互作用歷程中的產物。

11.在個人和社會因素之間、在自我概念和現實之間的綜合妥協，是角色扮演和從回饋中學習的歷程。

12.工作滿意度（work satisfaction）和生活滿意度（life satisfaction），取決於個人如何爲自身的能力、需求、價值、興趣、人格特質、自我概念尋找適當的出口，取決於個人是否能確立於某一工作、工作情境、或生活方式等。

13.個人從工作中所獲得的滿意感，取決於個人實踐其自我概念的程度。

14.對大多數男女性而言，工作和職業提供其人格組織的焦點。社會傳統如性別角色刻板化和楷模學習、種族偏見、環境機會結構及個別差異等，決定了個人對工作者、學生、休閒者、家庭照顧者及公民等角色的偏好。

對Super而言，生涯發展是一個在眾多個人因素和社會因素之間不斷交融與相互影響的動力性歷程，居間調節的是個人的自我概念，此一動力性歷程的發展結果，決定了個人在不同生涯階段中所選擇扮演的重要生涯角色。這些主要的生涯角色，包括：兒童（child）、學生（student）、休閒者（leisurite）、公民（citizen）、工作者（worker）、家庭照顧者（homemaker）等，個人在各類工作或生活角色間的選擇，影響其一生發展至爲深遠。據此，Super （1980;1984）曾描繪出一個「生活－生涯彩虹圖」（life-career rainbow）來說明在人生各個發展階段中這幾個主要角色的變化（圖2-2）。這些生活角色的自發性組合，形成了個人的「生活風格」（life style），而其序列性的組合締造了「生活空間」

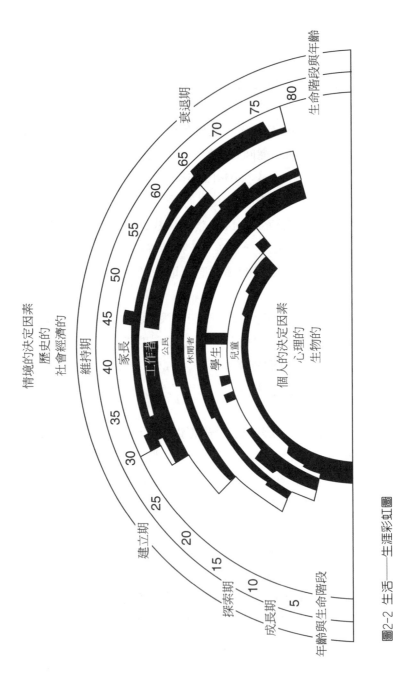

情境的決定因素
歷史的
社會經濟的

維持期

家長
工作者
公民
休閒者
學生
兒童

個人的決定因素
心理的
生物的

建立期

探索期
成長期
年齡與生命階段

衰退期

生命階段與年齡

圖2-2 生活——生涯彩虹圖
資料來源：super（1990：212）

（life space）和「生活循環」（life cycle），其整體的結構即是「生涯組型」（life pattern）。

在兒童期，兒童、學生、休閒者等角色在生活中佔據了相當大的比重，是兒童期生涯階段最重要的生涯角色；在青春期，公民和工作者角色的重要性將與日遽增；及至從學校畢業卸下學生角色的青年期，工作者的角色很可能成為生活的最大重心，而家庭照顧者的角色亦在青年期及後期發展階段益加凸顯。值得注意的是，工作者與學生角色的重要性在終生學習社會中有其階段性的變化。在現代科技發展日新月異、知識爆炸的社會，青年在離開學校、工作一段時間之後，常會感覺到自身所學已逐漸不足以因應工作或現代社會的需求，而有回到學校再做學生的衝動。此時，大多數的工作者會選擇以在職進修的方式來充實自我，而部分工作者甚至會等到中年、兒女離巢之後，暫時離開原有的工作，進修更高深的教育，以俾能開創生涯的第二春。

此一生活--生涯彩虹圖描繪了個人在人生不同階段中，各個生活角色重要性，最能反映Super（1976）對「生涯」的看法：

> 「生涯是生活中各種事件的演進歷程，統合了個人一生中各種職業與
> 生活的角色，由此表現出個人獨特的自我發展組型。生涯是人生自青
> 春期以迄退休之後，一連串有酬或無酬職位的綜合，除了職位之外，
> 尚包括任何和工作有關的角色，如副業、家庭和公民的角色等。生涯
> 只存在於人們追求它之時，是以個人為中心的。」

Super對「生涯」內涵所抱持的觀點，影響生涯輔導工作的實施至為深遠，可以說，目前的生涯輔導模式根本上均是發展論導向的。個人在人生發展的每一特定階段，皆有其主要的階段性任務（表2-2），生涯輔導工作即是協助個人達成其每一階段之生涯發展任務，並為下一個階段之發展做好預先的規劃和準備。然

表2-2 生涯發展階段與任務

成長期 （初生至14歲）	探索期 （15至24歲）	建立期 （25至44歲）	維持期 （45至64歲）	衰退期 （65歲~　）
經與家庭或學校中之重要他人認同，而發展自我概念，需求與幻想為此一時期最主要的特質，隨年齡增長，社會參與及現實考驗逐漸增加，興趣與能力亦逐漸重要。 1.幻想期(4~10) 以幻想遊戲中的角色扮演為主。 2.興趣期(11~12) 喜好為其抱負和活動的主要決定因素。 3.能力期(13~14) 能力逐漸具有重要性，並能考慮工作所需條件（包括訓練）。 任務： 1.發展自我形象 2.發展對工作世界的正確態度並瞭解工作的意義。	在學校、休閒活動及各種工作經驗中，進行自我檢討、角色試探及職業探索。 1.試探期(15~17) 考慮需要/興趣/能力/機會。作出暫時性的決定，並在想像/討論/課業/工作中加以嘗試。思考可能的職業領域和工作層級。 2.轉換期(18~21) 進入就業市場或專業訓練，更重視現實的考慮並企圖實現自我概念將一般性選擇轉為特定選擇。 3.試驗並稍作承諾(22~24) 初步確定職業選擇，並試驗其成為長期職業的可能性。對投入該職業的承諾仍是暫時性的。 任務： 1.職業偏好逐漸具體化。 2.職業偏好的特定化。 3.實現職業偏好 4.發展合於現實的自我概念。 5.學習開創較多的機會。	確定適當的職業領域，逐步建立穩固的地位。工作職位可能升遷，但職業則不會改變。 1.試驗－投入和建立(25~30) 在已選定的職業中尋求穩固安定，可能因尚未感到滿意而做若干調整或變動。 2.晉升期(31~44) 致力於工作上的穩固與安定大部分人處於最具創造力的顛峰狀態，身負重任表現優異。 任務： 1.找到從事所期望之工作的機會。 2.學習和他人建立關係。 3.尋求職業的穩固和升遷。 4.確立一具備重要性與安全的職位。 5.維持職業和生活上的固定不變。	逐漸在職場上取得相當地位，並致力於維持現有的地位，較少創意的表現，面對新進人員的挑戰。 任務： 1.接受自身條件的限制 2.找出在工作上新的難題 3.發展新技巧 4.維持在職業領域中既有的地位與成就。	身心狀況逐漸衰退，從原有工作退休，發展新的角色，尋求不同方式滿足需求。 1.衰退期(65~70) 工作速率減緩性質改變，找到兼差工作。 2.退休期（71以後）停止原有的工作，轉移至兼差、義務或志願服務工作，從事休閒活動。 任務： 1.發展非職業性角色，逐漸退隱。 2.做一直想做的事。 3.淡泊名利、與世無爭。

資料來源：Herr & Cramer（1996：321）；林幸台（1988）

表2-3　生涯發展階段的大循環和小循環

生涯階段	年齡			
	青年期 14–15歲	成年初期 25–45歲	成年中期 45–65歲	成年晚期 65歲以上
成長期	發展實際的自我概念	學習與他人建立關係	接受自身的限制	發展非職業性的角色
探索期	從許多機會中學習	尋找心儀的工作機會	確認待處理的新問題	選個良好的養老地點
建立期	在選定的職業領域中起步	確定投入某一工作，並尋求職位上的升遷	發展新的因應技能	完成未完成的夢想
維持期	確認目前的職業選擇	致力於維持職位的穩固	執著自我以對抗競爭	維持生活的興趣
衰退期	從事休閒活動的時間減少	減少體能活動的時間	僅專注於必要的活動	減少工作時間

資料來源：Zunker（1994）

而，一旦個人進入一個新的生涯發展階段，極可能進入一個新的發展循環，需重新經歷成長、探索、建立、維持、衰退等一系列歷程，如**表2-3**所示。這些人生階段並不完全和年齡，每個人都有可能會在人生的不同時間點上再次經歷這些階段，或者部分階段。適當地完成人生各階段的生涯發展任務，即是「生涯成熟」的表現。爲了更具體說明生涯成熟的內涵，Super（1974）提出處於生涯探索期的青少年達成生涯成熟所應具備的六項條件：

1. 職業選擇的定向性：個人能關心未來的職業選擇問題。
2. 職業的資訊和規劃：對個人所偏好的職業能蒐集相關的資訊，並作計畫。
3. 職業偏好的一致性：個人對所偏好的職業具有持續的一致性。

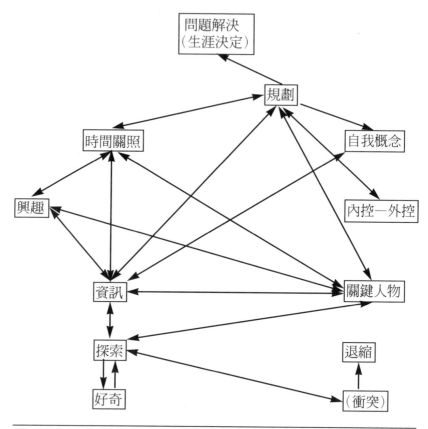

圖2-3　生涯成熟之人境互動模式
資料來源：Watts, Super, & Kidd（1981）；Sharf（1997：156）

4.個人特質的具體化：個人的自我概念更爲具體明確。

5.職業選擇的獨立性：個人可以依據自己的意願做出職業選
擇的決定。

6.職業偏好上的智慧：即個人選擇、能力、活動、興趣之間
具有一定程度的關連性。

　　這些生涯成熟度的指標，無疑爲學校中的生涯輔導工作提供
了可供參考的生涯教育目標，並可據此發展出可促進學生生涯成

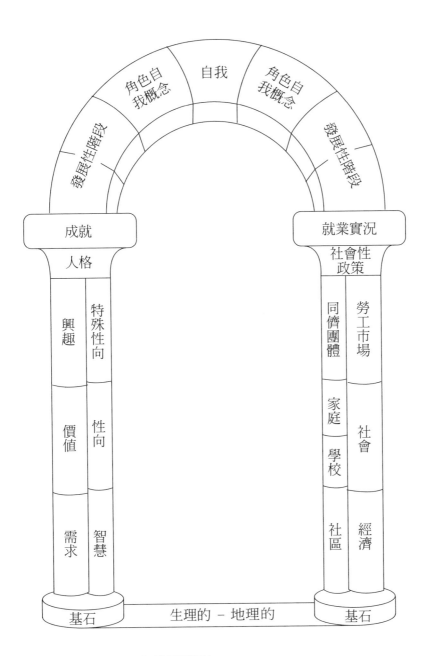

圖2-4　生涯發展的拱門模型

資料來源：Super（1990:206）

熟的生涯輔導策略，包括生涯探索、生涯決定、生涯規劃、生涯
準備等，及促進生涯決定的認知和技能等。此外，Watts 和Super
（1981）尚發展了一個關注青少年在人和環境互動中達成生涯成熟
的模式（如圖2-3），有助於生涯輔導工作者設計各類支持性或催
化性的活動，以促進青少年之生涯成熟。Super生涯發展理論的核
心是發展性的「自我概念」。自我概念的發展，指涉個人如何看待
自己及其所處的情境，是個人與社會間動力互動歷程的反映；個
人在發展的歷程中，因接觸了周遭他人和環境事物，與個人的想
法產生互動，而逐漸衍生出對自己的看法。個人即依據其對自我
的概念與其在社會中所扮演的角色，組織內、外在的所有個人與
社會勢力，來發展其生涯。故其自我概念理論可分為兩部分：（1）
個人或心理的，專注於個人如何選擇，及如何調適其選擇；（2）
社會的，重點在個人對其社經情況及當前社會結構之個別性評
價。由此一自我概念理論衍生其後所提出的「拱門模型」
（archway model）理論（Super, 1990），拱門的左右兩大基石分別
是生理基石和地理基石（圖2-4）。

　　拱門的生理基石（biological foundation），支持了個人的心理
特質，涵括個人的需求、知識、價值、能力性向及興趣，這些因
素構成人格變項，並導向個人的成就表現。拱門的地理基石
（geographical foundation），支持了如經濟資源、社區、學校、家
庭、同儕團體、勞工市場等社會環境範疇，這些因素影響了社會
政策及就業標準。連結左右兩大基石的拱形，則是由生涯發展階
段與自我概念所串連而成，主導個人的生涯選擇與發展。

　　此時Super（1990）已深切體認到「個人是其經驗的組織
者」，故在其晚期的理論中已試圖將「自我概念」界定為一個有結
構的、多元向度的「自我概念系統」（self-concept system），而非
許多單一自我概念的集合；並以為其自我概念理論最好被稱為
「個人建構理論」（personal construct theory），以彰顯個人對自我

與情境的雙重焦點，及個人對自我與情境的主動建構歷程。他主
張：

「職業自我概念理論......可以是靜態的（static），以初次的職業選
擇為焦點，......隱含一旦適配即終生適配。但也可以是發展的
（developmental），由一系列變化中的偏好來因應變化中的情境，以
持續地導向較佳的選擇。它基本上是個人或心理學理論，以不斷做選
擇和調適的個人為焦點。但也可以是社會學理論，視個人的選擇係奠
基於對變化中的社會—經濟情境與所居住之社會結構進行個人內在評
估。基於後者，採用自我概念一詞可能是一項誤失，Kelly （1955）
的《個人建構》（personal constructs）或許較能說明個人對環境
的覺知和建構。」（Super，1990:222-223）

　　由此可見，Super晚期的生活—生涯發展理論已揚棄個人與情
境互動的學習經驗中「被動地」發展一組自我概念的看法，而主
張個人係「主動地」建構與理解其經驗，而形成其內在現實—能
力、興趣、需求、價值、及人格特質，並據之預測其在外在現實
中的出路—工作生涯與生活方式的選擇。此一觀點的生涯發展理
論已可被稱之為「建構取向的生涯理論」（constructivist career
theory），以彰顯其主掌生涯決定係個人對自身特質、潛在生涯選
項、及工作世界的統整與全面性的建構歷程（吳芝儀, 1997）。從
建構取向生涯發展論的立場觀之，生涯選擇與決定是一不斷演進
的歷程，個人所追尋的生涯，不僅僅反映個人當前對自己及工作
世界的建構，亦反映其對未來成就與自我發展的預期（吳芝儀，
1999）。

第三節　自我發展理論

　　Tiedeman和O'Hara（1963）從人格心理學中Erikson（1950;1963）的社會心理發展觀點取經，強調「自我認定」（ego-identity）在生涯發展歷程中的重要性，為生涯發展理論注入更豐富的內涵。

　　Erikson（1963）將人生全程的發展劃分成八個階段，各有其特定的發展任務與危機，分別是：（1）信任與懷疑（trust vs. mistrust）；（2）自律與羞恥（autonomy vs. shame）；（3）主動與罪咎（initiative vs. guilt）；（4）勤勉與自卑（industry vs. inferiority）；（5）認定與困惑（identity vs. confusion）；（6）親密與疏離（intimacy vs. isolation）；（7）多產與遲滯（generativity vs. stagnation）；（8）統整與絕望（integrity vs. despair）（詳見表2-4）。

　　Tiedeman認為，當一個人解決了各個發展階段的心理社會危機時，情境中自我、工作中自我及工作導向就展開了。「情境中自我」（self-in-situation）的變化，係從早期對自我的覺察，逐漸成長為有能力評價經驗的重要性、能預期或想像未來的發展目標，並將經驗儲存於記憶中以供未來參考。最後，個人將可達到所謂「分化─統整」（differentiation-integration）的生涯決定，即藉由對各個職業層面的探究以確認「情境中自我」，達成自我的一致性。而隨著自我統整的發展，生涯相關的決定亦隨之發展，個人在全面性地考量所有可能的狀況後，即能投入特定的職業領域，並預期其成功的可能性（Zunker, 1994）。而生涯發展即是一個「自我認定」分化的持續性歷程，奠基於兒童早期在家庭中的經驗、個人在不同發展階段所遭遇的心理危機、及社會價值體系

表2-4 Erikson 心理社會發展階段任務與發展危機

期別	年齡	階段發展任務與危機	階段特徵
一	一歲	信任vs.懷疑	嬰兒的基本任務是建立一種對自己、他人及周圍環境的信任感。如果父母親或重要他人在嬰兒的生活中提供溫暖、親愛、關懷與照顧，並滿足他的食物與身體接觸的生理需求，他就能發展出基本的信任感，且感到安全。反之，如果父母親未曾對他的需要作出回應，他就會發展出一種對世界、尤其是對人際關係的懷疑態度。具有信任感者的人格特徵是：有能力向別人尋求情緒上的支持、注重他人行為的積極層面、能平衡付出與接受、願意自我表露、樂觀。
二	二至三歲	自律vs.羞恥	隨著嬰兒學走路與語言能力的增長，探索環境的範圍逐漸擴大，自主感即逐漸萌芽，同時藉由控制大小便體驗自己控制行為的能力。此期兒童必須掌握的主要任務包括：獲得獨立性、接受個人能力、學習表達負向情緒如憤怒、攻擊等，開始他們自律發展的旅程。如果他們未能實現一定程度的自我控制，或對環境的探索受到來自父母過於嚴格的限制，則會產生對自己和自身能力的羞恥感和懷疑感。具有自律性者的特徵是：能對重要問題作出自己的抉擇，能拒絕別人的要求而不感到內疚，能拒絕他人的支配，能關注自己的內在感受，對自己的能力有自信。
三	三至六歲	主動vs.罪咎	處於性器期的學前兒童對自己的身體格外好奇，因探究自己的生殖器而出現性意識。如果父母採取嚴厲的道德灌輸與否定的態度，則兒童會覺察到那些性意識是邪惡的、不被接受的，並將因此而感到焦慮、內疚、自我譴責。另一方面，學前期兒童的基本任務是藉由已發展的活動能力、語言能力、想像力等，表現出有方向和有目標的行為。主動進取地為從事自己所選擇的活動做好心理上的準備。具有主動進取感者的特徵是：喜歡接受新的挑戰，訂定目標並採取行動實現目標，具平衡的倫理意識而不虛偽、假道學。
四	六至青春期	勤勉vs.自卑	兒童大約在六歲左右開始與環境中的其他人發展新的關係。他們需要擴展其對物理與社會環境的理解，並發展適宜的性別角色認同，參與社會事務，並獲得學校學習所必備的技能。故此期的核心任務是獲得勤奮感，反之則導致自卑感。具勤奮感的人樂於學習，富有好奇心，嘗試新的觀念並獲得新的統整，因完成事情而感到自豪，能非防衛性地接受批評，並具有堅強的毅力。

（續）表2-4 Erikson 心理社會發展階段任務與發展危機

期別	年齡	階段發展任務 與危機	階段特徵
五	青年期	認定vs.困惑	青少年期是兒童期與成年期之間的一個轉換階段。此時青少年的生理狀態與社會環境都正在發生變化，與父母分離並成為一獨立的個體，性別角色認定的矛盾衝突亦迅速膨脹。於是各種來自於父母、學校、同儕團體、異性、或整個社會的壓力接踵而至，且常互相矛盾衝突，使得青少年很難找到一種穩定的自我認定感—即確定自己是誰、要去何方、如何到達等，導致自我認定的困惑混淆，迷失了人生的方向。具有自我認定感的人，會發展出穩定的自我概念，有明確的生活目標，較少受同儕壓力的影響，接納自己，能毫不猶豫地作決定，且具有責任感。
六	成年期	親密vs.疏離	成年早期的一項基本任務是與別人形成真誠的親密關係。因為親密性涉及承諾和發自內心的分享與給予能力，故人們必須對自我認定感有充分的自信。若不能與人建立親密關係，則會導致疏離與孤獨。但是與人建立親密關係的同時，亦需維護一個人自身的獨立感。
七	中年期	多產vs.遲滯	處於中年期者需超越自我和目前的家庭，實際參與對下一代的照顧和指導。這些成熟的歲月可能是個人一生中最多產的時期之一，表現於個人適當地去愛、去工作、去娛樂的能力。如果人們不能經驗到一種成就感，則會開始停滯不前，並在心理上死亡。
八	老年期	統整vs.絕望	人們在最後這一階段的重要任務包括：適應配偶或好友的死亡、適應退休生活、保持戶外活動的興趣、接受身體機能的衰退等。當人們回顧過去且重新評價過去時，把自己看作是有價值且有收穫的，享受了成功，且能從已擁有的事物中獲得滿足，把死亡看作是生命歷程必經的一部分，並繼續尋找人生的意義，即實現了自我統整。

和個人價值體系能否達成一致性等。相對於自我認定感較差者，具有高度自我認定感的人較能順利通過各個發展階段、較能應用資訊來作成生涯決定、較能選擇最適合個人的職業生涯、較能確定其生涯選擇、生涯成熟度較高、較能從自我導向生涯活動中獲益、對其生涯較感到滿意、較能表現出有效且建設性的工作行為等（Walsh & Osipow,1990）。

爲了呈現個人自我認定和環境預期之持續性交互作用，促使個人生涯決定發生改變的歷程Tiedeman和O'Hara（1963）提出的「生涯發展模式」，包括兩階段：預期（anticipation）或職前（preoccupation）階段，以及實踐（implementation）或調適（adjustment）階段。預期或職前階段又可分爲四個範疇—探索（exploration）、具體（crystallization）、選擇（choice）、澄清（clarification）；實踐或調適階段則包含三個範疇—歸納（induction）、革新（reformation）、統整（integration）。茲將其主要特性摘要於表2-5。

　　青少年期（12~20歲）正處於Erikson所謂「自我認定VS. 認定困惑」的階段，達成「自我認定感」是青少年期最重要的發展任務，而一個目標明確的「生涯」正可作爲其實踐自我概念、統整其個人過去與未來所有心理層面的重要工具。若青少年無法達成穩定且正向的職業認定感（occupational identity），將會其感到困擾迷惑，甚至出現「負向認定」（negative identity），造成許多與家庭或社會直接衝突的偏差行爲問題。因此，生涯的選擇與對生涯的投入，俱將對青少年的自我認定產生顯著的影響。

　　青少年自我認定的追尋，常圍繞著三個重要的主題：「我是誰？」、「我往何處去？」、「我如何到達？」。「我是誰？」指涉發展中的青少年亟欲探索自我的各個層面，如生理我、心理我、情緒我、社會我，以及自己的能力、興趣和價值觀等，而這些自我的層面俱與「我在那裡？」息息相關；換言之，青少年是在其所處的環境中爲自己找尋適當的「定位」，以形成明確的自我概念。「我往何處去？」所要尋求的答案，則指向個人對未來生涯發展與生涯目標的預期，以尋找其人生意義。「我如何到達？」則是個人所賴以達成生涯目標的生涯發展進路，以及妥善的生涯規劃與生涯準備行動等。這三項問題的答案，亦即是處在生涯發展論學者Super（1963）所謂「探索期」中的青少年，所欲探索的

表2-5 Tiedeman 生涯發展模式

預期 或 職前階段	特性	實踐 或 調適階段	特性
探索	1.思考短暫，心不在焉。 2.對可能的行動方向會再三思慮。 3.藉著想像特定情境中的自我，進行探索活動。 4.藉著投入於暫時的目標，進行探索。 5.探索其他未來可能的行動方向。 6.反映個人抱負、能力、興趣及與生涯選擇有關的社會涵義。	歸納	1.開始參與生涯團體。 2.在生涯團體中會有自我認定和自我防衛的問題。 3.當在團體中經驗到被接納時，自我認定即逐漸形成。 4.在以社會性目標為主的生涯團體中，個人目標也在發展之中。
具體	1.對潛在生涯選項進行持續性的評估。 2.考慮的生涯選項逐漸減少。 3.形成可進一步嘗試的生涯選項。 4.評估可嘗試的生涯選項符合個人價值的程度。 5.形成較明確的目標。 6.目標更為明確且穩定。	革新	1.生涯團體接納個人為團體的一份子。 2.個人受到新環境的影響，在團體內外會採取較果決的行動。 3.果決的行動係用以說服他人接受自己的觀點，並接受修正後的目標。
選擇	1.選擇確定的生涯目標。 2.投入於為達成該目標所需的行動。	統整	1.當個人與生涯團體產生互動後，對目標的設定達成妥協。 2.生涯團體和自我的目標均可達成。 3.被認定為生涯領域群體的一份子 4.對行動結果獲得暫時性的滿足
澄清	1.在確定的職位上，對自我做進一步的澄清。 2.深入考量可預期的職位，以減少生涯決定的疑慮。 3.對生涯決定發展出較強的投注感。 4.結束此一預期或職前階段。		

資料來源：Zunker (1994)

焦點（吳芝儀, 1998）。

　　晚近，Tiedeman and Miller-Tiedeman（1984）更加強調個人
具有創造自身生涯、主導生涯發展方向與決定歷程的力量，並致
力於將「自我增能」（self-empowerment）作爲個人生涯決定歷程
的重心。他們認爲：人們判斷其生涯所使用的語言，反映出同時
作爲反應者（reactor）與主動者（actor）的自我（the self），並
揭露個人對生涯的假定。因此，人們在進行生涯選擇與決定時，
須對其個人現實（personal reality）有更深度的覺察，並瞭解其用
以描述自我和建構普遍現實（common reality）的語言。透過自我
覺察和自我瞭解，個人即有能力作出對自己最好的生涯決定，並
在實踐生涯決定的歷程中不斷地自我修正，以達成自我設定的生
涯發展目標。此一看重個人主動建構力量的生涯發展觀點，亦逐
漸匯流入構取向生涯發展論的思潮中。

第四節　職業抱負理論

　　1980年代，Gottfredson（1981）亦認知到自我概念在個人職
業發展中的關鍵性，並試圖統整心理學觀點和社會系統觀點，提
出了「職業抱負」（occupational aspirations）的發展性模式（表2-
6）。他強調人們會尋找符合其自我形象的工作，而社會階級
（social class）、智能（intelligence）、性別角色（sex role）等，
均係自我概念的重要決定因素；隨著個人的成長與發展，其自我
概念及其對職業的印象也愈趨分化和複雜化，但個人對可選擇職
業所形成之認知地圖，則奠基於其對社會空間的概念知覺—即個
人對自己如何在社會中定位的看法—並據此修正其職業抱負。其
中，性別類型（男性化/女性化）、工作層級（名聲地位）和工作
領域是幾個關鍵的認知向度，對青少年之職業抱負的發展，具有
決定性的影響。

表2-6 職業抱負發展性模式

階段	年齡	發展指標
階段一	三至五歲	發展出對大小、權力的概念，瞭解自己和大人不同。
階段二	六至八歲	發展出對性別角色的概念，知道男性和女性的差異。
階段三	九至十三歲	發展出對社會評價的概念，知覺到社會階級的差異，偏好具有較佳名聲地位的工作。
階段四	十四歲以後	發展出較強的自我意識，知覺到自我和他人的差異，形成特定的職業抱負。

資料來源：Gottfredson（1981；1996）；Sharf（1997）

　　此一理論主張不同階段的兒童或青少年在考慮其未來的職業抱負時，會有不同的著重點。三至五歲的兒童憧憬成人的職業角色極其代表的權威。六至八歲的兒童較易於受到性別角色差異的影響。而發展出「可容忍的性別形態閾限」（talerable sex-type boundaries），相信某些職業較適合於他們本身的性別，而排除其他適合異性的職業（Gottfredson, 1996）。九至十三歲的兒童則易於受到名聲地位的左右，偏好具有較佳社會地位的職業，至於處於青春期的青少年因發展出較強的自我意識以自我的興趣為導向。當青春期後的個人為了現實因素的考量，而必須修正自己的職業抱負以和現實妥協時，因愈是早期發生的元素愈不容易改變，所以最早被犧牲的將是最晚發展的個人興趣，其次是名聲地位，最後才是性別角色（Gottfredson, 1981）。

　　雖然後續對高中以上青年生涯妥協歷程的研究，發現興趣因素對青少年生涯妥協的決定仍重於性別角色，因此Gottfredson的理論並未獲得支持（Heskethetal, 1990），但其理論仍補足了生涯發展理論較少討論性別角色刻板化問題的缺失，擴展了協助青少年進行生涯探索的層面與範圍。

第五節　時間關照與生涯規劃

　　人們所經驗的和所組織的時間，與其對生涯的概念和所採取的生涯行動，二者之間如何連結，是Savickas（1990）的理論所關注的焦點。他認為，生涯的成功和滿意係奠基於個人對未來導向的時間經驗，而這些經驗與現在的事件有關。個人因對職業的過去、現在、未來具有「自我意識思考」（self-conscious thoughts），而發展出主體性的生涯感，亦即「主體性生涯」（a subjective career）係由個人對時間的信念和態度所形成的。主體性生涯所強調的重心即是一個穩定的「未來感」（a sense of the future）。因此，生涯輔導工作需協助個人主動地勾勒對未來的生涯願景，計畫自身的生涯發展歷程。

　　Savickas（1990）所積極倡導的生涯介入策略，圍繞著三項與時間有關的重要議題：

時間關照

　　「時間關照」（time perspective）意指個人如何以時間面向來看待自己並引導自己，激發出個人的成就動機，此一未來導向的關照是個人能達成未來工作滿意的重要因素。

時間分化

　　「時間分化」（time differentiation）則致力於使未來現實化，個人以過去或現在所經驗的事件為基礎來規劃未來，設定合於現實的未來目標，使未來成為可能，並減輕因未來的不確定感所產生的焦慮。

時間統整

「時間統整」(time integration)涉及過去、現在、未來所發生事件的連貫性,為個人合於現實的規劃提供堅定的認知架構,強化其自我認定感,使現在的行動均朝向達成未來的目標而努力。因此,生涯輔導工作需致力於協助個人發展時間統整感,規劃未來,採取有目的的準備行動。

現代社會中許多青少年問題,係根源於部分青少年在主流價值體系導向的社會中,無法想像自己的明天,看不到自己的未來。而當未來無法被合理地期待,明天的自己不知會身在何處,青少年也只好在現在生活中隨波逐流、麻痺自我,甚至更焦慮地要把握現在的歡樂,而不在乎未來的是否或如何償還負債。「今朝有酒今朝醉」「不在乎天長地久,只在乎」曾經擁有」都是青少年缺乏未來感的反映,甚至常因「一時衝動不顧後果」而衍生層出不窮的社會問題。由此看來,欲解決現代社會中的青少年問題,亟需仰賴生涯輔導工作的實施,以協助青少年省思自我的生涯發展歷程,規劃合於現實和自我理想的未來生涯和生活。

第 *3* 章

生涯選擇理論

◆

特質因素論

◆

生涯類型論

◆

心理動力及心理需求論

◆

梅布二氏類型論

◆

對生涯選擇理論之評論

傳統上，生涯選擇常被視為是在特定階段、特定情境中所發生的單一事件，因此生涯輔導的實施常是由於學生即將面臨職業安置的需要，而協助學生進行職業生涯的選擇。此生涯選擇為焦點的生涯輔導策略，多根源於特質因素論的人境適配模式，藉助多元工具將個人特質作適當的歸類，以進一步將個人安置至適當的職業環境中。本章將討論特質因素論、何倫類型論、心理動力論、梅布二氏類型論等代表性的生涯選擇理論。

第一節　特質因素論

　　特質因素論（trait-and-factor theory)的基本假定是，個人特質與工作要求條件可以相互適配，來找出理想的工作生涯。因此又稱為「適配理論」（matching approach）。

　　特質因素論擅長以一組特質或人格特性來界定不同類型的人，同時也以一組工作上所要求的條件或資格來界定不同類型的工作。特質（trait）是指個人的人格特性，包括性向、興趣、成就、價值觀、和個性人格等，可以經由測驗或量表等工具來加以評量，以反映出個人的潛能。因素（factor）是指在工作上獲得成功的表現所必須具備的條件或資格，透過對個人特質和工作要求特性的評量，可以協助個人找到最適合自己從事的工作。特質因素論試圖將具有一組相類似特質的工作者，安置在一組類似因素的職業上，也就是所謂的「物以類聚」。

　　Parsons早在1909年就曾針對一般人進行職業選擇時所應採行的策略，提出下列看法：

1.對自己要有清楚明確的認識，包括自己的態度、能力、興趣、野心抱負、資源限制等。

2.對成功所需條件、利弊得失、補償、機會和不同工作之發展前景等擁有相當的知識與瞭解。

3.對上述兩項事實作真確的推論。

因此，要能將個人特質與環境條件做良好的適配，第一步是自我瞭解，第二步是獲得有關職業的知識，第三步是整合有關自我與工作世界的知識。自我瞭解的內容需包括性向、成就、興趣、價值觀和人格特質等項。有關工作世界的知識，則包括三個層面：（1）資訊的類型，如對職業的描述、工作條件、或薪水等，（2）職業分類系統，以某種分類系統歸納千萬種職業，（3）職業所要求的特質和因素。最後則將所蒐集到的有關自我和職業的資訊加以統整，以進行真確且適切的推論，作成有效的生涯選擇。

第二節　生涯類型論

John Holland 認為生涯選擇係個人人格在工作世界中的表露和延伸。亦即，人們係在其工作選擇和經驗中表達自己、個人興趣和價值。個人會被某些能滿足其需求和角色認定的特定職業所吸引，因此我們可根據個人對職業的印象和推論，將人們和工作環境加以做特定的歸類。而個人對自我的觀點，與其職業偏好間的一致性，即構成了Holland所稱的「典型個人風格」（modal personal style）。例如，具有社會傾向的人，會較偏好在能與他人密切互動的環境中工作；另一方面，具有機械傾向的人，則會偏好一個較少社交接觸、能安靜工作的環境。因此，Holland特別強調工作者的「自我知識」（self-knowledge）在尋求職業滿意度及穩定性時的重要性。

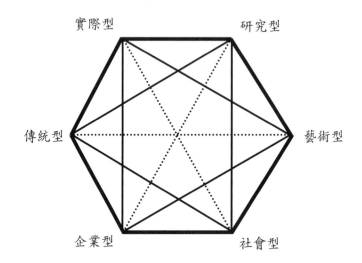

一致性程度		人格組型
———	高	RI, RC, IR, IA, AI, AS, SA, SE, ES, EC, CE
———	中	RA, RE, IS, IC, AR, AE, SI, SC, EA, ER, CS, CI
··············	低	RS, IE, AC, SR, EI, CA

圖3-1 Holland生涯類型圖：人與環境六類型之關係

資料來源：Sharf（1977）

表3-1　何倫類型論典型個人風格與典型職業

類型	典型個人風格	典型職業
實際型 R	此類型的人具有順從、坦率、謙虛、自然、堅毅、實際、有理、害羞、穩健、節儉等特徵。其行為表現為： (1)喜愛實際操作性質的職業或情境。 (2)以具體實用的能力解決工作或其他方面的問題 (3)擁有機械和操作的能力，較缺乏人際關係方面的能力。 (4)重視具體的事物或明確的特性。	工程師、工程人員、醫師、醫事技術人員、農、漁、林、牧相關職業、機械操作員、一般技術人員
研究型 I	此類型的人具有分析、謹慎、判斷、好奇、獨立、內向、精確、理性、保守、好學、有自信等特徵。其行為表現為： (1)喜愛研究性質的職業或情境。 (2)以研究方面的能力解決工作及其他方面的問題 (3)擁有科學和數學方面的能力，但較缺乏領導才能。 (4)重視科學價值。	數學家、科學家、自然科學研究人員、工程師、工程研究人員、資訊研究人員、研究助理
藝術型 A	此類型的人具有複雜、想像、衝動、獨立、直覺、創意、理想化、情緒化、感情豐富、不重秩序、不服權威、不重實際等特徵。其行為表現為： (1)喜愛藝術性質的職業或情境。 (2)以藝術方面的能力解決工作或其他方面的問題 (3)富有表達能力、創造能力，擁有藝術、音樂、表演、寫作等方面的能力。 (4)重視審美價值與美感經驗。	音樂家、畫家、詩人、作家、舞蹈家、戲劇演員、導演、藝術教師、美術設計人員

類型	典型個人風格	典型職業
社會型 S	此類型的人具有合作、友善、慷慨、助人、仁慈、負責、善溝通、善解人意、富洞察力、理想主義等特徵。其行為表現為： (1)喜愛社會性質的職業或情境。 (2)以社交方面的能力解決工作或其他方面的問題 (3)具有幫助別人、瞭解別人、教導別人的能力，但較缺乏機械與科學能力。 (4)重視社會規範與倫理價值。	一般教師、神職人員、輔導諮商人員、社工人員、護理人員、社會服務工作者
企業型 E	此類型的人具有冒險、野心、抱負、樂觀、自信、有衝勁、追求享樂、精力充沛、善於社交、說服他人、獲取注意、管理組織等特徵。其行為表現為： (1)喜歡企業性質的職業或情境 (2)以企業方面的能力解決工作或其他方面的問題 (3)具有語言溝通、說服、社交、管理、組織、領導方面的能力，較缺乏科學能力。 (4)重視政治與經濟上的成就。	業務行銷人員、企業經理、公關人員、政治人員究、律師、法官、媒體傳播人員、仲介代理人員
傳統型 C	此類型的人具有順從、謹慎、保守、自抑、謙遜、規律、堅毅、實際、穩重、重秩序、有效率等特徵其行為表現為： (1)喜歡傳統性質的職業或情境。 (2)以傳統方面的能力解決工作或其他方面的問題 (3)具有文書作業和數字計算方面的能力。 (4)重視商業與經濟價值。	會計師、會計人員、總務、出納、銀行行員、行政助理、編輯、資訊處理人員

資料來源：修改自Holland（1973）；林幸台(1987：56-58)

　　據此，Holland將個人或環境均歸類為六大典型（如圖3-1）：實際型（Realistic）、研究型（Investigative）、藝術型（Artistic）、社會型（Social）、企業型（Enterprising）、和傳統型（Conventional），典型個人風格和典型職業環境之間若能取得適配一致，即達成最佳的生涯選擇（表3-1）。故其理論稱為「類型論」（typological theory）。

實際型

1. 實際型環境：實際型（realistic）環境需要工作者付出體力。工作場所多與工具、機械工具動物為伍，工作者可加以操作。工作者需具備一定程度的技能，如修理機械、電化工具設備、駕駛車輛、畜養動物、或處理環境中的物理層面。與「事物」工作的能力，比與「人群」工作的能力更為重要。建築工地、工廠、汽車修護廠等是典型的實際型環境。

2. 實際型人格：實際型的人，無論在日常嗜好或工作上都喜歡運用工具機械，他們多具有鋪設管線、修繕房屋、修理電子儀器或車輛、養殖放牧、或其他工業技術和能力。他們較喜歡相當實務性的課程，以習得機械的使用或體能技術。實際型的人對抽象概念或理論學科的容忍度較低。他們經常較看重金錢、權力和地位，較不重視人群關係。

研究型

1. 研究型環境：研究型（investigative）環境可讓工作者發揮科學或數理方面的興趣、能力，以尋求問題的解決。在此一情境中，工作者被鼓勵運用複雜和抽象的思考，創造性地解決問題。工作者亦須具備謹慎縝密和批判性思考、邏輯思考的能力，並需運用智慧獨立工作。

2. 研究型人格：研究型的人喜歡運用智慧解謎和接受挑戰，喜歡學習，並對其解決科學或數學難題的能力充滿自信。經常閱讀和討論有關科學性的論題，尋求獨立解決問題的工作機會。他們多喜歡數學、物理、化學、生物等科學性學科。他們並不喜歡督導其他人或直接去處理與人有關的問題，但會喜歡分析人類心理問題或尋求心理問題的解答。對未知問題的挑戰充滿興趣，慣於「打破砂鍋問到

底」，直至找到滿意的答案。

藝術型

1. 藝術型環境：藝術型（artistic）環境相當自由、開放，且鼓勵創造性和個人性的表達，以非傳統的方式來表現自己。藝術型環境使工作者能自由創作其作品或尋找答案。允許工作者隨心所欲地穿著打扮安排時間。

2. 藝術型人格：藝術型的人喜歡以自由和非系統性的方式來表現自己，創作音樂、美術或文章。他們會想加強語言、美術、音樂和寫作上的能力，重視作品的原創性和創意，喜歡情感性表達，而非邏輯性思維。

社會型

1. 社會型環境：社會型（social）環境鼓勵人們要具有彈性，且彼此了解，幫助他人解決其個人難題，教導他人，對他人表現精神上的關愛，且願意擔負社會責任。社會型環境強調理想、友善、和慷慨等人類價值，而這些理想多半存在於教育、社會服務和心理健康等專業領域。

2. 社會型人格：社會型的人對於教導人們、協助人們解決問題、或提供人群服務感到興趣，喜歡經由討論、團隊工作來解決複雜問題。他們通常具有較佳的口語能力和社會技巧，希望藉由教育、宗教、政治、或社會服務等方式來協助人們，本質上具有倫理或理想主義色彩的利他傾向，關注對社會的貢獻勝於個人的經濟成就。

企業型

1. 企業型環境：企業型（enterprising）環境促使工作者能管理或說服他人，以達成組織或個人的目標。在此環境中，財

物或經濟上的論題，甚為緊要，有時需擔負必要的風險。工作性質常與說服或銷售有關，並需提供升遷機會，以獲取更多權力、地位和財富。

2. 企業型人格：企業型的人甚為重視財富的獲得，喜歡和人相處，以運用口語技巧來說服他人、銷售商品或領導管理。他們多充滿自信、具社會性、且相當果敢，努力晉升至領導地位。

傳統型

1. 傳統型環境：傳統型（conventional ）環境中充滿了組織和計畫，如有條不紊的辦公室中，羅列了記錄、檔案、文件和報告，這些文件資料涵蓋了文字與數字的材料。文書處理機、計算機和影印傳真機等，是傳統型環境中四處可見的器材設備，故要求工作者的文書技巧、組織能力，及聽取並遵從指示的能力。

2. 傳統型人格：傳統型的人重視金錢、較為依賴，具有遵守法令、規則和指示的能力。他們多偏好在井然有序的情境中工作，不必處理模糊不明的要求。他們具有文書和數字計算方面的特長，組織能力佳，和人群的關係多半是為了完成工作上的任務。

這六種由個人和環境相對應所形成的職業分類系統，包含六個較廣泛的職業區域：

R：實際型職業，包括手工性的貿易、技術性與服務性的職業。

I：研究型職業，包括科學技術和科學研究的職業。

A：藝術型職業，包括藝術、音樂與文學的職業。

S：社會型職業，包括教育和社會福利的職業。

E：企業型職業，包括管理與銷售的職業。

C：傳統型職業，包括辦公室和行政雇員的職業。

　　然而，真實的工作世界很少純粹是某一型態，大部分工作情境多綜合了多種型態。故Holland應用三個英文字母的代碼，來描述個人及環境。例如，書局的工作環境並不純粹是傳統型，它還涵蓋研究型和社會型，故其代碼為「CIS」。就像沒有單一的環境可以單一的代碼來描述，一個人也甚少只符合Holland的單一人格類型。例如，修理儀器的訓練課程使人接觸實際型環境，但參加學校社團則是社會型的情境，而所從事的繪畫或藝術設計則是藝術型活動。當人們有機會從事這些活動時，可能會愈來愈對這些環境感到興趣，並發展出許多特定的能力，於是也愈可能在某些特定環境中獲得成功的機會，而其人格型態也愈發確定。

　　為了測量這些環境和人格類型，Holland已發展出「職業偏好量表」（Vocational Preference Inventory）和「自我導向搜索」（Self-Directed Search）作為探究與分類的工具，其評量結果為一包含三個英文字母的何倫碼，以及該何倫碼所指涉的一群相關連的職業，並詳列出該職業在「職業名典」中代碼及其所要求的教育程度。如：

何倫碼：IAS	教育程度
經濟學家（050.088）	6
數學家、統計學家（020.088）	6
行銷研究工作者（050.088）	5
何倫碼：ASE	
新聞雜誌記者/採訪記者（132.268）	5
戲劇教師（150.028）	5

舞蹈教師（151.028）	5
翻譯工作者（137.268）	5
何倫碼：RIA	
景觀建築師（019.081）	5
建築設計師（017.281）	4
牙科技師（712.381）	4
暗房技師（976.381）	4

　　適配性、差異性和一致性是運用Holland類型於生涯探索時的三個重要概念。「適配性」（congruence）係指人格和環境的符合程度，人格和環境的類型愈相似，表示人境間關係的適配程度愈高。如社會型的人，愈是喜歡在社會型的環境中工作。「差異性」（differentiation）是指類型間的相對重要性程度。某些人可能完全符合Holland的單一類型，對某些特定類型的活動顯現高度興趣；但其他人可能喜歡所有的活動，也都做得很好，以致於在六大類型間都顯現不出太大差異。「一致性」（consistency）是指類型彼此之間的相似程度。由於Holland六角形的相鄰類型，彼此間具有較大的相似性，如社會型與藝術型，故一個何倫碼爲SAI者，表示其類型的一致性較高。反之，社會型與實際型則相當不一致，因爲社會型的人喜歡幫助別人，在團體中工作，看重人際間的互動；但實際型的人則偏好用機器來工作，而不喜歡以人群爲工作的對象。

第三節　心理動力及心理需求論

　　Crites（1969）使用「心理動力」（psychodynamic）一詞概括任何以人類行爲底涵之動機、渴望、需求或驅力等來說明生涯選

擇的理論。一般而言，心理動力理論相信，個人係透過職業的選擇而致力於滿足其內在的需求或驅力。Brill（1949）即以「享樂和現實原則」來解釋個人在選擇職業時，不只從外在的酬賞獲得立即性的滿足，而且是期待能從職業中獲得最終和長期性的滿足。因此，個人所選擇的職業，很可能是當時用以滿足其潛意識動機或基本心理需求的最好方式。Bordin（1984）亦主張工作可提供予個人內在的滿足感，個人無論是意識上或潛意識上，均係透過工作來尋求其個人的意義和價值；甚而言之，個人是在工作或職業中致力於達成自我的實現。當個人愈能確認某一特定職業能滿足其現在之需求，或未來能有滿足需求的可能性時，愈有可能選擇從事該項職業。

　　Roe（1956）也是從Maslow（1954）心理需求階層理論，來探討生存、安全、愛與歸屬、肯定尊重、自我實現等不同層次的心理需求是否曾獲得滿足或遭受挫折的經驗，如何影響個人選擇特定的職業。Roe認為人格的發展大多取決於個人在兒童早期基本需求獲得滿足或受到挫折的經驗，而這些經驗常又受家庭的文化背景或社經條件所影響。早期經驗中心理需求之滿足與否，對職業選擇的影響有下列數個層面：

1.如果兒童在成長發展過程中，心理需求穩定而充分地獲得滿足，則較不會變成潛意識中主導職業行為的主要來源。
2.如果兒童早期經驗中，需求的滿足不穩定或經常受到延宕，則該需求即會變成潛意識的驅動力，主導其用於滿足需求的職業行為。其影響力視需求的強度、延宕時間長短、及周遭環境的價值評斷情形而定。
3.如果兒童早期經驗中，較高層次的心理需求（如尊重、自我實現等）從沒有機會獲得滿足，這些心理需求很可能會消失無蹤。

表3-2　愛德華斯個人興趣量表所測量之心理需求涵義

需求項目	說明
成就需求(achievement)	盡自己所能，力求成功。希望將事情做得比別人更好，或盡力完成較具挑戰性的工作。
順從需求(deference)	聽從他人的建議，接受指導與完成他人交代的事項，或由他人作決定等。
秩序需求(order)	做事有條有理，遵守規則秩序，生活作息有規律，環境收拾整齊。
表現需求(exhibition)	在公眾場合中，藉由言談、舉止使自己成為被人注意的焦點，展現個人的風格。
自主需求(autonomy)	獨立且自由地決定自己想做的事，不受規則約束，亦不受別人的態度或意見所左右。
親和需求(affliation)	參與群體活動，喜歡交朋友，和朋友保持密切的聯繫，和朋友分享事物或心情感受。
內省需求(intraception)	喜歡分析自己或他人的動機和想法，站在他人的立場瞭解他人的感受。
求助需求(auccorrance)	在自己遭遇困難或煩惱時，希望能得到他人的支持、安慰、鼓勵等。
支配需求(dominance)	堅持自己的意見、看法，扮演團體當中的領導者，影響或指揮他人。
謙遜需求(abasement)	許多方面覺得自己不如別人，認為別人會有比自己更好的意見。為了人際和諧而屈服別人。
助人需求(nurturance)	幫助有困難或需要幫助的人，能瞭解他人面臨的問題，對他人慷慨、友善且富同情心。
變異需求(change)	喜歡嘗試新奇的事物，擁有多采多姿、變化多端的經驗。
堅持需求(endurance)	能持續不懈地克服困難、完成任務，不會半途而廢。
愛戀需求(heterosexuality)	喜歡參與異性團體，和異性交往、或瞭解異性的想法。
攻擊需求(aggression)	堅持自己的意見，無法容忍和自己相對立的意見或觀點，會與之爭辯，或批評別人。

表3-3　明尼蘇達重要性問卷之價值、需求和有關陳述

價值	需求量尺	說明
成就	能力發揮	我能應用或發揮我的能力
	成就	工作能使我有成就感
舒適	活動	我會一直忙碌
	獨立性	我能獨立工作
	變異性	我能每天做不同的事
	補償	我的收入能比其他人多
	安全	工作能有穩定性
	工作環境	工作能提供良好的工作環境
地位	升遷	工作能提供升遷的機會
	認可讚賞	我所做的工作能獲得他人的認同
	權威	我能指示他人該做什麼
	社會地位	我可以在社會中佔有一席之地
利他	同事關係	我的同事很容易相處
	道德價值	我所做的工作不能違背道德良心
	社會服務	我能為其他人做一些事
安全	公司政策與實務	公司會執行公平合理的政策
	督導與人群關係	老闆（或上司）會照顧員工下屬
	督導技術	老闆（或上司）會提供員工良好的訓練
自主	創造性	我能在工作中嘗試自己的想法
	責任	我能自己作決定

4.如果較低層次的心理需求（如生存、安全、愛與歸屬等）
沒有機會在兒童早期獲得滿足，那麼這些需求就很有可能
會成為個人後期職業選擇的最大主宰力量，並妨礙其高層
次需求的發展。

例如，很多人對金錢無止盡的追求，常常是導因於童年時期
生活在經濟上的匱乏與不穩定，而強烈地需要藉由工作上的報酬
來滿足其對生存或安全的基本需求。然而，當個人汲汲營營於要
賺比別人更多的金錢時，則很可能是用金錢來填補他亟欲受人尊

重的需求。此時，對金錢或物質報酬的重視，可能係因其同時滿足了個人生存、安全、愛、尊重、自我實現等不同層次的心理需求。「愛德華斯個人興趣量表」（EPPS）即是一份常用於測量個人心理需求取向的工具，其所測量的十五項需求，如表3-2所示：

「明尼蘇達重要性問卷」（Minnesota Importance Questionnaire）則用來測量二十項「需求」，包括：能力發揮、成就、活動、獨立性、變異性、補償、安全、工作環境、升遷、認可讚賞、權威、社會地位、同事關係、道德價值、社會服務、公司政策與實務、督導與人群關係、督導技術、創造性、責任等。這些「需求」並經因素分析結果，歸納為六項「價值」：成就、舒適、地位、利他、安全、自主等。茲詳細說明如表3-3：

1. 成就（achievement）：指個人能運用或發揮自己的能力，所做或完成的事能讓自己有成就感。
2. 舒適（comfort）：包括許多在處理工作時的需求，以使工作較無壓力，且帶給工作者利益。包括忙碌（活動）、獨自工作（獨立）、做不同的事（變異）、有良好收入（補償）和穩定的工作（安定）等。
3. 地位（status）：他人如何看待工作者或認可工作者，是此一價值的重點。個人可以透過升遷的機會、他人對工作的認可、聲望（社會地位）、指揮別人（權威）來獲取地位。
4. 利他（altruism）：與地位相對的，利他所考慮的重點是個人如何協助他人或與他人合作。包括為他人做事（社會服務）、與同事和好相處（協同工作者），及合於道德的工作。
5. 安全（safety）：此一價值反映了秩序和可預測性的重要，而非僅止於無風險的工作環境。包括公司政策的公平執

表3-4　Roe職業分類系統

	I 服務	II 商業交易	III 商業組織	IV 技術	V 戶外	VI 科學	VII 文化	VIII 娛樂
1. 專業及管理（高級）	社會科學家 心理治療師 社會工作督導	公司業務主管	董事長 商會家 企業家	發明家 工程研究	礦產研究	醫師 自然科學家	法官 大學教授	指揮家 藝術教授
2. 專業及管理（一般）	社會行政人員 典獄長 社工人員	人事經理 業務經理	銀行家 證券商 會計師	飛行員 工程師 廠長	動植物學家 地理工程師 石油工程師	藥劑師 獸醫	書記官 新聞記者 教師	建築師 藝術評論家
3. 半專業	社會福利人員 護士 巡官	行銷人員 批發商 經銷商	會計員 郵務人員 秘書	營造商 機師	農場主人 森林巡視員	醫事技術員 氣象員 物理治療師	圖書館員 編輯 播音員	廣告設計師 室內裝潢師 攝影師
4. 技術	工頭長 廚師 領班 警察	拍賣員 巡迴推銷員	資料處理員 電報員 速記員	鎖匠 木匠 水電工	礦工 油井鑽探工	技術助理	行政職員	演藝人員 櫥窗裝潢員
5. 半技術	司機 廚工 消防員	小販 售票員	出納 郵差 打字員	學徒 卡車司機 機械操作員	園丁 佃農 礦工助手		圖書館管理員	模特兒 廣告描製員
6. 非技術	清潔工 守衛 侍者	送報生	小弟 工友	助手 雜役	伐木工人 農場工人	非技術性助手	送稿件工友	舞臺管理員

資料來源：Roe & Lunneborg（1984）；林幸台（1987）

行、老闆的支持與提供訓練。

6. 自主（autonomy）：某些人希望能有爲自己工作的機會，可以發揮自己的創意（創造性）或作出自己的決定（責任）。

　　個人在現實世界中主動尋求，以便能滿足其心理需求的標的物，即被視爲「工作價值」（work values）或「生涯價值」（career values），Hoppock和Super（1950）在其對工作滿意度的探討中，觀察到一般人對工作滿意度的表達，多與工作的特定層面有關，如收入、工作時間、升遷、助人機會、獨立性、變異性、管理等。由於個人對於這些特定層面之重視程度不同，形成不同的工作價值，主導著個人的生涯選擇與生涯發展方向。生涯選擇是個人透過價值的實現，以擴大其心理需求滿足的嘗試；而個人的生涯價值觀即決定了需求如何在工作中被滿足的方式。

　　依據其心理需求的理論，Roe & Lunneborg（1984）更嘗試將工作世界依工作組群和責任程度兩個向度加以分類，如表3-4所示。工作組群是以職業活動（或興趣）的基本性質作爲分類標準分成：服務、商業交易、商業組織、技術、戶外、科學、文化、娛樂等八類。責任程度是以工作中所負擔的決策多寡、困難程度、處理問題的程度等標準，分爲：專業及管理（高級）、專業及管理（一般）、半專業、技術、半技術、非技術等六類。

　　Lofquist & Dawis（1969; Dawis & Lofquist, 1984）則關注個人需求和職業環境要求的「一致性」（correspondence），而「工作適應」（work adjustment）則係指個人對於維持此一致性的努力，以擴大工作滿意度爲其最大的目的。一般而言，價值觀對生涯選擇的影響有下列數項（Brown & Crace, 1996）：

1. 當個人擁有許多皆能滿足其價值觀的生涯選項時，最受重視的價值是生涯選擇最重要的決定因素。
2. 個人價值系統係從社會中所習得的，每個人均在社會生活中發展出少數核心的價值觀。
3. 文化、性別、社經地位會影響個人在社會環境中的機會和社會互動，因此社會中的次文化團體會發展出不同的價值。
4. 做出和個人價值觀一致的生涯選擇，是工作滿意所必須的。

第四節　梅布二氏類型論

　　梅爾—布來格類型論（Myer-Briggs type theory）原係以容格（Jung）心理學說為基礎所發展出的人格理論，並於1962年出版了「梅爾—布來格類型指標」（Myer-Briggs Type Indicator），作為測量人格類型的工具。近年來已被生涯輔導工作者廣泛運用於協助個案區分人格類型，並據以找出與其人格類型相適配的職業選項。

　　容格最早以「覺察」（perception）和「判斷」（judgment）兩向度，來區分人們注意力的趨向和作決定的方式，認為人們係以其覺察來蒐集周遭世界中事件、人們、物體或想法等的資訊，並據其覺察來作出決定。梅爾進一步將覺察和判斷的模式又各區分為兩類，即「感官」（sensing）和「直觀」（intuition），以及「思考」（thinking）和「感覺」（feeling）。

　　「感官」係指應用視覺和聽覺等感官歷程，如嗅聞、品嚐、碰觸等，來處理資料；而「直觀」則指運用潛意識層面來處理資料。偏好運用感官者，較常透過眼睛看、耳朵聽、手碰觸等方式

來觀察世界，注意在其周遭立即發生的具體事件，對事件發生的細節有很好的記憶能力。相反地，偏好運用直觀洞察者，較常會在視覺和聽覺資料的基礎上，更去注意事件的意義和關係，關注未來可能發生的事件，較富有抽象的想像力與創造力。

在覺察事件之後，繼之而來的是以思考或感覺來做出判斷。「思考」係指能客觀地分析所觀察到的事件或想法；而「感覺」是主觀的反應，通常與個人的價值有關。當一個人運用思考性判斷時，所關注的多半是邏輯和分析，企圖對所覺察的事件做出客觀且公正的判斷。反之，以價值為基礎的感覺性判斷，則關注該判斷對人們造成的影響，如痛苦或愉快等。梅爾進一步將「感官—直觀」的覺察類型與「思考—感覺」的判斷類型加以整合，解釋個人在工作生涯上的偏好傾向。如「感官和思考」者會想要看到或聽到發生的事，會相當務實地計算利潤或機械的生產效能，對事實資料進行分析，適合從事法律、商業管理、會計和生產買賣等職業。「感官和感覺」者重視他人的福祉，會選擇醫生、社會工作、小學教師和顧客服務等工作。「直觀和感覺」者會以溫暖且具啟發性的方式，來照顧人們的需求，關注未來的可能性，故多傾向於選擇宗教神職人員、中學教師、廣告或社會服務等職業。「直觀和思考」者喜歡解決理論性問題並探索未來的發展性，故較可能從事科學研究、電腦科技、商業決策等工作。

另一項有助於了解人們如何覺察和判斷的因素，是「外向」（extraversion）和「內向」（introversion）。「外向」指的是人們覺察和判斷的焦點多集中於外在世界（the outer world）或他人，較為關注周遭所發生的事件或人物。「內向」則指人們的覺察和判斷，均以其對自身內在世界（the inner world）的興趣為基礎，較為關注自身的想法和觀點。因此，傾向於外向者，較喜歡採取行動，喜歡與人們一起工作、談話或互動。相反地，傾向於內向者喜歡思考問題，在採取行動之前經常要花較長的時間來思考。

表3-5 梅布二氏類型論十六項人格指標說明

ISTJ	ISFJ	INFJ	INTJ
嚴肅、沈靜、可專注於透徹地學習。較為務實、注重秩序與組織，擅於邏輯且合於現實的思考，負責任且信賴可靠。一旦作出決定，即能專心一意地完成所應完成的工作。	沈靜、友善、有責任感與良心。致力於完成被規定或要求的工作，且盡忠職守、毫不懈怠。對處理細節相當具有耐心、忠誠、體諒、關心他人的感受。	能不屈不撓，有原創力、渴望做能任何有需要或要做的事，盡最大努力於工作上。默默地關心他人、尊重原則。很有可能獲得別人的景仰，且說服別人謀取最佳的福利。	具有原創力，有較大動力去實現自己的構想和目的。眼界寬廣，很快地就能發現外在事件的意義。在有興趣的領域、能有很好的組織和實踐的能力。對事存疑，具批判性、獨立、堅決、能有高水準的工作表現。
ISTP	ISFP	INFP	INTP
冷眼旁觀者─沈靜、保守，以讀透遠的好奇心來觀察和分析生活，具有非預期的幽默感。關心事件的因果，應用邏輯原則來組織事實，擅長直切實際問題的核心，並找出解決的辦法。	沈靜、友善、敏感、善良，謙虛。即使有不同意見，也不會勉強他人接受其意見，而不喜歡領導別人。價值是忠實的跟隨人，喜歡享受眼前的時刻，不會急於完成事情。	沈靜的觀察者、理想主義者，忠實。重視外在生活與內在價值的一致性。充滿好奇心，很快看到事情的可能性，並將之作為實踐其想法的催化劑。具有調適的彈性與包容性，希望瞭解人們，及實現人類潛能的方式。較少關注周遭的現實。	沈靜且保守，特別喜歡理論或科學方面的求知。喜愛運用邏輯和分析來解決問題，對意念思考充滿興趣，但較不喜歡熱鬧的聚會和閒聊。常有清楚明確的興趣，並將該強烈的興趣應用於生活中。

資料來源：Sharf（1997）

(續) 表3-5 梅布二氏類型論十六項人格描述說明

ESTP	ESFP	ENFP	ENTP
擅長切中要害的問題解決，喜歡和朋友一起行動，或做機械性工作和運動。適應力強、容忍力佳，注重實用性。不喜歡用冗長篇大論。最擅長處理可以掌握、參與或投入的真實事情。	喜歡交朋友、接納、友善，讓每一件有興趣的事更為有趣。使別人感到樂趣。喜歡行動、讓事情發生。知道正在發生什麼事並且熱切地參與。記憶事實比精通理論容易，對需要常識判斷且實務技能的情況可以妥善處理。	溫暖熱情、精神高昂、聰明、富想像力。幾乎能做任何有興趣的事。很快能想出困難問題的解決之道，幫助任何有困難的人。常仰賴即興與興創作的作為，而非事前充分準備。總能找到讓人信服的理由。	迅速、聰敏、擅長許多事。警覺性高、口才好。可能因樂趣而和人爭論不休，擅於解決新的和挑戰性的難題，但可能會忽略因循不變的作業。興趣一直轉變，很能找到邏輯性的理由。

ESTJ	ESFJ	ENFJ	ENTJ
務實、實際、傾向商業或機械。對抽象象理論不感興趣。學習須有直接和立即性的應用，喜歡組織和操作活動。常是很好的行政人員，很快就能作出決定，注意日常細節。	溫暖的心、善於談話、受歡迎、有良心。合作且主動參與團體。喜歡和諧、能創造和諧。總是對人很好。在鼓勵和讚美下作人最大的努力。主要的興趣在於直接且顯著地影響人們的生活。	回應情境且負責任、真誠地關心其他人的想法和希望。依據他人的感覺來處理事情。能輕鬆地提出計畫或領導團體討論。社會性強、受人歡迎、富同情心、對他人的讚美和批評做出反應。喜歡催化他人，協助他人發揮潛能。	坦白、確定、是活動的領導者。發展並執行全面性的體系，以解決組織的問題。擅長推理和智識性的談話，如公開演說。知識廣博，而且喜愛任何能增長知識的活動。

資料來源：Sharf（1997）

在工作生涯的選擇上，外向者可能會較偏好銷售、商業管理和社會服務等和人們有較多互動機會的職業；而內向者會偏好須花較長時間獨自解決問題且不會被打擾的職業，如科學家、會計師等。

　　梅布二氏的理論主要係將人格區分為四個二分的向度：外向（E）—內向（I）、感官（S）—直觀（N）、思考（T）—感覺（F）、判斷（J）—覺察（P），並加以排列組合成十六項人格指標。各指標之說明如表3-5。

　　個人在蒐集其有興趣的工作世界訊息時，是以「覺察」還是「判斷」為主？這也是此一理論所要強調的重要概念。如工作者習以「覺察」為主，則「覺察」即為其主導性歷程（dominant processes），此時「判斷」就成為輔助性歷程（auxiliary processes）。何為主導、何為輔助，可以從人格指標的最後一個英文字母（P或J）來決定。如最後字母為P，則其「覺察」風格（感官或直觀）為關鍵歷程；如最後字母為J，則其「判斷」方式（思考或感覺）即為關鍵歷程。不過要特別注意的是，由於外向性者傾向於和外在世界中人群或事物之接觸，而內向性者傾向於內在世界的思維或感受，故外向性者應用其主導歷程於外在世界，輔助性歷程於內在世界；內向性者則將其主導歷程應用於內在世界，應用其輔助性歷程於外在世界，無論其進行覺察或判斷，大多不會外露出來。對於外向性者，其最後字母（P或J）代表其主導性歷程；對於內向性者，則最後字母卻代表其輔助性歷程。此外，外向（E）—內向（I）、感官（S）—直觀（N）、思考（T）—感覺（F）、判斷（J）—覺察（P）等八個向度均會影響個人對工作情境的喜好。例如：外向型者較偏好變化和行動，而內向型者偏好安靜和獨立工作。感官型者喜歡明確的做事方式，而直觀型者不喜歡重複做相同的事。思考型者傾向於對人們的想法觀點

表3-6　梅布二氏類型論十六項人格類型之偏好職業

ISTJ	ISFJ	INFJ	INTJ
會計師 帳務稽核員 工程師 財務經理 警察 技師	健康工作者 圖書館員 服務性工作者 教師	藝術工作者 神職人員 音樂家 心理醫師 教師 作家	電腦分析師 工程師 法官 律師 工程人員 科學家
ISTP	ISFP	INFP	INTP
手工藝工作者 建築工作者 機械工作者 保全服務工作者 統計人員	文書工作者 建築工作者 音樂家 戶外工作者 油漆工作者	藝術工作者 娛樂工作者 編輯 心理學家 社會工作者 作家	藝術工作者 電腦分析師 工程師 科學家 作家
ESTP	ESFP	ENFP	ENTP
帳務稽核員 工匠 行銷人員 警察 銷售職員 服務性工作者	兒童保育人員 採礦工程師 秘書 督導	演員 神職人員 諮商師 記者 音樂家 公關人員	演員 記者 行銷人員 攝影師 銷售人員
ESTJ	ESFJ	ENFJ	ENTJ
行政人員 財務經理 經理 推銷人員 督導	美容師 健康工作者 辦公人員 秘書 教師	演員 神職人員 諮詢顧問 諮商師 音樂家 教師	行政人員 律師 經理 行銷人員 工程人員

資料來源：Sharf（1997）

做反應，而感覺型者傾向對人們的感受或價值做反應。判斷型者需依循計畫按部就班工作，而覺察型者常不在乎最後一分鐘的改變。各類型相對應的職業列述於**表3-6**。

晚近，心理學家Keirsey則將十六人格類型加以歸納命名，並分別標定該類型的生命主題，例如「守護者」致力於尋求安全穩定，「技藝者」致力於尋求感官刺激，「理論者」致力於尋求理性知識，「理想家」則致力於尋求自我認定（如**表3-7**）。

表3-7　十六人格類型命名及生命主題

守護者（SJ）		技藝者（SP）		理論者（NJ）		理想家（NF）	
尋求安全穩定		尋求感官刺激		尋求理性知識		尋求自我認定	
ESTJ	督導者	ESTP	促進者	ENTJ	指揮官	ENFJ	教師
ISTJ	視察者	ISTP	工藝者	INTJ	策劃者	INFJ	諮商師
ESFJ	提供者	ESFP	表演者	ENTP	發明家	ENFP	得勝者
ISFJ	保護者	ISFP	創作者	INTP	建築師	INFP	治療師

第五節　對生涯選擇理論之評論

本章中所介紹的數類有關生涯選擇的理論，無論是特質因素論、何倫類型論、心理動力論或是梅布二氏論，基本上仍不脫「人境適配」（person—environment fit）的主調，輔導者在協助個人進行生涯選擇時，均相當仰賴標準化的測量工具對個人特質作多元化的評量，以及提供豐富的職業資訊，使個人能將個人特質和職業環境作適當有效的配對。當最佳的配對完成，輔導者即可將個人資料歸檔，期待個人在適配的職業環境中「從此過著幸福快樂的日子」。

此一以職業安置為主的傳統生涯輔導方法，雖然有其不可抹滅的價值，但也會造成許多後遺症，諸如：

1. 受輔者在求助於生涯輔導之前，常先被要求完成多項不同的測驗或量表，輔導者即依據受輔者在測驗或量表上的得分進行診斷或分類，使受輔者過度仰賴評量工具和權威的忠告，較少機會學習主動對自我作深入的探索和瞭解，或理性地判斷職業資訊的適切性。

2. 人境適配取向的生涯選擇模式，傾向將生涯選擇視為一生中僅發生一次的單一事件，易使受輔者不加質疑地接受以測驗結果為基礎所進行之職業安置，而未能因應個人身心的發展和職業環境的變化，來積極開發自己的潛能和調整適應環境的能力。

3. 諸多測驗結果會加深受輔者對「正確」職業選擇的期待，如多項特質或因素之間有所衝突或不一致，可能使得受輔者感到矛盾困惑，並因不敢冒然拿一生作賭注，而對職業選擇產生猶豫、焦慮或恐懼。

4. 人境適配取向之生涯選擇模式，通常將複雜多變的工作世界作了大體的分類，使得具有多元化興趣或能力的受輔者必須「削足適履」以便將自己放入適當的職業環境中，很可能反而阻礙了個人的生涯發展。

第 *4* 章

生涯決定理論

◆

經濟學取向的決定模式

資訊處理的決定模式

社會學習取向的生涯決定論

社會認知取向的生涯決定論

建構論取向的生涯決定論

個人所作的生涯決定，反映出個人如何看待自己，及如何理解環境中可獲得的機會。在個人的生涯決定中，其自我觀和世界觀取得暫時性的交集。當前探討生涯決定歷程的概念性模式，包括經濟學取向、資訊處理模式、社會學習取向、社會認知取向、建構取向等生涯決定理論。

第一節　經濟學取向的決定模式

最早討論決定歷程的模式，多根基於凱因斯的經濟學理論（keynesian economic theory），主張一個人對生涯目標或職業的選擇，係為將其獲益增至最大，並將其損失減至最少，亦即「理性的選擇」（rational choice）。在生涯決定中，個人的獲益或損失並不必然是金錢，而係任何個人視為有價值的事物—如安全感、名聲地位、社會流動性或最佳配偶等。因此，從經濟學理論觀之，任何職業或生涯徑路，皆被視為是個人達成最大獲益可能性的工具或手段。生涯輔導上的策略，即是協助個人預測任何潛在生涯選項的可能結果，並選擇能為個人所投資的時間、心力帶來最大酬賞與最少失敗可能性的職業。

此一模式中，具有理性選擇能力的個人對未來生活中所將發生的事件，具有特定的「信念」（beliefs）和「預期」（expectancies），此一對未來結果的信念或預期將和個人賦予該結果的「價值偏好」（valences）產生交互作用，而影響個人對事件採取行動的「動機」（motivation）（Vroom, 1964; Lawler, 1973）。尤其是在不確定結果的事件中，正向的價值偏好並不足以促發選擇或行動，而需結合個人相信會獲得所偏好結果的期望，始能產生決定行動，此即「期望＊價值偏好理論」（expectancy＊valence theory）。Lawler（1973）更進一步提出兩類期望：（E→P）和

（P→O）。前者為努力（effort）→表現（performance），係指個人對特定情境中能達成預期表現之可能性的評估（如在期限內完成任務）。後者為表現（performance）→結果（outcomes），係指當達成特定表現能導致特定結果之可能性的主觀評估（如加薪、升遷或其他獎賞）。而個人在生涯上的動機或選擇除了兩類期望之外，尚涉及特定結果對個人的吸引力—價值偏好。此外，個人過去的學習經驗、人格特質、自我肯定等，均會影響個人對其在特定情境中之表現能力的覺察判斷。

Wheeler & Mahoney（1981）曾將此期望模式應用於職業偏好和職業選擇的研究。發現職業偏好純粹只是職業對個人的吸引力，職業選擇則涉及職業吸引力、對獲得職業之期望、成本效益分析等的妥協結果。

Raynor & Entin（1982）將期望＊價值偏好理論加以擴展，形成其用以探討人格、動機、行動的一般化理論。該理論的基本假設是：如個人現在有機會將某事做好或完成某事（有成功經驗），會被個人視為其未來的嘗試行動能有機會獲得成功的先決條件。個人獲得成功動機（Ms），和逃避失敗動機（Maf）會在其行動中受到強化，使得具有成功導向者做得更好，而充滿失敗威脅者更因擔心失敗而不敢採取行動。Raynor & Entin（1982）並將這些概念和其他與自我認定（self-identity）、自我形象（self-image）、自我評價（self-evaluation）、和自我肯定（self-esteem）等有關的理論加以統整，主張個人在持續的成功經驗中所形成的「自我價值感」（feelings of self-worth），係主導其致力於達成未來目標的關鍵。此一觀點，與Betz & Hackett（1981）所提出的「生涯自我效能預期」理論，頗有異曲同工之妙。

第二節　資訊處理的決定模式

　　Gelatt及其同事（Clarke, Gelatt, & Levine, 1965）認為決定絕非單一事件，而是前後連貫的發展性歷程，任何先前的決定均會影響其後的決定。Gelatt（1962）在其決策模式中，強烈主張「資訊」（information）是決策者採取行動的燃料，並以個人面臨作決定時所需之資訊為基礎，討論生涯決定的階段：

1. 有關替代行動的資訊：在決定之前，個人需要知道有哪些是可能採取的行動。
2. 有關可能結果的資訊：個人需要知道這些可能的行動會導致什麼結果。
3. 有關行動和結果之間關係的資訊：各種不同行動會導致特定結果的機率。
4. 有關對不同結果之偏好的資訊：個人需要考慮不同結果對個人的價值。

　　當個人處在不確定的情境之中，在蒐集相關資訊的同時，個人尚須仰賴其「預測系統」（prediction system）和「價值系統」（value system），在行動的偏好和期望中作出決定。因此，Gelatt（1962）將資訊組織成三個系統：

1. 預測系統：個人需預測可能採取的行動、行動的可能結果、及發生行動結果的機率。
2. 價值系統：個人需具備一內在價值體系，判斷不同結果間的相對偏好。
3. 決定系統：個人對優先選擇的評量，包括：（1）期望策

略：選擇能獲得最希望結果的途徑，（2）安全策略：選擇最可能成功、最安全保險的途徑，（3）逃避策略：避免選擇將導致最壞結果的途徑，（4）綜合策略：選擇最需要、最可能成功、最不會產生壞結果的途徑。

當個人多方蒐集而擁有充分的職業資訊，即可據以預測各項選擇途徑、可能結果及達成所偏好目標之機率，進而綜合研判各項資訊，做出最有利的決定。尤其，當個人面臨不確定和曖昧不明的情境時，更需持續不斷地組織和重組有關選擇或行動的資訊，始能做出在當時情境中較佳的決定。因此，Gelatt亦甚強調在每一系統中所蒐集資訊的正確性和完整性，明白執行不同行動所隱含的風險（risks）及其強度，以理性評估如何採取行動始能將該風險所將造成的損失減至最低。

然而影響生涯決定歷程的重要因素之一，還包括個人的決定風格（decision-making style）。根據Harren（1979）的觀察，大部分人的決定風格可歸納為「理性型」（rational）、「直覺型」（intuitive）、「依賴型」（dependent）等三類。「理性型」通常會有系統地蒐集充分的生涯相關資訊，且邏輯地檢視各個可能選項的利弊得失，以作成最滿意的決定。「直覺型」通常較關注個人在特定情境中的情緒感受，作決定全憑「感覺」，而不會有系統地蒐集相關資訊。「依賴型」傾向於等待或依賴他人為他蒐集資訊且作決定，較為被動而順從，亟需獲得他人的讚許，對自己的決定能力和結果缺乏信心。因此，在生涯諮商過程中，尚須協助受輔者辨認其個人的決定風格，探討直覺型和依賴型決定風格可能會產生的問題，並致力於促進理性型的生涯決定。

第三節 社會學習取向的生涯決定論

Krumboltz 和 Mitchell等人近年來一直致力於將生涯決定的社會學習理論發揚光大（Mitchell & Krumboltz, 1984; 1990; Krumboltz, 1994）。「社會學習理論」（social learning theory）係由Albert Bandura （1977）擴展行為學派觀點，以探討一般人類行為，強調個人的人格和行為特質主要係受到其獨特的學習經驗所影響，這些學習經驗包括個人在與環境事件的互動中，對受到正增強或負增強之事件結果的認知性分析。Krumboltz （1994）歸納對個人生涯決定具有影響力的因素，包括：

1. 遺傳天賦和特殊能力：例如種族、性別、體能外表、人格特質、智能、音樂能力、藝術能力等。
2. 環境條件和事件：例如工作性質和訓練機會、社會政策、社區影響、科技發展、勞工法令、社會組織的改變、物理事件（地震、水災）、家庭特質等。
3. 工具性學習經驗（instrumental learning experiences）：例如生涯規劃技巧、職業或教育表現等。連結性學習經驗（associative learning experiences）：例如觀察學習和古典制約等經驗。
4. 任務取向技巧（task approach skills）：如問題解決技巧、工作習慣、心理狀態、情緒反應、和認知歷程等。

由於不同的個人對這四類影響因素及其彼此間之互動，會做出不同的詮釋和判斷，以致產生數類不同的結果，形成個人對自己、對世界、對其選擇的信念，左右其生涯行動。其影響包括下列數項領域：

1.自我觀察類推：個人以先前學習經驗所形成的理解，來判斷自身的特質和能力。

2.任務取向技巧：個人透過認知歷程，將其對自身的觀察和環境事件相連結，評估其可以在真實世界中表現不同活動的能力程度，並發展出工作習慣及因應環境的問題解決技巧，以及價值澄清、目標設定、產生替代方案、蒐集資訊、評估、規劃等技巧或能力。基於此一對自我和外在世界的評估判斷，個人相信什麼是自己能做或不能做的，且伴隨著情緒上的反應。

3.行動：隨著時間的演變，個人的學習經驗更趨複雜，使得個人自我觀察類推與任務取向技巧亦隨之變化，形成生涯相關行動之基礎。

　　Krumboltz（1983）曾進一步主張生涯決定技能就如同其他許多技能一般，係由日常學習經驗所累積而來；又因每個人的學習經驗有別，從經驗中發展出的「規則」（rules）─包括想法、認知、信念、以偏概全的類推等─亦甚為殊異。這些存在於個人內在的「私密性規則」（private rules），即左右了個人的情緒和行動，尤以四類以偏概全的信念，對建設性生涯活動造成相當的抑制（Krumboltz & Mitchell, 1980），如**表4-1**所示。

　　社會學取向之生涯決定論強調學習經驗的重要性，及其對生涯決定的影響。如個人在從事教育或職業活動時受到積極的正增強，個人即會在該教育或職業領域中有較佳的表現，並形成其對特定職業領域之偏好。因此，在生涯輔導上應積極協助受輔者獲得與生涯決定有關的成功學習經驗─任務取向技巧，並深入省視受輔者從過去經驗中所習得的、阻礙其進行有效生涯決定之以偏概全信念，協助受輔者袪除這些不良信念，對其學習表現給予正向的回饋與增強，促使其建立起對自己和工作世界的正向看法，

表4-1　四類以偏概全的類推

1.自我觀察的類推（*self-observation generalizations*）
　　（1）有關個人價值
　　　　如：我應該讓他人感到滿意。
　　（2）有關興趣
　　　　如：我對任何事都不感興趣。
　　（3）有關工作能力的信心
　　　　如：因為我沒有足夠的聰明才智，不能從事專業性的工作。

2.世界觀的類推（*world view generalizations*）
　　（1）有關工作的性質
　　　　如：會計是一種單調乏味的工作。
　　（2）有關工作的條件
　　　　如：從事研究工作的人應有相當冷靜且擅於分析的頭腦。

3.決定方法與結果的類推（*generalizations about ways to reach a decision*）
　　（1）方法
　　　　如：總有人可以瞭解我，能幫我作最好的決定。
　　（2）結果
　　　　如：一旦我選擇了某項職業，就必須永遠固守崗位。

4.生涯滿意所需條件的類推（*generalizations about conditions necessary for career satisfaction*）

　　（1）他人的期待
　　　　如：如果我沒有在事業上闖出一番成就，我的父母
　　　　會非常失望。
　　（2）自己的標準
　　　　如：如果我不能找到一份最喜歡的工作，寧可等待機會。

資料來源：Mitchell（1980）

使能產生積極有效的生涯決定和生涯準備行動。

第四節　社會認知取向的生涯決定論

個人對自己表現特定行動或執行任務之能力的信心，被Bandura（1977）稱為「自我效能預期」（expectations of self-efficacy），包含「結果預期」（outcome expectancy）和「效能預期」（efficacy expectancy）兩項主要內涵。結果預期係指個人對某一特定行為是否能達成特定結果的評估；效能預期則指個人對自己是否有能力成功地執行該特定行為的評估。自我效能預期的來源包括：成就表現、替代學習經驗（vicarious experience）、口語說服（verbal persuasion）、和情緒喚起（emotional arousal）等。而自我效能的強度，則決定了個人是否會採取因應行為會下多大的功夫、及在障礙情境中的努力會持續多久等。

Lent, Brown & Hackett（1993）的「社會認知生涯理論」（social cognitive career theory），亦是以Bandura（1977; 1986）的社會學習理論，及生涯自我效能理論（Hackett & Betz, 1981）為基礎所發展出來。主張人們的生涯選擇是自我概念和環境中學習經驗交互作用的成果，而思考和認知能力為生涯決定和生涯發展過程中的一部份，強調影響行為的是個人的信念系統，以及用來緩和或調整行動的認知過程（如自我效能）。此外，該理論並從社會認知的觀點來探討生涯興趣的發展、選擇和成就表現。他們主張，生涯發展與選擇過程中的三個重要的認知概念，即：自我效能、結果期待和個人目標（Lent, Brown, & Hackett, 1993）。

自我效能

Bandura（1986）對「自我效能」（self-efficacy）的描述是「人們對自己達成特定成就表現之行動能力的判斷」。即自我效能關係著個人對自己行動能力的信心，以及對完成特定行動目標或

成就表現的信心。個體如何看待自己的能力會影響到他的職業生涯以及其他方面的選擇。自我效能感很低的人也許在面對困難任務時無法堅持下去，因爲他們覺得自己沒有能力將事情做好。

結果期待

個人對特定行爲表現結果的信念。「結果期待」（outcome expectation）係指個人預估其行爲表現可能會出現的某個結果。個人會從其過去的學習經驗中學到對其特定行爲結果的期待，而影響到其對自己能力表現的信心。另一方面，個人對自己能力的信心，亦會影響其對行爲結果的期待，二者具有交互影響的關係。Bandura（1986）曾提過數個結果期待的類型包括了預期物質性、社會性、和自我評估的期待。在做生涯判斷時，個人往往會將結果期待和自我效能兩者結合在一起考量。

個人目標

個人是否能投入於特定行動，尚取決於其是否設定了未來的發展目標。人們所做的事不只是反應事件和周遭環境而已，他們也會設定目標，以便幫助自己在不同的時間、情境中指導自己的行動作爲。「個人目標」（personal goal）有助於組織、引導、並持續其行動。然而，個人目標的設定，很大程度上係受到個人之自我效能和結果期待的影響。

此一社會認知生涯理論所關照的生涯興趣發展與生涯決定歷程，如圖4-1所示（Lent, Brown, & Hackett, 1993）：因此，如能藉由生涯探索活動，協助受輔者在團體中透過經驗性活動與相互討論激盪，釐清其生涯興趣、發現其自我潛能、瞭解其人格特質，當能促使其以正向的眼光看待自己尚未被完全開發的潛能和

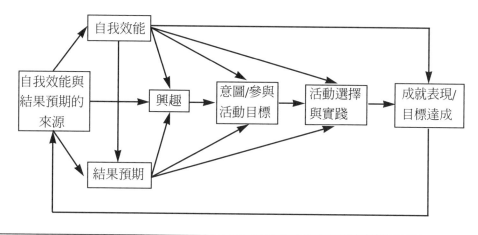

圖4-1 社會認知生涯理論之生涯決定與生涯發展模式
資料來源：Lent,Brown, & Hackett（1993）；Sharf（1997）

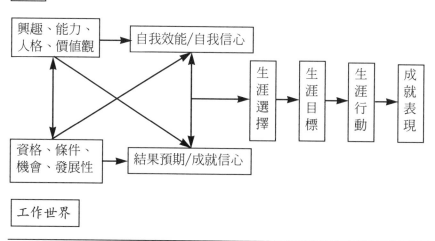

圖4-2 社會認知取向生涯決定歷程之概念性模式

資產，進而相信自己有能力做一些正向的改變，相信未來不只是不切實際的夢想而已，而是他們有能力去逐步達成的生涯發展目標。

　　筆者在與受保護管束少年工作時，即曾試圖從社會認知生涯理論觀點，融合其他相關生涯選擇理論，設計生涯探索團體方案，引導受輔者探索其興趣、能力、人格、價值與工作世界等層面，協助其逐步建立對自己的正向概念或提升其自我效能感，以及對其未來生涯發展可能性的正向期待，進而促使其將青春年少的心力投注於其所設定的理想生涯目標，致力於有效的生涯行動。透過該生涯探索團體方案的協助，期望受輔者能發展成為身心健康、且能擔負社會責任的善良公民，以俾將來在社會中能有較佳的生涯成就表現。圖4-2乃為該生涯探索團體方案所依循之生涯決定歷程概念性模式。

第五節　建構論取向的生涯決定論

　　1990年代之後，「建構論」（constructivism）成為主導社會科學研究的主要派典（paradigm），強調個人是其「意義理解」（meaning-making）歷程中的「主動主事者」（active agents），探討人們如何「詮釋」（interpret）其現在和過去的環境事件，並為自身創造或「建構意義」（construct meaning）（Walsh & Chartrand, 1994）。

　　晚近，由Kelly（1955）個人建構心理學（personal construct psychology）所發展的「建構詞錄方格」（repertory grid）已被視為評量生涯相關事件的有效策略（Brook, 1992; Cochran, 1983; 1987; Neimeyer, 1989; 1992; Peavy, 1992）。在個人建構理論中，「建構」（constructs）被界定為:「建構世界的方式」（ways of construing the world），使個人可「主導任何外顯或內隱的、語言表達或非語言陳述的行為」。依據該理論的觀點，「個人是透過其所建立的一組透明鏡片或版模，來觀看世界，並試圖使之符合現實。」（1955:9）。人會觀察周遭世界中的所有事件－經驗的事實或資料－並加以詮釋。此種對經驗的解釋或建構，表現出個人獨特的觀點型態，就好比我們戴著太陽眼鏡一般。透過太陽眼鏡的色彩，同一個現實景觀卻會出現各種不同的顏色變化，鏡片的作用，形成我們特殊的視覺印象。事實上，我們每個人正是透過自己獨特的無形鏡片來觀看世界，所謂「建構」即是個人用以觀看世界中事件及解釋事件的方法。

　　根據個人建構理論，這些建構均是二分性的，人類係以兩個二分相對立的「端點」（pole）來界定環境中的人事物，但相對立的兩端為何則因人而異，例如，「好/壞」或「好/不好」常是一般人所用以判斷其經驗的二分性建構。個人須選擇以建構之一端（「好」或「不好」）來判斷所面臨的一特定人、事或物。此外，個人的所有語言或非語言建構之間，具有次序或階層關係，為一有組織的結構系統，故有「統轄性建構」（superordinate constructs）與「從屬性建構」（subordinate constructs），以及「核心建構」（core constructs）與「外緣建構」（peripheral constructs）之別。

　　依據個人建構理論的觀點，「職業」（vocation）即被解釋為「一組被建構的事件」（Kelly, 1955:747），一個人所選擇的職業領域，常是其具有滲透力的許多建構間綜合運作的結果。個人則透過其獨特的「職業建構系統」（vocational construct system）來理解生涯發展中的各類相關經驗。由於個人建構理論的基本論題主張「人類的心理歷程係受到其預測事件的方式所導引」，從建構論的觀點來看，個人係運用其生涯建構來理解工作世界，並賦予其意義；選擇二分性建構的其中一端，對潛在的生涯選項進行預測。因此，生涯建構所反映的是個人對自身及整個工作世界的理

解或偏好，乃個人現實，而非客觀的現實。生涯決定是人類在一生之中可能面臨至少一次的眞實世界經驗。個人對其工作生涯的選擇具現了個人對其自身在工作世界中的覺知，即使部份生涯資訊係客觀實存，但對這些生涯資訊加以覺知或建構的個人，可能依據其自身的覺知而著眼於客觀資訊的不同層面，獲致迥然不同的生涯決定。故生涯建構理論之關注焦點，即在於個人如何建構其周遭世界中的生涯經驗，或如何理解其潛在的生涯選項。

筆者（Wu, 1997; 吳芝儀1997：1998） 曾以台灣大學高年級學生爲研究對象，運用「詞錄方格」（repertory grid）進行生涯建構研究，結果發現個人建構系統的外緣生涯建構多環繞著資格條件、工作性質、經濟報酬、人際導向、社會贊許、自由自主等與個人「生涯價值觀」有關的主題。近似於Super（1970）工作價值量表的內涵。而核心生涯建構則絕大多數指向成功成就、自我肯定、自我價值與人生意義等與「自我實現」相關的主題，所反映者則係生涯價值觀背後所底涵的「自我觀」，主宰著個人的生涯選擇行動與生涯發展方向（如圖4-3所示）。換句話說，他們的生涯發展是以達成「自我實現」（self-actualization） 或「自在自如」（self-being）爲導向的。這些「自我建構」（self-constructs）在青少年與工作世界的接觸中扮演主導性的角色，「維繫著個人的自我認同和存在」，並「賦予生活全面性的意義」（Kelly, 1955:89）。總而言之，主導青少年生涯選擇的主要力量之一，係來自於青少年對「自我」最深切的期待。透過自我潛能在工作世界中的實現，青少年始能找到其自我認同與存在的意義，成爲眞實的自己。

此外，在個人建構理論中，個人的心理歷程被視爲是通過一組網絡交錯的渠道，朝向預測未來事件發展的動力形式。而由於日常情境中，新的事件層出不窮日新月異，因此，爲了精確預測那些不斷衍生的事件，個人的建構歷程亦須隨時調整改變。

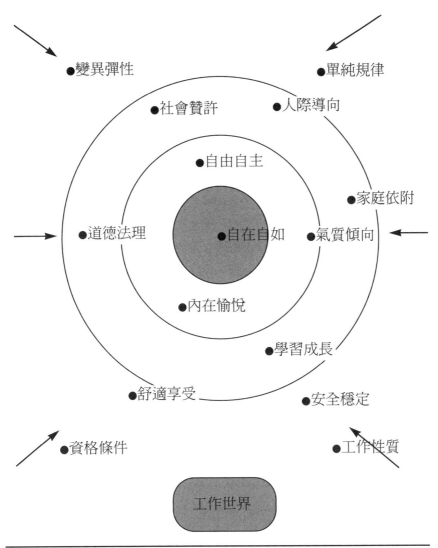

圖4-3 生涯建構系統的同心圓模式

建構歷程的典型演變，即是所謂的C－P－C週期—「慎思」（circumspection）、「明辨」（preemption）　與「篤行」（control或choice）　的循環性歷程，以使個人作成有效的決定行動（Kelly,1955:515）。在此一循環性歷程中，「慎思」係指個人「從多元層面向度來省視一特定情境的歷程」，周延地思考某一特定情境事件的所有可能層面；然後，即進入「明辨」的歷程，個人將對該事件的思考重點聚斂於某一特殊層面上，「使其得以在某特定時間、以特定方式，來處理該特定情境」；最後，始能藉由統轄性建構的統御功能，達成對該情境事件的有效「控制」（control），以採取明確的選擇行動（choice）。

　　這個建構歷程，意謂著當個人面臨選擇決定的十字路口時，個人試圖建構各項可能選項的心理歷程將自發地經歷這三階段的演變。初期階段，個人將擴散性地搜索從過去經驗中建立形成的所有可應用建構，以從所有可能的層面來理解慎思一切可能的選項。然而，因為個人無法魚與熊掌兼得，他必須依據當時情境中所浮現的統轄性建構，明確地選擇一個最為重要關鍵的層面，以聚斂其思考的方向；從而對符合統轄性建構的最佳選項，作成一項有效的結論，以採取相應的行動。所以，在整個建構歷程中，切實有效的「篤行」，實取決於擴散性的慎思與聚斂性的明辨，二者缺一而不可（Wu, 1997:82）。

　　然而，實際上並不是每個人都可以成功地作成決定。臨事猶豫不決、躊躇不安的例子比比皆是。Kelly也觀察到，如果一個人思慮過度周密，不斷地以所有可應用的建構來回考慮各個可能的選項，他很可能會遭遇無法做出決定的難題。尤其當各建構的滲透力不足或彼此不相容度（衝突性）甚高時，更無法從中產生真正具有統御功能的高層建構，於是猶豫不決的個人即無法對所面臨的情境事件做出任何有效的預測或控制。Fransella 和Dalton（1990）將此類的決定難題稱作「無休止的慎思」（endless circumspection）與「衝動的選擇」（impulsive choice）。前者將使個人迷失在無休止的反覆思慮中，痛苦不堪；後者則為了躲避反覆思慮的痛苦，衝動地選擇一個正好就在那兒的選項。「無休止的慎思」是一個無法達成控制的建構歷程，由於個人所面臨的事件超出現有建構的可應用範疇，焦慮是最常見的情緒反應。而「衝動的選擇」卻是一種基於逃避心態對事件作出不當控制的形式，懊悔則常是無可避免的結局。

在建構歷程中，個人可藉以達成控制的另一種方式，稱作「限囿」（constriction），是一種「排除其他選項的方式」（Kelly, 1955:520），以有別於「排除其他建構的方式」之「明辨」。此外，相對於過度慎思的「考慮更多額外建構」，「擴張」（dilation）則是「考慮更多額外選項」，以至於同樣無法在需要作出抉擇的事件或情境中，達成有效的控制或篤行決定。

筆者（Wu, 1997; 吳芝儀，1997）在所進行的生涯決定研究中，將C-P-C建構歷程作為分析生涯決定歷程的主要依據。並從建構系統的分化性（differentiation）、統整性（integration）、凝聚性（cohesion）和極向一致性（consistency of polarity）等向度來分析個人生涯建構系統的組織結構。建構系統的「分化性」是指該系統允許個人從多元層面來建構事件的能力（Bieri, 1955），以Landfield（1977）所倡的「功能獨立的建構」（functionally independent constructs）數目來表示。

一個涵蓋較多數量的功能獨立建構的建構系統，表示其分化性較高，有助於個人進入「慎思」的歷程。建構系統的「統整性」則指建構系統的不同層面可組織成一統整體系的程度，以利「明辨」的進行。「統整性」係由建構的「凝聚性」和「極向一致性」來表示。一個高度統整的建構系統，意指其所有現存建構之間具有高度且正向的相關；如建構之間具有較微弱或負向的相關，則表示這是一個低度統整的建構系統。高「凝聚性」的建構系統，

是所有建構之間的相關度較高；而高「極向一致性」的建構系統，係指建構間的正向相關，因為個人對所有建構的偏好極向是一致的。

　　例如，人傑用以考慮其可能生涯選項的建構中，其偏好的建構極向為「待遇高」、「社會地位高」、「自主性高」、「休閒時間多」和「工作壓力輕」，但是由焦點剖面圖（Focus-profile）（Shaw, 1980）所呈現的建構群聚分析卻顯示：他視之為「待遇高」、「社會地位高」且「自主性高」的職業（如醫生），與「休閒時間少」和「工作壓力重」的相關度較高。由個人對現有建構之偏好極向的不一致性，可顯見其個人建構之間具有高度的衝突和不相容性，則該系統的統整性較低（如圖4-4）。

　　依據上述用來進行結構分析的向度，並結合建構歷程中慎思、明辨、篤行的概念，筆者（1997）提出一個生涯建構系統的發展性架構（如圖4-5），以理解個人生涯建構系統對其生涯決定狀況的影響。在此架構中，一個低分化且低統整的的生涯建構系統，可被視為個人生涯發展歷程中最原初的狀態，由於包含較少建構數目且彼此相關度較低，其預測生涯事件的功能最低。擁有此類生涯建構系統的個人，可能係處於生涯發展的初期，對自我及工作世界仍懵懂無知，尚無足夠的能力思考生涯決定的問題，所以多屬於「發展性未定向」（developmentally undecided）。當個人在生涯發展過程中接觸到較多可用於考慮生涯選擇的相關資訊後，其建構系統可能朝向三方面演進。首先，如個人所接收到的生涯資訊具有指導性，是單一向度且焦點明確，則將使得該建構系統形成高度的統整性，有助於使他作成明確的決定。然而，當個人在稍後的發展階段中接觸到複雜多元的工作世界之後，改變決定的可能性甚大，因此先前的決定，將僅是「頃暫性定向」（transitionally decided）。其二，如個人所接收到的資訊過於多元而龐雜，所產生的擴散性慎思效應，將使其生涯建構系統組織更

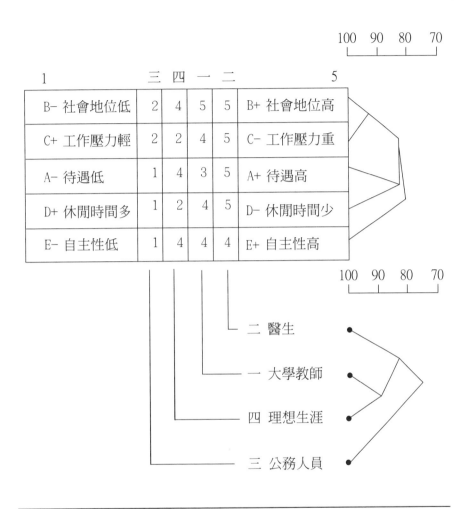

圖4-4　人傑的生涯建構焦點剖面圖

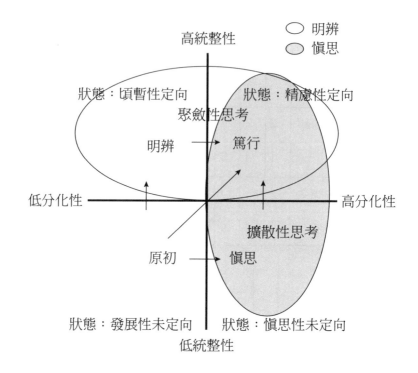

圖4-5　生涯建構系統與生涯決定的發展性架構
資料來源：Wu(1997:193)；吳芝儀(1998)

為鬆散、混亂，雖具有高分化性，但缺乏統整性，則他將因衝突矛盾而猶豫不決，係為「愼思性未定向」（circumspectively undecided）。最後，假如那些多元分化的生涯資訊，能被個人的統轄性核心建構所統整，使其在對生涯決定事件進行愼思之後，還能加以明辨，則終能篤行其決定，此時，個人即是處在生涯發展階段中「精慮性定向」（elaborately decided）的最佳決定狀況。

　　愼思性生涯未定向者常在彼此衝突矛盾的多元建構或多重選項間徘徊不定，或因現有的生涯選項均不符合所偏好的建構極向

而焦慮不安。生涯輔導者宜深入地瞭解生涯未定向者的內在心理歷程，協助他們從複雜多元的生涯建構中，找到足以支持其生涯認定的核心生涯建構或信念，以強化生涯建構系統的統整性，則將有助於受輔者在周延的慎思之外，還能有效地明辨出最理想的生涯選項，進而切實篤行該生涯決定。

此一建構學派的生涯決定研究，以個人建構心理學派的理論和工具作為研究的經緯，視研究對象本身為其生涯決定狀況的「建構者」（constructivists），對生涯決定歷程的複雜性具有主動建構的能力；並以生涯建構系統的多元向度，分析探討個人的生涯決定狀況。使吾人得以更全貌地理解個人在面臨生涯決定事件時的內在心理歷程。此外，更提供一可作為生涯輔導的策略，激發生涯未定向者透過自我覺察、自我協助，以達成慎思、明辨、篤行的有效生涯決定歷程，對瞭解生涯決定問題之後並對症下藥，提供具體可行的生涯輔導模式。

第 5 章

生涯發展中的難題

生涯選擇的難題：生涯未定向

生涯未定向的特質因素觀點

生涯未定向的心理動力觀點

生涯未定向的生涯發展觀點

生涯未定向的認知行為觀點

生涯未定向的綜合觀點

Campbell 和Cellini（1981）曾歸納整理出個人生涯發展歷程中可能面臨難題的診斷分類系統，包括生涯決定的難題、執行生涯計畫的難題、在組織中表現的難題、以及在組織中適應的難題等。Brown & Brooks （1991）則主張廣泛的生涯難題，包括生涯不確定和未定向、工作表現、壓力和適應、個人和工作環境的不適配、生活角色統整困難等。其中與青少年關係較爲密切者應係生涯決定的難題（見表5-1）或生涯未定向問題。故本章即專注於討論青少年生涯發展中的生涯選擇與決定難題。

第一節　生涯選擇的難題：生涯未定向

　　對於即將跨出校門的青年學子而言，生涯方向的選擇與決定是首須面對的問題，不可避免的須「選擇或從事與未來職業有關的活動，以投入特定的教育或職業領域」（Crites, 1969）。然而，許多青年學子或依舊懵懂，無法爲自己設定理想的生涯目標；或瞻前顧後、徬徨遲疑，以致生涯之路顯得窒礙難行。此時，亟需仰賴生涯輔導或諮商工作者，爲其釐清困惑癥結，協助其作出有效的生涯決定。

　　當一個人尚未或無法在潛在生涯選項中作出明確的決定，以承諾投入特定的教育或職業領域，就被視爲具有生涯選擇或決定的難題，或被稱之爲「生涯未定向」（career undecidedness）或「生涯不確定」（career indecision） （Wu, 1997）。Crites （1969）曾說明生涯未定向，係指「個人沒有能力選擇、或將自己投入於特定的行動，以準備或進入一項特定的教育或職業領域」，界定了生涯未定向之狀態。

　　事實上，青少年期及青年早期，最容易面臨生涯選擇的難題，因此青少年學生的生涯未定向一直是生涯輔導界最爲關注的

表5-1　生涯決定難題診斷分類表

生涯決定的難題

　　1.1　凡事起頭難

　　　　A.未覺察到作決定的需求。

　　　　B.不知道作決定的歷程。

　　　　C.知道要作決定，但逃避承擔決定責任。

　　1.2　蒐集資料

　　　　A.不充分、不一致的資訊。

　　　　B.因過量的資訊而感到困惑。

　　　　C.不知道如何蒐集資料，例如何處蒐集、如何組織、如何評估。

　　　　D.因資訊與個人之自我概念不一致而不願意接受資訊的有效性。

　　1.3　產生、評估、選擇替代方案

　　　　A.由於面臨多重生涯選項而難以作決定。

　　　　B.由於個人的條件限制，如健康、資源、能力、教育等，而無法
　　　　　產生足夠的生涯選項。

　　　　C.由於害怕失敗、害怕社會不讚許、害怕承諾或投入行動等焦慮
　　　　　感，而無法作決定。

　　　　D.不合現實的選擇，例如未以個人的性向、興趣、價值、資源等
　　　　　為基礎，而產生過高或過低的抱負。

　　　　E.受人際影響、衝突、情境、資源、健康等侷限個人的選擇。

　　　　F.由於不知道評估的標準─價值、興趣、性向、技巧、資源、健
　　　　　康、年齡、個人環境等─而無法評估替代選項。

　　1.4　形成計畫以執行決定

　　　　A.不知道形成計畫的必要步驟。

　　　　B.無法應用未來時間關照於計畫中。

　　　　C.不願意或無能力獲得必要的資訊以形成計畫。

資料來源：Campbell & Cellini（1981）

問題。國內最早探究生涯未定向的學者林幸台（1983）即指出，青年期生涯輔導的重點，主要在於「不確定」狀態的診斷與輔導。推究其因，即將從學校畢業的大專學生正值Super 生涯發展探索階段的「轉換期」（transitional stage），不僅要從事具體特定的

職業或生涯選擇，且要採取行動來履行選擇。然而，許多青年學生在生涯探索階段的經驗並不充分，對自我特質及外在工作世界未有明確的認識瞭解，甚至對個人的生涯發展形成一些錯誤的觀念，以致面對未來即充滿了不確定感。

許多生涯學者已試圖從不同角度去探討生涯未定向的成因，希望能深入瞭解生涯未定向究竟係導源於發展性因素或特質性因素，俾使生涯輔導或諮商工作者能對症下藥—依據其成因採取最有效的生涯介入策略，協助個人解決生涯選擇上的難題、促進生涯之成熟與發展。

Dysinger（1950）最早將生涯未定向區分為兩種類型：（1）延遲決定，或因同時考慮多種選項而尚未作出決定；（2）逃避決定，因不願面對決定的痛苦而不作決定。Tyler（1961）進一步將前者（延遲決定）稱之為「情境性生涯不確定」（circumscribed career indecision），判斷其成因是受到外在環境的阻礙；並將後者（逃避決定）稱之為「一般性猶豫」（generalized indecisiveness），認為其根源是個人性格上的難題，似乎在個人面臨日常生活中的一切決定均有類似的困難。若是此一難題無法獲得妥善的處理，則個人感到不滿意的思考習慣將更為嚴重。Crites（1969）則認為：「生涯不確定是職業選擇的特定狀況，可藉由改變決定的條件來解決，例如提供有關選擇的資訊、激勵、和選擇的自由度等；但生涯猶豫則是更具有概括性的人格因素，即使選擇的條件充分，仍無法做出決定。」

Goodstein（1965）試圖以「焦慮」（anxiety）所扮演的角色—「結果焦慮」和「前題焦慮」—來區分「不確定」和「猶豫」。當個人處在生涯不確定的狀態時，係被視為受經驗所限制，會因無法作出決定而感到焦慮，焦慮是問題的結果。因此只要能提供生涯不確定者足夠的生涯經驗，就有助於他作出決定且減輕焦慮。另一方面，有些人只要是面臨決定的情境就會喚起焦慮的情

緒，即使提供他十分充分的生涯經驗，作決定的焦慮仍會導致他無法發展出適當的決定技巧，或逃避作決定的任務，甚至喚起更嚴重的焦慮，這即是所謂的「生涯猶豫」者。

此外，Salomone（1982）則以爲「生涯未定向」和「生涯猶豫」二者指涉了個人生涯決定狀態的不同向度，其中，「定向—未定向」（decidedness-undecidedness）主要涉及理性—認知的發展性層面，「決斷—猶豫」（decisiveness-indecisiveness）主要是情緒—心理的發展性層面。根據Salomone的說法，一個具有「決斷」本質的未定向者，可能只是暫時性的尚未蒐集足夠的資訊以確定其生涯選擇；但一個具有猶豫性格的未定向者，則會伴隨許多心理困擾的發生，而焦慮只是常見的心理困擾之一。Van Matre & Cooper（1984）更進一步將Salomone的說法和Spieberger（1972）所提出的「情境特質焦慮」（state-trait anxiety）理論相結合，而有「未定向情境」（undecided state）和「猶豫特質」（indecisive trait）之分。因此生涯不確定者可視之爲是具有決斷特質的個人處在未定向情境中，爲一發展性、暫時性的狀態；生涯猶豫者則常係受到焦慮、憂慮、低自我概念、缺乏決定技巧等人格特質所阻礙。Van Matre & Cooper（1984）除建議生涯輔導者需採取適當的輔導策略協助具決斷特質和具猶豫特質的未定向者之外，並仍應協助具猶豫特質的已定向者加強其生涯決定技巧（如表5-2所示）

表5-2　決斷或猶豫特質的生涯決定類型及處理

類型	特質	處理策略
1.具決斷特質的未定向者	缺乏自我及環境訊息	興趣測驗、職業資源、自我探索
2.具猶豫特質的已定向者	長期性焦慮、外控、對決定不滿意	促進生涯決定技巧
3.具猶豫特質的未定向者	長期性焦慮、憂慮、低自我概念、對解決問題的高度需求	情緒支持、技巧訓練、職業測驗及資訊提供等長期性治療策略

另一方面，Holland & Holland （1977）透過有系統的研究，歸納出未定向者的三種類別，依次是：（1）因無須決定而不決定，（2）因不成熟而未決定，（3）因猶豫傾向、不適應態度（maladaptive attitudes）及不適應行為而未決定。Fuqua & Hartman（1983）亦根據其研究結果，將生涯不確定的難題區分為三類：（1）發展性不確定（developmental indecision），是個人發展歷程中的一個階段，可藉由適當生涯資訊的提供來處理；（2）情境性不確定（situational indecision），係個人對環境壓力的無效因應方式；（3）長期性不確定（chronic indecision），反映出個人心理上或人格特質上的功能不良，表現出普遍性的猶豫。表5-3說明三類型生涯未定向的主要癥候、決定障礙、治療方法及預期結果。

Jone & Gelatt （1979）、Mitchell （1980）亦假定生涯不確定的狀態很可能是個人沒有能力組織和綜合與自我或職業選擇相關的資訊的結果，僅僅提供職業相關的資訊並不足以促成其明智的決定，尚須訓練其問題解決和作決定的技巧。Mitchell （1980）更主張應同時以認知重建策略（cognitive restructuring approaches）協助生涯猶豫者對自我和情境進行認知重評，以減輕其面臨決定之焦慮情緒，始能真正解決生涯未定向之問題。

表5-3　發展性、情境性、長期性生涯未定向類型與處理

向度	生涯未定向類型		
	發展性	情境性	長期性
主要徵候	生涯未成熟	環境壓力	心理/行為功能不良
決定障礙	缺乏有關自我及生涯的資訊	無效的情境反應會產生焦慮等問題	焦慮、低自我概念、無助、外控
治療方法	教育性的，探索興趣生涯方向、決定方法	支持性問題解決諮商	長期性個人/情緒諮商
預期結果	應用有效的決定方法	能充分反應情境	人格重建或改變

第二節　生涯未定向的特質因素觀點

早在1939年，美國職業輔導學者Williamson即將青少年階段所可能面臨的職業選擇難題，歸納爲下列四類：

1. 沒有選擇（no choice）：個人對任何可能的選擇都沒有概念，無法在許多不同職業中選擇一項，以使自己全力投入。
2. 不確定的選擇（uncertain choice）：個人對他自己所宣稱的選擇，仍抱持著懷疑和不確定。
3. 不明智的選擇（unwise choice）：個人的能力或興趣等特質，和其選擇的職業所要求之條件，存在著不一致的情形。
4. 興趣和能力的歧異（discrepancy between interests and aptitudes）：個人對某一職業領域有興趣，但並不具備足夠的能力從事該項職業；即個人有興趣的職業不同於他有能力做好的職業。

Holland（1973）則從一個人「未分化」或「不一致」的生涯剖面圖（undifferentiated or inconsistent profiles），來說明生涯未定向。未分化的生涯剖面圖係指個人對某一類型職業的興趣並未高於他對其他類型職業的興趣。由於對工作世界中不同職業組群的興趣尚未分化，必然相當程度阻礙個人作出有效生涯決定的行動。另一方面，不一致的生涯剖面圖意指個人有興趣的職業領域間存在著相當不一致、甚至對立的特質，會使得個人感到左右爲難、矛盾衝突，相當難以決定。Holland（1973）並列舉了下列五項因素，來說明因興趣之未分化或不一致所導致的生涯未定向：

1. 經驗不足，以致未獲得可以明確界定的興趣、能力、或對自己的覺察。
2. 經驗不足，以致無法學習到職業環境的重要層面。
3. 對興趣、能力和個人特質具有模糊或衝突的經驗。
4. 對職業環境的重要層面具有模糊或衝突的資訊。
5. 雖瞭解個人特質和職業環境，但缺乏對自己的充分資訊或自信心，以致無法將個人特質運用於職業機會中。

稍後，Holland & Holland（1974）並從他們長期對生涯未定向的評量研究中，歸納出一種他們稱為「猶豫氣質」（indecisive disposition）的人格問題，認為此係一個人在其生活歷程、生活經驗中所導致的結果，使得他無法參與必要的文化活動，無法獲得自信心、對曖昧的容忍度、自我認定感、以及因應職業決定之自我和環境知識。

簡言之，對自我和職業環境缺乏充分的資訊、及在自我和環境之間遭遇衝突的經驗，是秉持特質因素觀點之生涯學者對生涯未定向成因的理解。識此之故，生涯輔導措施應致力於提供實務工作經驗，促使學生獲得對自己和工作世界的正確和充分的資訊。

第三節　生涯未定向的心理動力觀點

當Williamson（1939）提出四類職業選擇的難題時，他亦曾試圖從人格理論的觀點來思考促成生涯未定向的原因，例如：對缺乏能力的恐懼、對無法取悅父母或親友的恐懼、對失敗的恐懼，以及情緒的不穩定等。這些推測對心理動力觀點從人格結構來理解生涯未定向，應有相當的啟發作用。

接著，Bordin（1946）亦從個人的心理層面探討職業選擇的難題，歸納出依賴、缺乏資訊、自我衝突、選擇焦慮、缺乏保證等五類。

1. 依賴（dependence）：某些人由於心理發展上的遲滯，過於依賴他人爲其作決定。
2. 缺乏資訊（lack of information）：某些人由於缺乏對自己和工作世界的充分資訊，而無法決定。
3. 自我衝突（self-conflict）：某些人經驗到二或數個自我概念間的衝突，或是自我概念和其他刺激的衝突。
4. 選擇焦慮（choice anxiety）：某些人面臨兩個或多個不感興趣或不滿意的選項，以至於充滿作決定的焦慮。
5. 缺乏保證（lack of assurance）：某些人雖然做了決定，但仍須尋求他人的保證。

由於衝突的發生和個人的生涯難題息息相關，衝突的來源即倍受心理學者所關注。Pepinsky（1948）即依據其實徵研究的成果，將上述導致職業選擇難題中的「自我衝突」，區分爲三類不同的衝突：（1）文化自我衝突（cultural self-conflict）─受到個人的文化群體或社會所約制，（2）人際自我衝突（interpersonal self-conflict）─在個人的抱負與父母期待之間發生衝突，（3）內在自我衝突（intrapersonal self-conflict）─發生於個人興趣和能力等特質上的衝突。Bordin & Kopplin（1973）則進一步將衝突的來源區分爲數項類別：（1）在釐清想法時的綜合性困難，（2）在職業情境中形成具體自我概念時的認定難題，（3）不同職業選擇的利弊衝突，（4）由於對自己不滿意而萌生改變，（5）因職業選擇的阻礙而產生的心理疾病。至於Osipow等人（1976）在「生涯決定量表」（Career Decision Scale）中所歸類的四項衝突，則是

（1）缺乏結構性—缺乏信心、選擇的焦慮、逃避選擇，（2）對所偏好選項的外在阻礙，（3）在同樣感興趣選項間的雙趨衝突，以及（4）生涯決定歷程中的個人內在衝突等。其中，「缺乏結構性」經許多研究證實對生涯不確定和生涯猶豫兩類型具有良好的區辨能力（Hartman et al., 1985; Vondracek et al., 1990）。

Rounds 和Tinsley（1984）曾整合特質因素理論和心理動力理論對生涯決定難題的看法，提出「未定向」的判斷依據需符合下列兩項標準：

1.未表達出投入特定職業領域的明確意圖，未做出職業選擇，常伴隨著焦慮、擔憂及對不愉快後果的預期。
2.至少出現下列特徵之一：
　　（1）對進入某特定職業所須具備之條件、責任或任務、能力要求以及該職業所提供的報酬福利等，缺乏瞭解。
　　（2）對自己的興趣、能力、需求等，缺乏自我瞭解。
　　（3）缺乏決定技巧。

簡而言之，從心理動力觀點探討生涯決定歷程，較關注導致生涯決定難題的心理來源，尤其是衝突和焦慮等，較不關心外顯的行為表徵或可客觀評量的特質。但基於實際診斷上的需要，以求對症下藥解決個人的難題，秉持心理動力觀點的生涯學者多擅長於將內在衝突或衝突來源加以分類，作為診斷心理病因之依據。

第四節　生涯未定向的生涯發展觀點

　　生涯發展論基本上係將「生涯未決定」（career undecidedness）
視爲生涯發展歷程中的一個正常的階段（Slaney, 1988），而特別
關心長期慣性「生涯猶豫」（career indecisiveness）的問題。發展
論者以爲，前者只需提供未定向者充分的知識，以促進其生涯發
展的成熟度；後者則有賴長期性的個別諮商、心理治療和介入處
遇。

　　Ginzberg等人（1951）曾用「變異」（variation）和「偏差」
（deviation）來描述有問題的職業選擇型態。「變異」是指一個人
比一般同齡者花費更多的時間才做成具體的生涯選擇；然而，如
果一個人即使花費了較長的時間仍無法做成任何具體的選擇，即
被視爲「偏差」。依據此一觀點，「變異」似乎被認爲是發展歷程
中的正常現象，會隨著年齡增長而解決；而「偏差」則是人格中
具有「猶豫」特質的結果。Ginzberg （1951）更進一步主張影響
猶豫特質發展的三項因素：（1）受到父母期望和壓力的影響，
（2）對於被尊重和成功的強力幻想，（3）從童年的興趣延伸至成
年早期。如果這些影響因素和個人現有的興趣、能力、價值等相
衝突，則會使其職業選擇的具體化產生延宕。

　　和大多數生涯發展論者一樣，Super（1990）也以生涯未成熟
和有問題的自我概念，作爲生涯相關問題的核心。生涯未成熟的
症候群，包括：缺乏動機去計畫或探索、缺乏與生涯或職業有關
的資訊、未扮演明顯的工作角色等。另一方面，有問題的自我概
念，包括低度自我肯定或自我效能、不明確或衝突的自我概念、
非現實或過於單純的自我概念等，均會對有效的生涯決定形成阻
礙。由此觀之，藉由探索工作世界、釐清眞實和理想的自我、發

展人格特質間的和諧關係、建立自我效能感，均有助於促進生涯成熟，將自我和職業做最佳的適配。

第五節　生涯未定向的認知行爲觀點

　　從認知的角度來理解人類所遭遇的難題，應追溯至西元四世紀史多葛（Stoic）學派的主張：「人們的困擾並非來自於事件的本身，而是由於人們對事件所抱持的觀點所致。」（引自Beck et al., 1979），強調人類的行爲和情緒皆受到其認知歷程所指引。故秉持認知行爲觀點的生涯學者，認爲個人的非理性（irrational）、不適應（maladaptive）或功能不良（dysfunctional）信念系統，是導致生涯猶豫的主因（吳芝儀, 1991）。Thompson （1976）首先將認知行爲理論引進生涯研究的領域，認爲許多人面臨的職業難題，係根源於「錯誤概念」（misconceptions），如過度強調正確性（exactitude）、唯一性（singularity）、終始性（finality）等，以爲每個人終其一生一定會出現一個最完美、最理想的決定，同時對職業測驗的效能有錯誤的期待、對興趣與能力關係做錯誤的判斷，都會使得當事人無法有信心地作出生涯決定。

　　Lewis 和 Gilhousen（1981）曾借用Ellis（1973）所提出的「非理性信念」，來說明七類導致個人生涯決定難題的非理性信念或迷思（myths），例如：

1.在我採取行動之前，我必須要有絕對的把握。
2.在我的生涯發展中，我只能作一次決定。
3.如果我改變了決定，那是我失敗了。

4.如果我能做到我想做的，我才會感到快樂。

5.我所做的工作應該要能滿足我所有的需求。

6.只要我願意去做，我就能做任何事。

7.作為一個人的價值，和我所從事的職業有密切的關連。

Nevo（1987）則將諸多生涯學者所零星提出的有關生涯決定的非理性信念，整理成十項「非理性期待」（irrational expectations）導致個人發生生涯未定向的成因：

有關職業的非理性期待

1.世界上僅有一種最適合我的職業。

2.除非我能找到最佳的職業，否則我不會感滿意。

有關生涯諮商及測驗的非理性期待

1.總有某位專家或比我懂得更多的人，可以為我找到最好的職業。

2.也許有某項測驗可以明確指出我最優越的特質。

有關自我的非理性期待

1.在我選擇要從事的工作領域中，我必須要成為專家或領導者。

2.我無法從事任何與我本身能力、專長不合的工作。

3.我所選擇的職業也應該要讓我的家人、親友感到滿意。

4.從事某項職業，有助於我克服許多個人特質上的問題。

有關決定歷程的非理性期待

1.我會憑直覺找到最適合我的職業。

2.一旦決定某項職業，就不能再改變心意。

另一方面，Keller, Biggs 和Gysbers（1982）依據Beck（1976）

認知治療理論對「認知扭曲」（cognitive distortion）或「扭曲思考歷程」（distorted thinking processes）的強調，主張個人所運用的「錯誤訊息處理歷程」（faulty information-processing）或「功能不良的認知生涯基模」（dysfunctional cognitive career schema）會使得個人產生「不適應信念」，導致生涯決定上的障礙。這些導致生涯決定障礙的錯誤思考歷程，主要包括下列數項：

1. 武斷推論（arbitrary inference）：在缺乏支持證據的情況下作出武斷的結論。
2. 過度類推（overgeneralization）：依據某單一事件，就做出重要的生涯決定。
3. 誇大或輕忽（magnification or minimization）：誇大某一生涯事件的負向層面，或輕忽某一生涯事件的正向層面。
4. 個人化（personalization）：將所發生的職業事件做負向的自我歸因，認為都是自己不好。
5. 二分化或絕對性思考（dichotomous or absolutistic thinking）：以極端的想法來判斷或覺察生涯事件。

Krumboltz（1983）亦主張生涯決定技能就像其他許多技能一樣，係從日常學習經驗所累積而來；又因每個人的學習經驗有別，從經驗中發展的「私密性規則」（private rules）—想法、認知、信念、以偏概全的類推等—亦甚為殊異。這些與生涯決定有關的私密性、內在性規則，多集中於自我觀察方面、世界觀方面、決定的方法與結果方面、滿意生涯所需之條件方面（詳見**表4-1**），以偏概全地抑制建設性生涯活動的進行，並阻礙個人作出有效的生涯決定。

根據進一步的觀察，這些以偏概全的信念，常具有下列各項特徵（Krumboltz , 1983）：

1. 錯誤的推論：此類推論多以抱殘守缺的片段線索爲依據，匱乏實徵的證據。
2. 與單一標準自我比較：一般人慣常在團體中尋找一個相對位置，但若選擇單一參照點作爲比較標準時，必然適應不良。
3. 誇大結果的情緒性衝擊：對事件或行動結果的負面預期，對情緒產生莫大的衝擊，甚至一想到挫敗的可能性，即焦慮得動彈不得。
4. 錯誤的因果關係：一個人若將事業上的成就視爲上天的恩賜，將以爲命運終會安排一切，而不做任何付出與努力。
5. 忽視事實全貌：有時個人對事情的想法過於執著一端，及無法關照全面性的事實，如此高度理想化的想像或信念多只是令人執迷不悟的迷思，易造成決定上的困擾。
6. 以可能性甚低的事件作爲考量：個人常錯估了事件的可能性，以致無法掌握滿意的結果。
7. 自我欺瞞：當行爲的眞正原因不爲個人的意識所接受時，會以合理化的藉口來自我搪塞，但無論任何行動皆難讓自己滿意。若能認清事實的原因，才能對決定滿懷信心。

Doyle（1992）亦從認知理論的觀點，將可能引起錯誤結論和負面感受的錯誤認知，歸納爲下列六項：

1. 自我挫敗的陳述（self-deprecating statements）：這類陳述顯現了功能不良的自我評價，例如：「我不是一個好學生」或者是「沒有人眞正喜歡我」等。

2.絕對的或完美主義的敘述（absolute or perfectionist terms）：當一個人為自己的行為訂定過度嚴苛的標準時，就是將自己套進去一個充滿自我批評的負面自我形象。這些以完美主義來要求自己的行為標準，常包含「必須」、「應該」、「一定」、「除非...否則」等絕對性的字眼。例如，「我一定要受到某人的肯定，才表示我做得不錯。」

3.負面經驗的過度類推（overgeneralization of negative experiences）：有些人常基於過去遭受挫折或失敗的負面經驗，過度類推未來所將面臨的阻礙，以致裹足不前。例如，「我上次數學考試考得很爛，這次大概也沒指望了。」

4.負面的誇大（negative exaggerations）：有些人會過度誇大一件負面事件結果的嚴重性，或負面地誇大現實情況。例如，「我上次數學考試考得很爛，這學期的數學一定是完蛋了。」或者是「所有推銷員都會天花亂墜地騙人。」

5.不真實的陳述（inaccurate statements）：有些人常會基於不適當或不正確的資訊，扭曲對現實的認知。例如，「我需要全學年都保持在全班前三名，才有機會獲得保送甄試。」

6.對時間效應的忽視（ignorance of the effects of time）：某些人則易於忽視時間的變化會對個人成長、成熟或經驗產生的影響。例如，「他以前很幼稚，恐怕沒有能力處理這件事。」

不可置疑地，當個人在生涯決定歷程中抱持著諸多以偏概全信念時，將會對其生涯發展造成嚴重的阻礙。Krumboltz（1983）將這些個人生涯發展上的阻礙情況，歸納為下列數項（引自吳芝儀，1991）：

故步自封

很多人以為人生中所遭遇的不幸或困厄都是必然的、命定的、無法改變的，以致放棄了積極的努力。如：「我們生於世上就是要來忍受痛苦的。」這樣的假定使得個人終其一生也無法改善困厄的環境。

猶豫不決

很多人由於抱持著一些不適應的想法，使他過度小心謹慎或憂慮，以致很難作出決定。如：「我非常崇拜父親，我做的任何決定都必須獲得他的肯定才行，所以目前還無法作決定。」這個想法使他不敢輕易去嘗試其他沒有把握的工作。

裹足不前

有的人因為接收到不正確的訊息（並以此做錯誤的假定、武斷的推論），使他以為某個職業領域或生涯徑路上佈滿荊棘、坎坷難行，所以始終不敢跨出生涯決定的腳步。如：「會計是一項很單調乏味的工作，但除此之外我也不知道還能做什麼？」

自甘屈就

有的人根本對自己的事業生涯不具信心，為了逃避失敗的危險，寧可選擇冒險性較低的輕鬆工作。如：「像我這種人根本不是做大事業的料子，那太難了，還是做小職員容易些！」這樣的想法使他掩埋了內心更上一層樓的企圖，寧可窩在輕鬆的小職位中過太平日子。

杞人憂天

有時因個人所設定的職業目標太不切實際，卻又一昧以為唯有達成目標才能獲得自我實現的價值感，因而經常感到苦惱、焦慮、深以為憂。如：「我希望找到一個與我興趣、能力、專長相當契合，同時又可以完全自主、大顯身手的工作，但我也知道這是不可能的。」在夢想與憂慮相互交雜間，的確很難作明智的決定。

第六節　生涯未定向的綜合觀點

綜合上述的討論及筆者多年生涯諮商經驗的觀察，青少年學生在生涯發展階段中所面臨的生涯未定向問題，仍以「生涯不確定」和「生涯猶豫」二者為最常見的分類，有賴生涯諮商師協助學生釐清其問題的狀況、程度和成因癥結，始能對症下藥，協助其達成有效且滿意的生涯決定。

生涯不確定

係指在生涯發展過程中因蒐集的自我與生涯資訊不足，暫時無法作明確的生涯決定，乃為發展中的未定向。

1. 不知興趣或能力：個人尚無法明確發現自己有興趣或有能力從事的職業領域。
2. 多元興趣與多才多藝：個人同時對多個分屬不同職業領域的活動感到興趣，或有多元能力表現不同職業領域的活動，但尚無法分辨出最佳的選擇。

3.缺乏工作世界的資訊：個人對外在工作世界中的諸多層面
　資訊，如工作環境、工作內容、資格條件、待遇升遷等，
　均沒有充分的瞭解，以致尚無法決定其所欲從事的職業。

生涯猶疑

　　係指當個人面臨職業或生涯選擇的關卡時，因個人特質上的
因素所導致的較長期性的未定向。

1.個人興趣與能力的落差—有興趣而無能力、有能力但沒興
　趣：個人對某些特定職業領域的活動雖感到興趣卻無法有
　傑出的能力表現；或者是雖有良好的能力表現，卻並非興
　趣所在，導致個人在興趣和能力的抉擇間左右為難。此
　時，諮商師仍須協助個人做更多方面的嘗試和探索，以找
　出既有興趣又有能力的活動，並能同時兼顧其他興趣和能
　力的發展。
2.個人偏好與社會期待的衝突：個人發現自己所偏好的職業
　領域，並不符合其父母、親友或重要他人的期待，如選擇
　自己所喜愛的將辜負他人的期待，使得個人在發展自我和
　迎合他人之間感到矛盾衝突。此時，諮商師宜協助個人釐
　清自己的興趣、能力、價值觀、人格特質、理想生活型態
　等，逐一檢視個人偏好與社會期待二者間的利弊得失，協
　助個人作出兼容理智與情感的判斷。
3.價值導向與環境條件限制：個人對某一特定職業領域的偏
　好可能係受到其價直觀所主導，如經濟報酬、舒適享受、
　社會地位等，但因受到個人現有外在環境與自身條件的限
　制，故對於順利達成其職業偏好目標無法發展出合於現實
　的期待。此時，諮商師宜協助個人覺察其所擁有的正向資
　產，激發個人積極培養或充實自身條件的動機，並致力於

開發更豐富的環境資源，設定合於現實的理想生涯目標，擬定可逐步達成目標之生涯規劃。

4. 非理性生涯信念的桎梏：個人對職業或生涯選擇的歷程、方法和結果，充滿了許多非理性或不適應的生涯信念或生涯迷思，以致阻礙個人採取有效的生涯探索或準備行動，限制個人的生涯規劃和生涯發展。此時，諮商師宜藉助認知行為諮商策略，逐一檢視並挑戰其非理性或不適應的生涯信念，破解其根深柢固之生涯迷思，始能促使個人採取適當的生涯行動，作出有效之生涯決定。

5. 個人內外多元勢力的拔河：個人很不幸地面臨上述各項內外在勢力的交相衝突，嚴重阻礙個人的生涯行動能力，並使得個人因不斷遭受挫折打擊而更缺乏自信心與自主性，以致產生憂鬱、焦慮等嚴重的情緒困擾。此時，諮商師亟需藉助具有深度與長期性效能的個別諮商策略，協助個人逐步解決多重困擾問題，進行人格的重建，最後才能進一步發展生涯探索之行動方案。

第 *6* 章
生涯諮商策略與技巧

特質因素學派生涯諮商

個人中心生涯諮商

心理動力生涯諮商

發展取向生涯諮商

行為取向生涯諮商

認知行為生涯諮商

建構取向生涯諮商

綜合觀點之生涯諮商

由於「生涯諮商」被視爲是藉由人際歷程來協助個人處理其生涯發展中的難題（Herr, 1997），兒童及青少年階段生涯諮商的兩項最重要目標，在於促進兒童及青少年學生之「生涯發展」，及協助其進行有效的「生涯決定」。爲了達成這兩項目標，最常使用的諮商策略，一是個別諮商，二是團體諮商（Herr & Cramer, 1996）。然而，各個主要的生涯諮商學派均有其獨特的關注焦點，並應用其獨特的諮商模式，以解決個人生涯發展中所遭遇的生涯相關問題，達成生涯選擇、生涯決定或生涯發展的目標。

　　Crites（1981）認爲「生涯諮商」應涵蓋理論模式（theoretical models）和實施方法（practical methods），並列舉出五類最主要的生涯諮商策略，分別是：特質因素學派、個人中心學派、心理動力學派、發展學派、行爲學派等。Herr（1995）亦曾列舉出對青少年生涯諮商具有重要貢獻的六大諮商學派，尚涵蓋1980年代發展更爲蓬勃的認知行爲學派。本章則加入1990年代之後漸受矚目的建構學派。茲分節說明其基本觀點和實施方法。

第一節　特質因素學派生涯諮商

　　特質因素生涯諮商（trait-and-factor career counseling）歷程的主要重心，在於資訊的提供。其基本假定是若受輔者能充分擁有對於自我和工作世界的資訊，即能增進其生涯選擇的確定性。因此，特質因素生涯諮商的成功與否，取決於諮商師所提供資訊的品質和類型。自從Parsons（1909）建議以三步驟策略來協助個人進行職業選擇，生涯輔導就以將個人特質與環境條件做良好的適配爲目標。第一步是自我瞭解—對自己要有清楚明確的認識，包括自己的態度、能力、興趣、野心抱負、資源限制等；第二步是獲得有關職業的知識—對成功所需條件、利弊得失、補償、機會

和不同工作之發展前景的知識；第三步是整合有關自我與工作世界的知識，以作出真確的推論。

一、自我瞭解

自我瞭解的內容須包括性向、成就、興趣、價值觀和人格等項。現實生活中我們常會發現，有些人在喜歡從事的活動上不見得會表現得特別好（有興趣而能力不足），有些人卻不喜歡投入於他們所擅長的活動領域（有能力而沒有興趣）。因此藉由輔助工具進行不同層面的自我瞭解，即是特質因素取向生涯諮商者協助受輔者進行生涯探索的起點。

性向

在測量一個人的能力或性向（aptitude）方面，較常使用的測驗有成就測驗、能力測驗、性向測驗等。成就測驗是用來評估個人學得了多少；能力測驗是評量個人的最大可能表現以及個人展現特定能力的程度；性向測驗則是測量個人未來在特定項目上表現的可能程度。換句話說，這些測驗分別評量個人的過去成就、現在能力和未來的性向。目前生涯輔導中所使用的性向測驗有學術性向測驗、區分性向測驗、通用性向測驗等三類，其所測量之項目，詳見**表6-1**所示。

興趣

一個人經常會同時具備許多不同職業領域所要求的能力，因此，在眾多選擇中，考慮興趣（interests）會比考慮性向來得重要，於是一般而言，興趣也會比性向更能預測個人最終會進入哪一個職業領域（Sharf, 1997）。目前有兩大類的興趣測驗是較常被使用的，一是職業興趣測驗，二是基本興趣量表。前者可以用來測量一個人對「特定職業領域」的興趣，如秘書；後者則可用來

表6-1　性向測驗及其評量項目

學術性向測驗	區分性向測驗	通用性向測驗
英文用法	普通學習	普通學習
數學用法	語文推理	語文
社會科閱讀	數字能力	數字
自然科學閱讀	抽象推理	空間關係
	文書速度及正確性	形式知覺
	機械推理	文書知覺
	空間關係	手眼協調
	拼字	手指靈巧
	語言用法	工藝靈巧

測量一個人對某些「特定活動」的興趣，如辦公室實務。現有三個知名的基本興趣量表，如庫德偏好記錄、史東興趣測驗之基本興趣量表、加州職業偏好調查等，其測量項目如**表6-2**所示。

價值觀

　　價值觀（values）的評量有助於生涯方向的選擇，例如，對於某些人而言，助人是比興趣或能力等特質還重要的一項期望，所以在生涯選擇上就傾向於選擇能有較多「助人」機會的工作。這項視助人為生涯選擇之重要考慮因素的價值觀，即稱為「利他」。Super （1970）曾編擬一份「工作價值量表」（work values inventory），以提供個人在十五項工作價值間作比較評量。此十五項工作價值被命名為：利他助人、美的追求、創造性、智性激發、獨立性、成就感、聲望地位、管理權力、經濟報酬、安全感、工作環境、上司關係、同事關係、變異性、及生活方式等。**表6-3**列舉十五項工作價值的說明。

表6-2　三種興趣量表之主要向度

庫德偏好記錄	史東基本興趣量表	加州職業偏好調查
室外活動	農業	消費經濟
機械活動	應用美術	室外
電腦活動	藝術	文書
科學活動	運動	溝通
說服活動	電腦活動	科學—專業
藝術活動	法律/政治	科學—技術
文學活動	數學	工業技術—專業
音樂活動	機械活動	工業技術—技術
社會服務	醫藥科學	商業—專業
文書活動	醫藥服務	商業—技術
	買賣貿易	藝術—專業
	軍事服務	藝術—技術
	音樂/戲劇	服務—專業
	自然	服務—技術
	辦公室服務	
	組織管理	
	公眾演說	
	宗教服務	
	銷售	
	科學	
	社會服務	
	教學	
	寫作	

表6-3　工作價值量表之涵義

1. 利他助人	工作的目的或價值在於提供機會讓個人為社會大眾的福利盡一份心力。
2. 美的追求	工作之目的或價值在於致力使這個世界更美好，增加藝術的氣氛。
3. 創造性	工作的目的或價值在於能讓個人發明新事物，設計新產品或發展新觀念。
4. 智性激發	工作的目的或價值在於提供了獨立思考，學習與分析事理的機會。此項分數可以評估個人對於理論類型的職業與科學方面的興趣。
5. 獨立性	工作的目的或價值在於能允許個人以自己的方式或步調來進行。
6. 成就感	工作的目的或價值在於能看到自己工作的具體成果，並因此獲得精神上的滿足。
7. 聲望地位	工作的目的或價值在於能提高個人身分或名望，但此聲望是來自於他人的敬佩，而非來自權力與地位。
8. 管理權力	工作的目的或價值在於能賦予個人權力來策劃並分配工作給其他人。
9. 經濟報酬	工作的目的或價值在於能獲得優厚的報酬，使個人有能力購置他所想要的東西。
10.安全感	工作的目的或價值在於能提供安定生活的保障，即使經濟不景氣時也不受影響。
11.工作環境	工作能在不冷，不熱，不吵，不髒的宜人環境下進行。
12.上司關係	工作的目的或價值在於能與主管平等且融洽地相處。
13 同事關係	工作的目的或價值在於能與志同道合的夥伴愉快工作。
14.變異性	工作之價值在於富於變化，能讓人嘗試不同內容的事情。
15.生活方式	工作的目的或價值在於能讓人選擇自己的生活方式，並實現自己的理想。

人格

　　職業選擇上所需的人格（personality）評量，常用的有「加州心理量表」（CPI）和「十六人格因素問卷」（16PF）等。加州心理量表使用了20個分量表來測量不同的人格層面，如「自我控制」或「彈性」等。「彈性」分數高的人常被他人評為具有高度的彈性。16PF則列舉了16種基本人格因素，應用二分法來標示每一項特質的兩極端點，例如溫暖與冷酷、服從與主導，及害羞與大膽等。這些因素上的區分可用來判斷面臨生涯選擇者屬於何者類型。兩種量表所發展的人格剖面圖，則可作為個人在各式各樣職業選擇中的參考。然而，人格測量對職業選擇的影響，並不如興趣來得大。例如成為一位會計師可能在人格上有對秩序的需求，但此要求不如其對商業、會計實務、算術等興趣來得重要（Sharf, 1997）。

二、獲取有關工作世界的知識

　　職業資訊是特質因素理論的第二項內涵。面臨職業選擇的個人，除了瞭解自己以外，尚需蒐集有關工作世界和職業的資訊，包括三個層面：（1）資訊的類型，如對職業的描述、工作條件、或薪水等；（2）職業分類系統，以某種分類系統歸納千萬種職業；（3）職業所要求的特質和因素（Sharf, 1997）。

資訊的類型

　　個人應蒐集許多不同發行來源的職業資訊，包括政府單位如職訓局或青輔會所出版的職業簡介等官方文件，專業職業組織或出版社所出版的手冊、書籍、職業百科等，以及以視聽媒體或先進科技形式出版的職業資訊，如錄音帶、錄影帶、微縮片、電腦輔助資訊系統等。幾乎所有的職業資訊，均包括職業介紹、要求

聘用條件、所應具備的教育程度、工作狀況、薪資、及就業展望等。有些甚至會提供有關生涯發展、類似行業、工作者介紹以及婦女與少數族群所需的進一步資訊等。如美國國家生涯發展協會所出版的職業簡介，就包括了下列的內容:工作性質和職責、所需體能活動、社會和心理滿意度、所需的準備、收入和福利、升遷機會、就業展望、相關的兼職或志工機會、相關的行業以及提供訓練機構等。

職業分類系統

　　職業分類系統是用來歸納現有各行各業的方式，以使職業資訊更簡單明瞭且易於取得。目前最通用且包羅萬象的職業分類系統是「職業名典」（Dictionary of Occupational Titles， DOT），使用六位數字來編碼，將20000種美國現有的職業歸類為九大類、82個區組、559個小組。第一位數字表示職業類別（表6-4），第二位數字為職業部門，第三位數字為職業組群，第四位數字表示個人對「資料」（data）的處理方式（表6-5），第五位數字是指個人和「人群」（people）的接觸方式（表6-6），第六位數字標示個人如何來使用「事物」（things）（表6-7）。如「汽車裝潢師」的職業代碼為780.381。

　　7 - 職業類別：工作台職業。

　　8 - 職業部門：織物原料、皮革和相關產品之裝配與維修。

　　0 - 職業組群：裝潢及傢俱之填料和相關產品之裝配與維修。

　　3 - 處理資料：彙整

　　8 - 接觸人們：接受教導或協助

　　1 - 處理事物：精密工作

表6-4　職業名典的九大職業類別

0/1	專業性、技術性與管理性的職業
2	事務性與銷售性的職業
3	服務業
4	農、漁、林、牧及相關職業
5	加工處理業
6	機器貿易業
7	工作檯職業
8	建築業
9	其他職業

表6-5　處理資料

工作者必須處理的資料，包括數字、文字、符號、觀念和概念。「資料」
（data）指藉由觀察、調查、或創造所獲取的資訊和知識，共分爲七個層次。
自複雜至簡單的分類如下：

- 0　綜合（synthesizing）
  分析、統整資料，以發現事實或發展知識。

- 1　協同（coordinating）
  分析資料以決定行動的時間、地點和順序，亦包括行動的規劃和報告。

- 2　分析（analyzing）
  檢視和評鑑資料，基於對資料的評鑑而提供行動的另類選擇。

- 3　彙整（compiling）
  蒐集、分類資料，並進行資料的追蹤。

- 4　電腦處理（computing）
  以電腦進行資料的計算操作。

- 5　拷貝（copying）
  將資料輸入電腦，或以其他方法轉錄資料。

- 6　比較（comparing）
  觀察資料、人們和事物，以作出判斷。

表6-6　接觸人群

「人群」(people)係指與人類的接觸交往。

0　監控(monitoring)
　　勸告、諮商或輔導人們，以法律、科學、臨床、精神或其他專業原則來
　　解決人們所面臨的難題。

1　協商(negotiating)
　　與他人交換觀念、資訊和意見，以形成政策，或作成決定、結論或解決
　　方案。

2　教導(instructing)
　　透過解釋、示範、和實務督導，對他人實施教學或訓練。

3　督導(supervising)
　　爲工作者指定特定作業，與他們維持良好關係，且促進工作效率。決定
　　他人該做些什麼，並幫助其詮釋工作程序。

4　娛樂(diverting)
　　藉由舞臺、銀幕、電視、廣播等方式娛樂他人。

5　說服(persuading)
　　影響他人去購買一項產品、服務或觀點。

6　演說或指示(speaking/signaling)
　　與他人談話或指示他人，以傳達或交換資訊，包括對助理人員指定作業
　　或給予指示。

7　服務(serving)
　　注意人們的需求或詢問要求，給予立即的回應。

8　接受教導或協助(taking instructions/helping)
　　遵循督導管理者的工作指示、教導或命令。

表6-7　處理事物

處理「事物」（things）係指處理藥品、材料、機械、工具、設備和產品等，
而非人類或觀念。

0　設定（setting up）
　　規劃操作的次序，準備機械操作，安裝和調整工具及其他機械零件，使
　　用工具、設備、和工作輔助設施如測量工具等。為他人設定機械以使其
　　能操作該機械亦屬此類。

1　精密工作（precision working）
　　為需要適當判斷的任務調整工具，要求精準正確，為達成所要求的水準
　　擔負責任。

2　操作或控制（operating/controlling）
　　操作機械，包括在工作進行中啟動、停止和調整機械、材料，調整溫
　　度、速度等。

3　駕駛或操作（driving/operating）
　　觀察儀表板、轉盤，評估距離，決定速度，轉動齒輪、車輪等。

4　操控（manipulating）
　　選取或移動工具、物體或材料。

5　照料（tending）
　　調整材料或機械的控制，啟動、停止和觀察機械或設備。

6　輸入（feeding）
　　將材料置入自動化或由他人操控的機械中，將材料自此機械中移出。

7　交置（handling）
　　移動或攜帶由他人所選取的物體或機械。

另一套實用的職業分類系統，是由「美國學院測驗計畫」（American College Testing Program, ACT）於1985年所發展出來的「工作世界地圖」（world-of-work map）。這是一個以「職業名典」中之資料、人們、事物為基礎，再加上「思維」（ideas）向度的雙向度工作世界分類系統（圖6-1），近年來普遍被應用於生涯選擇的輔導工作中。其分類的雙主軸是「資料－思維」和「事物－人群」，由此區分出四個主要的分類象限。「資料」係指文字、數字、符號等資料之蒐集、整理與歸檔等程序，使有助於進一步的分析與統整。「思維」則指想法的啟發、觀念的傳遞、思考的運作、創意的發揮、真理的探究等認知歷程。「事物」指與處理藥品、材料、機械、工具、設備和產品等與人群無關的事物。「人群」則是指和其他人們有所接觸與溝通，包括瞭解、服務、協助或教導，以及說服、組織、管理或督導等。

第三種由美國政府所廣泛採用的分類系統是「職業探索導引」（GOE），主要係以藝術、科學、植物和動物、保全防衛、機械、工業、商業、銷售、供應服務、人群服務、領導-影響、體能表現等十二項興趣領域，來將現存於工作世界中的各種職業加以分類（如表6-8）。

職業所要求的特質和因素

每一種職業要求工作者所應具備的性向、成就、興趣、價值和人格等個人特質，通常都被包含在職業手冊的職業介紹資料中。如果一個求職者知道要作為一個法官，除了要學習法律之外，還要寫判例，他就可以問自己是不是真有興趣從事這些法官所必要的活動。此外，求職者也可以從這些職業資源中找到其欲從事的職業所需具備的資格和教育程度，據以評估自己是不是已具備了足夠的能力來從事這項工作。而有關工作狀況的資訊，可以使求職者評估自己的人格特質和價值觀是不是能對相關的工作

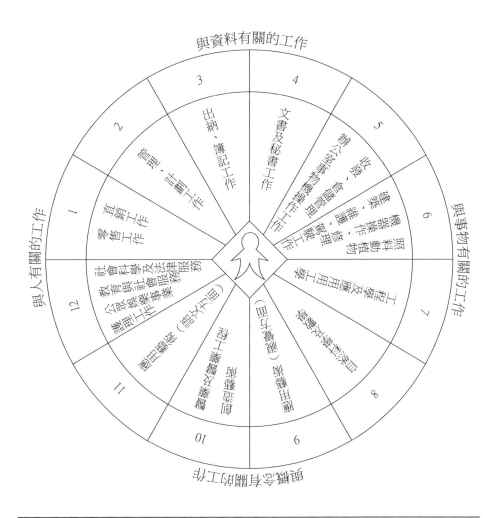

圖6-1 工作世界地圖

資料來源：American College Testing Program（1995）

表6-8　職業探索導引系統：興趣領域、工作群組和次群組

01	藝術	07	商業
01.01	文學藝術	07.01	行政
01.02	視覺藝術	07.02	數學計算
01.03	表演藝術：戲劇	07.03	財政
01.04	表演藝術：音樂	07.04	口語溝通
01.05	表演藝術：舞蹈	07.05	記錄處理
01.06	手工藝術	07.06	文書機械操作
01.07	項目藝術	07.07	文書交置
01.08	模特兒	08	銷售
02	科學	08.01	銷售技術
02.01	物理科學	08.02	一般銷售
02.02	生命科學	08.03	攤販銷售
02.03	醫藥科學	09	供應服務
02.04	實驗技術	09.01	旅館服務
03	植物和動物	09.02	美髮美容服務
03.01	管理工作：植物和動物	09.03	旅客服務
03.02	一般督導：植物和動物	09.04	消費者服務
03.03	動物訓練和服務	09.05	看護服務
03.04	項目工作：植物和動物	10	人群服務
04	保全防衛	10.01	社會服務
04.01	安全和法律執行	10.02	護理、治療和特教服務
04.02	保全服務	10.03	兒童和成人看護
05	機械	11	領導─影響
05.01	工程	11.01	數學和統計
05.02	管理工作：機械	11.02	教育和圖書館服務
05.03	工程技術	11.03	社會研究
05.04	航空和海運交通工具操作	11.04	法律
05.05	手工技術	11.05	商業行政
05.06	系統操作	11.06	財政
05.07	品質控制	11.07	服務行政
05.08	陸運交通工具操作	11.08	溝通
05.09	材料控制	11.09	促進
05.10	手工藝品	11.10	法規執行
05.11	設備操作	11.11	商業管理
05.12	項目工作：機械	11.12	契約和宣告
06	工業	12	體能表現
06.01	生產技術	12.01	運動
06.02	生產工作	12.02	體育藝術
06.03	品質控制		
06.04	項目工作：工業		

資料來源：Sharf（1997）

狀況感到滿意。例如，一個在平日生活中要求秩序和整潔的人，會覺得工廠工作相當骯髒、凌亂不堪，因此避而遠之。看重經濟報酬的人和看重經濟安全的人，可能會因其不同的價值觀而出現不同的職業選擇。

三、統整有關自我和工作世界的資訊

有時，一個人在職業性向測驗上的得分建議他選擇某種職業，但他在興趣測驗上的得分和在人格量表上的得分則建議他選擇另兩種職業。能力和興趣之間、人格和價值之間的差異或衝突，常使個人感到相當的困擾，甚至感到左右為難、不知如何是好。結果不是猶豫不決，就是衝動地作出不適當的判斷。如果個人對自我的評量可以相互參照、取得統整一致，而且符合個人對職業的評量，那麼找到一個令他滿意職業的機會，將會大大地提高。最好的辦法是個人能對感興趣的職業有實際接觸或從事的機會。可以透過實地參觀工作場所、觀察工作者的工作狀況、訪問工作者有關其工作的詳細情況和經驗心得，甚至到該職業中擔任義工或兼職工作以親身體驗工作狀況，統整個人特質與工作的要求，才能對一項工作及其是否合乎個人特質作真實和合理的判斷。

Williamson（1939）曾提出一個以理性評估歷程為基礎的特質因素諮商模式，包括問題的定義和診斷、資訊的提供、替代方案的尋找和選取、以及行動等。茲說明如下（引自 Walsh & Osipow, 1990）：

1. 分析（analysis）：藉助主觀和客觀的工具，從多個不同資源蒐集和態度、興趣、家庭背景、知識、教育歷程、性向等有關的資料。

2.綜合（synthesis）：以個案研究策略摘要資料和文件檔案等，並強調學生的獨特性和個別性。

3.診斷（diagnosis）：描述學生的特色和問題，將個人的發展情況，和其教育及職業能力情況相比較，診斷其問題的肇因。

4.預後（prognosis）：判斷問題可能的後果、調適的可能性，辨認可替代的行動和適應。

5.諮商或處遇（counseling or treatment）：和學生一起合作，商討現在和未來如何有效調適的策略。

6.追蹤（follow-up）：重複相同的步驟解決新發生的問題，並進一步協助學生試驗可達成預期結果的行動方案。

晚近，此一學派的生涯諮商已和決策模式之「問題解決策略」（problem-solving）相結合，並運用資訊處理的歷程來處理生涯選擇的問題。其基本假設有下列三項（Walsh & Osipow, 1990）：

1.直接、補救性的介入策略和受輔者的資訊處理技巧有負相關。

　A.資訊處理技巧較差者，在接受強力支持類型之介入策略時，會有較佳的結果。

2.直接提供資訊的介入策略，和受輔者的資訊處理技巧有正相關。

　A.具有高度資訊處理技巧的受輔者，當接受短期、以資訊傳遞為焦點的介入時，會有最成功的結果。

　B.具有高度資訊處理技巧的受輔者，當接受低度支持類型的介入策略時，會獲得較佳的結果。

3.較廣泛焦點、洞察性的介入策略，和受輔者資訊處理技巧是曲線相關。

A.具有高度或低度資訊處理技巧者，當接受廣泛焦點洞察性介入策略時，會有較差的結果。

B.具有中度資訊處理技巧者，當接受廣泛焦點、洞察性介入策略時，會獲得最佳的結果。

因此，特質因素學派所提供的生涯處遇或介入類型，取決於受輔者的資訊處理技巧，而有如**表6-9**中的建議策略。

一般而言，特質因素生涯諮商或輔導的步驟，可包含下列數項：

1.了解生涯涵義

闡釋「生涯」、「工作」的涵義，讓學生了解「生涯」的重要性。介紹一般生涯類型。

2.增進自我覺察

藉由適合的測驗量表來測量興趣、性向、價值觀、人格特質等，使學生了解自己的優點、缺點、能力、價值觀等。

3.瞭解職業分類

針對適合個人的生涯類型，去了解個人適合的職業組群，進一步了解該組群內各項工作之性質。

4.瞭解就業市場

使學生了解社會經濟狀況對就業市場的影響，以及對個人生涯發展的影響。

5.學習做決定

引導學生參考測量的結果，就個人能力、興趣、人格價值觀等狀況，來選擇個人最適合的生涯類型。

6.實地瞭解工作世界

指導學生到和個人生涯類型相關的公司或工廠去實習，或由工作手冊、工作須知等資料中去了解各種工作。邀請有

表6-9　特質因素學派的生涯處遇或介入類型

資訊處理技巧	生涯介入特徵	生涯介入實例
非常高度	較不需要生涯介入 短期 以資訊提供為焦點	評量（例如MIQ、SDS） 職業資訊提供 電腦輔助引導
高度	輕微支持性 督導 短期 以資訊提供和做決定為焦點	評量 短期諮商 職業資訊提供 個別或團體討論
中度	洞察性 較長期 廣泛焦點	生涯工作坊 問題解決技巧分析 個別諮商 生涯課程
低度	強力支持性 主動引導 長期 補救性 狹隘焦點	教導、授課、引導 個別諮商

MIQ：明尼蘇達重要性問卷；SDS：自我導向搜尋
資料來源：Walsh & Osipow（1990：31）

經驗的各行各業人員和學生座談，介紹其工作所需條件和工作性質。

7.擬定生涯計畫

引導學生了解不同生涯類型的工作所需技能，了解可提供技能訓練之單位或機構，並考慮個人興趣、能力、價值以及未來的改變因素，擬定個人的生涯發展計畫。

8.進行生涯準備

指導學生學習有關找尋工作技巧、撰寫履歷自傳、求職面試技巧等，以俾學生畢業之後能順利找到所欲從事的職業，並為其未來生涯發展做準備。

Herr（1995）曾列舉出個別諮商領域中的六大諮商學派，特質因素學派對於青少年生涯諮商的重要貢獻，有下列數點：

1.將個人特質和特定職業或訓練機會之條件相適配。

2.協助青少年詳細檢視其能力、學習成就、性向、興趣相符合的工作或職業機會。

3.協助青少年瞭解其現有知識和技巧，在不同工作、職業和企業領域的可轉換性。

4.提供青少年有關自我特質（如興趣、價值、性向、學習成就、技巧等）及工作或職業之分類系統，促進其辨認可供進一步探索的機會。

5.促進青少年評估其進入不同工作、職業或教育領域之可能性、利弊得失及成功機會。

第二節　個人中心生涯諮商

　　Carl Rogers個人中心諮商學派所提出的非指導性諮商策略
（non-directive approach），影響諮商與心理治療領域至為深遠，並
廣泛應用於教育、團體工作、生涯諮商等相關領域。此一諮商策
略和傳統特質因素學派以分析個人、探究職業、作出真確推論的
諮商模式完全不同，較著重於處理生涯選擇和職業適應中所遭遇
的難題（Super, 1988）；強調諮商師真誠、尊重、同理的態度，而
非諮商技術。因此，將個人中心學派運用於生涯諮商的學者，多
較為關注如何藉由適當的諮商態度和良好的諮商關係，促進Super
所討論之生涯自我概念，並試圖將諮商中所提供的資訊和受輔者
的自我概念加以整合。此一學派被稱為「個人中心生涯諮商」
（person-centered career counseling）（Walsh & Osipow, 1990）。

　　Patterson（1964）是最早將個人中心諮商學派的方法應用至
生涯諮商領域的開創者之一，主張生涯諮商中使用測驗的目的在
於提供受輔者所需要的資訊，而究竟需要哪些資訊的問題則需透
過諮商才能處理。Patterson並提出在個人中心學派生涯諮商中使
用職業歷程資訊的四項原則：

1. 只有在受輔者的需要能在諮商過程中被明確地指認時，才
   能將職業資訊介紹進來。
2. 職業資訊不能用以影響或操控受輔者。
3. 提供職業資訊最客觀且能增強受輔者之責任感的方式，係
   鼓勵受輔者從原始來源如出版者、雇主、和資深從業人員
   獲取資訊。
4. 在諮商過程中必須讓受輔者表達其對職業和工作的態度和
   感覺，且經治療處理。

個人中心學派在生涯諮商領域的運用，實際上擴展了生涯諮商的範疇，使得生涯諮商的發展逐漸接近心理治療的領域，也才有後來Crites（1981）對生涯諮商與個人諮商異同處的討論。一般而言，個人中心生涯諮商相當關注個人在選擇和達成職業目標過程中，自我概念和自我認定感的形成與發展。受輔者雖常因遭遇某一職業上的難題而求助，但諮商過程則取決於受輔者自己的方向和步調。個人中心生涯諮商的模式，有下列數項重（Walsh Osipow，1990）：

1.個人中心生涯諮商聚焦於促進受輔者內在自我實現歷程的態度和行為。
2.個人中心生涯諮商著重於受輔者所關注的特定領域活動，如工作。
3.在諮商過程中，受輔者有機會去考驗其逐漸明晰的自我概念，並在模擬或真實的工作情境中考驗其生涯選擇。
4.在諮商過程中，受輔者能獲得特定的資訊和技巧，以實踐其生涯目標。因此，個人中心生涯諮商師仍須瞭解如工作所需之教育和經驗條件、能力、技術，以及就業環境、找工作技巧等相關生涯資訊。

Walsh & Osipow（1990）因此明確地將個人中心生涯諮商界定為：

「個人中心生涯諮商係為諮商師和受輔者間的關係，產生於受輔者的生涯關注，創造了一個可讓受輔者發展其個人認定感的心理氣氛，決定一有助於完成該認定感的職業目標，擬定一個可通往目標的規劃路徑，並實現該項計畫。個人中心生涯諮商師以真誠、無條件積極關注和同理的態度，信賴個人自我實現的傾向。因此，個人中心生涯諮商的焦點，在於促進受輔者自我實現歷程的諮商態度和信念，而非諮商技術和目標。」

個人中心學派對於青少年生涯諮商的重要貢獻，有下列數點（Herr，1995）：

1.提供青少年一個安全且可接受的環境，以探索生涯規劃和工作適應議題。
2.鼓勵青少年掌控其生活，並設定可被預演和嘗試的行動目標。
3.協助青少年洞察其個人的價值觀、行為組型，以及達成目標的阻礙。
4.協助青少年建立可積極改變的希望感。
5.將青少年視為有價值的人，有能力辨認其生活中的重要議題和阻礙，以及改變的方法。

第三節　心理動力生涯諮商

　　將心理動力或心理分析治療的理論與方法應用於生涯諮商的領域，以解決生活中所遭遇的難題或精神官能障礙，即被稱為「心理動力生涯諮商」（psychodynamic career counseling）。

　　心理分析理論的創始者Freud將「愛」（love）和「工作」（work）視為個人心理健康發展的關鍵。Adler亦認為人生歷程中的三大任務是：愛、社會關係（social relations）和工作，故最為強調個人「社會興趣」（social interests）的發展，藉由工作實踐對他人和社會的關注。Brill（1949）最早將心理分析理論應用於解釋生涯選擇，主張：（1）工作是昇華的結果，（2）工作是享樂原則和現實原則的結合，將內在不被接受的衝動和希望導向社會可接受的行為。Bordin等人（1963）更致力於解釋個人內在心理需求、衝動、動機等對職業行為的影響。

另一方面，心理動力理論傾向於將一個人的精神官能障礙視為重要的生活難題之一，並賦予不同的名稱，如Freud的伊底帕斯情結（oedipal complex）、Adler的自卑感（inferiority feeling），因此心理動力生涯諮商的主要目標，即意圖處理受輔者由過去經驗所造成的精神官能症狀，協助其培養職業興趣、發揮其特長，以解決生活中的難題，並促進其社會貢獻。Zunker（1994）曾援引DSM-III-R中對人格異常者之行為、信念、人格特質的診斷，討論人格異常在工作情境中可能會造成的潛在工作損害與危機（如表6-10），以識別因人格異常而不適於工作情境的受輔者，並施以人格重建之心理治療。

　　一般而言，心理動力生涯諮商多會使用臨床心理評量技術以辨認受輔者之重要生活難題，使用解釋技術促進受輔者對其生活難題的理解，並應用諮商技術協助受輔者解決其生活難題（Walsh & Osipow，1990）。心理動力生涯諮商中所使用的心理評量技術，主要有結構性訪談（structured interviews）、投射技術（projective techniques）、未來自傳（future autobiographies）、分類組合卡（card sorts）等項（Walsh & Osipow，1990）。

結構性訪談

　　生涯諮商師詢問受輔者一系列預先設定的問題，以協助受輔者探究其生活難題。McKelvie & Friedland（1978, 1981）曾建議生涯諮商師所詢問的生活問題應包括：個人所欲追求的生活目標、尋求目標過程中的阻礙、以及達成目標的策略等三大部份。

投射技術

　　語句完成測驗、主題統覺測驗，甚至羅夏克墨漬測驗等心理分析取向的投射技術，均可被應用於生涯諮商中，以協助受輔者辨認其生活難題。

表6-10　人格異常特質及潛在工作損害

人格異常類型	行為、信念、人格特質	潛在的工作損害
類型A 偏執的生涯個案	疑心病重 逃避參與團體活動 不願自我表露 充滿敵意且自我防衛	與上司及同儕團體的人際關係較差
精神分裂的生涯個案	非常優柔寡斷 沒有明確的工作目標 不渴望或不喜愛親密關係 較喜歡獨自的活動 較常冷漠迴避	與工作有關的人際關係與互動較為困難
類型B 反社會的生涯個案	怠惰、遊蕩、破壞、偷竊 不服從社會規範 具強烈攻擊性 較差的情緒控制與管理 行為上的不一致	較難從事持續性的生產工作
邊緣性的生涯個案	較差的自我概念 較難設定長程的工作目標 較難做生涯選擇 較難認同成就價值 衝動任性 人際關係較不穩定 生活角色較不明確	表現衝動任性的行為 工作角色間的衝突 較難全心投入工作中
自戀的生涯個案	唯我獨尊 很少關心別人 期待受到特別優惠的待遇 強烈的自我重要感 不斷尋求他人注意	較差的人際關係 較不切實際 缺乏明確的目標 排斥工作夥伴

（續）表6-10　人格異常特質及潛在工作損害

人格異常類型	行為、信念、人格特質	潛在的工作損害
類型C 強迫症的生涯個案	在意瑣碎、不重要的事 對工作任務要求完美 執行沒有彈性的例行公事 因優柔寡斷而感到壓力 逃避做決定	完成任務的能力較差 生產效能較差
消極攻擊的生涯個案	過度地為表現不佳而致歉 消極抗拒工作角色的要求 過度的因循舊習 在工作上原地踏步不求進步 消極抗拒權威	工作角色易受心情影響 生產效能較差
憂鬱症的生涯個案	對許多活動缺乏興趣和樂趣 較難集中注意力 常顯得毫無生氣抑鬱寡歡 難以入眠或睡眠過度 對自我有負面感覺 低度自我評價 心情沮喪、沈悶	無法發揮工作角色應有 的功能

未來自傳

　　讓受輔者有機會透過開放性的語言表達來描述其對未來情景
的想像，基本上亦是一種投射技術的應用，協助受輔者辨認其內
心之需求和希望。例如「生涯幻遊」、「我希望成為什麼樣的
人？」、以及為五十年後的自己寫傳記等。其中，生涯幻遊技術已
在國內生涯學者金樹人（1997）的大力推動之下，被廣泛應用於
國內生涯諮商實務工作上。

分類組合卡

　　分類組合卡是一種結合結構性訪談及投射技術的方法，諮商師應用職業分類卡作為投射性的刺激材料，以喚起受輔者對自己和對工作的反應，接著以訪談來探究其反應的意義。在職業分類卡中，每一張卡片上皆寫上一種職業名稱，讓受輔者依據「喜歡」、「不喜歡」、「無意見」三者將職業名稱卡片加以分類。分類完成之後，諮商師再詢問受輔者有關其對每一項刺激的解釋及其分類的原因，以探究其面臨生涯選擇之內在心理動力（Slaney & McKinnon-Slaney, 1990）。Slaney（1978）及Holland（1980）所發展的職業分類組合卡，均結合Holland類型論的六大職業典型，最廣泛被應用於生涯諮商中。國內已有金樹人（1997）依據分類組合卡的實施方式，發展成一系列的「職業組合卡」，並已實際應用於生涯輔導工作上。

　　心理動力學派對於青少年生涯諮商的重要貢獻，有下列數點（Herr，1995）：

1.提供與生涯選擇有關之過去經驗和現在行為的關連性。
2.協助青少年瞭解家庭中或過去關係中尚未解決的衝突，使這些衝突不阻礙其目前和同事或上司的互動。
3.促使青少年瞭解因他人期待所造成的負向自我觀或負向自我效能感。
4.協助青少年檢視過去的教育、就業或社會經驗，以澄清其需求，和希望從工作中獲取的滿足感。

第四節　發展取向生涯諮商

「發展性生涯諮商」（developmental career counseling）緣起於
1950年代Ginzberg和Super兩人有關生涯發展的理論觀點。Super
（1951）曾將「職業輔導」的內涵重新定義為：職業輔導的歷程
「在於協助個人發展並接受一個統整且充分的自我形象，及其在工
作世界中的角色，檢驗其是否符合現實，使之對自己感到滿意，
並有益於社會。」基於此一觀點，「生涯選擇」（career choice）
是個人人生全程發展中的持續性歷程，而不僅止於職業的選擇。
「生涯」幾乎等同於個人的「工作生活史」（work life history），指
涉個人橫跨一生全程所有工作職位的序列發展，涵蓋工作之前的
準備、兼職工作、教育和訓練等（Walsh & Osipow，1990）。

Super（1980）更進一步以「生活風格」（lifestyle）一詞指涉
個人透過自發性行動以實現其工作、愛、遊戲等生活功能的歷程
中，所扮演的一系列「生活角色」（life roles）。這些生活角色係個
人在其生活的家庭、鄰里、社區及工作場所中所扮演，包括兒
童、學生、工作者、休閒者、夫妻配偶和父母等。因此，「工作
生涯」（work career）會和家庭生活及休閒生活產生交互作用，形
成個人人生全程的生活史。「工作」即具有多重意義，涵蓋謀生
的方式、社會體系中的位階、與文化傳統的連結、個人體能舒適
狀態的表達，以及從工作活動本身所獲得的心理滿意感等「生活
品質」（quality of life）（Super, 1984; Walsh & Osipow，1990）。識
此之故，發展性生涯諮商的主題即擴展至人生全程發展中任何阻
礙生活角色功能之發揮、影響工作及生活滿意度的問題。

發展論者主張，個人在生涯發展歷程中的各個發展階段，有
其一定的生涯發展任務，如未能完成該發展任務，將會發生危

機。於是Super（1983）提出「發展性任務諮商」（developmental task counseling），強調生涯諮商須以受輔者所處的特定生涯發展階段爲基礎，協助其向下一個階段發展。其發展性評量模式，建議諮商師在協助受輔者進行生涯探索、規劃和採取行動前，應判斷受輔者面臨生涯轉換時的準備度；而對受輔者生涯發展階段、發展任務和生涯成熟度的評量，有助於諮商師對受輔者生涯發展程度的瞭解。

Super（1983）並發展出三項重要的評量工具，以評量受輔者的（1）工作凸顯性（work salience）—工作角色相對於其他生活角色的重要性，（2）在工作角色中所追求的工作價值（work values），及（3）生涯成熟度（career maturity）—邁入生涯轉換的準備度等。在瞭解受輔者的生涯發展程度之後，諮商師宜採取適合受輔者發展程度的生涯介入策略，也許是以提供受輔者所需之環境和生涯資訊爲主的特質因素生涯諮商，也許是以探索個人內在世界或自我概念之形成與發展爲主的個人中心生涯諮商。不同生涯諮商策略的運用，係爲了達成兩方面的發展目標，一是水平地擴展受輔者生涯發展任務之廣度，二是垂直地加速受輔者的生涯發展。其他生涯介入策略如較大團體的生涯工作坊或生涯課程，及電腦輔助生涯方案等，均有助於擴展受輔者的生涯發展廣度，並促進其生涯發展之成熟度（Ivey & Gonsalves, 1988; Walsh & Osipow , 1990）。

依據發展論的觀點，「生涯諮商」即可被界定爲：「生涯諮商是一項人際歷程，用以協助有生涯發展難題的個人。生涯發展是選擇、進入、適應一項職業，且在該職業中升遷的歷程。它是一個終其一生的歷程，與其他的生活角色發生動力性的關連。生涯難題則包括生涯未定向、工作表現、壓力和調適、個人和環境的不一致性，以及生活角色缺乏統整等。」（Brown 和Brooks, 1991）

發展學派對於青少年生涯諮商的重要貢獻，有下列數點
（Herr，1995）：

1.協助青少年瞭解其生涯規劃歷程中所需探索、完成或預期
　的發展任務。
2.協助青少年釐清和整合其工作角色，比較工作角色和其他
　生活角色之重要性。
3.協助青少年覺察到工作或職業對人格組織的重要性。
4.協助青少年釐清其自我概念，以及在工作中增進自我概念
　的方法。
5.協助青少年辨認其工作價值、資源、和自我概念，並致力
　於追求其所希望的生涯型態。
6.促進青少年瞭解隨著時間而發生改變的歷程，以及因應改
　變的方法。
7.協助青少年瞭解在任何生涯發展階段能否成功因應環境和
　個人的需求，取決於個人因應這些需求的準備度。協助其
　瞭解或達成生涯成熟和生涯適應：計畫性、探索技巧、相
　關資訊、決定技巧和現實導向。
8.協助青少年覺察到在自我概念的發展中，提供回饋和現實
　考驗所扮演的重要角色。
9.協助青少年瞭解到工作滿意度和生活滿意度，取決於個人
　是否能為其能力、需求、價值、興趣、人格特質、自我概
　念等尋找到最佳的出路—特定的工作類型、工作環境和生
　活方式。

第五節 行為取向生涯諮商

行為取向生涯諮商主張，個人職業偏好的形成係奠基於一連串的工具性或連結性學習經驗。人們透過許多直接或間接的學習經驗，而發展出對個人自身及其周遭世界的信念，並指導其生涯選擇的目標和行動。從社會學習理論觀點探討生涯決定的代表人物Krumboltz（1977）認為，這些學習經驗的結果，主要包括：

1. 自我觀察類推（self-observation generalization）：個人以先前學習經驗所形成的理解，來判斷自身的特質和能力。
2. 任務取向技巧（task-approach skills）：個人透過認知歷程，將其對自身的觀察和環境事件相連結，評估其可以在真實世界中表現不同活動的能力程度，並發展出工作習慣及因應環境的問題解決技巧，以及價值澄清、目標設定、產生替代方案、蒐集資訊、評估、規劃等技巧或能力。基於此一對自我和外在世界的評估判斷，個人相信什麼是自己能做或不能做的，且伴隨情緒上的反應。
3. 行動（action over time）：隨著時間的演變，個人的學習經驗更趨複雜，使得個人自我觀察類推與任務取向技巧亦隨之變化，是生涯相關行動之基礎。

基於學習經驗對生涯決定的重要性，Krumboltz & Hamel（1977）以問題解決策略為基礎，提出包含DECIDES七步驟的生涯決定模式，教導受輔者學習做決定的技巧：

1. 界定問題（define the problem）：描述必須完成的決定，評估完成該決定所需的時間。

2.擬定行動計畫（establish an action plan）：說明將採取哪些行動或步驟來作決定，並描述如何完成這些步驟，且評估完成每一步驟所需的時間。

3.澄清價值（clarify values）：說明個人將採取哪些標準來評估每一可能的選項。

4.找出可能的選擇（identify alternatives）：從諸多可能選項中，確定一項最可能執行的選項。

5.評估各種可能的結果（discover probable outcome）：依據所訂定的選擇標準和評分標準，評估每一可能選擇所將導致的結果。

6.系統地淘汰選項（eliminate alternative systematically）：淘汰不符合個人所設定標準的選項，以找出最能符合理想者。

7.開始行動（start action）：說明將採取哪些具體行動，以達成所設定的目標。

晚近，由於「認知訊息處理論」（cognitive information processing）的蓬勃發展，亦被運用於協助個人運用資訊以解決所面臨的生涯問題和做生涯決定（Peterson, Sampson & Reardon, 1991）。訊息處理的階段，始自資訊的篩選、轉譯，並在短期記憶中編碼輸入，儲存於長期記憶中，其後再經啟動、取出，並轉換成操作記憶，以達成工作任務。奠基於此一模式之生涯問題解決歷程，係為一連續性的溝通、分析、合成、評估與執行的歷程，稱之為CASVE循環。

1.溝通（communication）：確認問題與需求。

2.分析（analysis）：確認問題內涵間的相互關係。

3.合成（synthesis）：創造可能的選項。

4.評估（evaluation）：評估每一步行動的成敗及影響，以找出優先選項。

5.執行（execution）：形成手段—目的之執行計畫與實施策略。

Peterson等人（1991）認為此類生涯決定模式有下列十項基本假定，對問題解決取向的生涯諮商策略有相當的指引作用。

1.生涯選擇係導因於認知和情感歷程的相互作用。
2.生涯選擇是一個問題解決的活動。因此，個人能學習解決生涯問題，正如能學習解決數學或科學問題一般。
3.生涯問題解決者的能力，取決於個人對自我和對職業的認知，即能推演出二者關係的認知操作。
4.生涯問題解決是一個高度記憶性的工作。
5.成爲更好之生涯問題解決者的動機，源自於對自己及工作世界做更清楚的理解，及達成生涯決定的期望。
6.生涯發展涉及有關自我和職業之知識結構中的連續成長與變化。
7.生涯認定（career identity）取決於自我認知基模的複雜性、統整性和穩定性。
8.生涯成熟（career maturity）取決於個人統整自我和職業知識以解決生涯問題的能力。
9.生涯諮商目標可藉由促進受輔者訊息處理能力來達成。
10.生涯諮商目標，是增強受輔者作爲生涯問題解決者和生涯決定者的能力。

此外，Gati, Shenhav & Givon（1993）及Gati & Fassa（1995）等人亦基於決定理論和訊息處理理論的觀點，將協助受輔者進行有效生涯決定的歷程，歸納為九個重要階段，對解決生涯決定之問題具有相當廣泛的實用性。

1. 界定決定問題：生涯諮商的首要階段是界定決定的目標，並辨認出可供選擇的選項，例如：選擇主修科系（法律或大眾傳播），選擇職業（建築或經濟），或是選擇工作或雇主（台塑或華碩）。

2. 辨認有關的層面：辨認與個人生涯決定較有關連的一些重要層面，作為一組評估指標。例如：能力、收入、名聲地位、獨立性、與人的關係、成就感等。

3. 評定重要層面的等級：在列舉出對個人生涯選擇具有重要性的所有層面之後，須進一步依據其相對重要性，評定等級。例如，對受輔者生涯選擇最重要者可能是「收入」，其次是「名聲地位」，再其次是「獨立性」等。

4. 辨認最樂觀且最可接受的程度：在每一個層面上，辨認出個人可期待獲得該層面的最樂觀程度，以及雖非最理想但仍可接受的程度。例如，在「收入」上最樂觀的程度是「月收入三萬元」，可以接受的程度是「月收入兩萬元外加紅利」。

5. 確認與偏好相容的生涯選項：依據上述各層面的相對重要性，搜尋最適切的生涯選項。例如，受輔者以為「名聲地位」對生涯選擇而言是最重要的層面，則以此為基礎找尋在可供其考慮的生涯選項中，最能提供名聲地位者。

6. 檢視生涯選項的可行性：在與受輔者之偏好相容的所有生涯選項中，逐一檢視各個選項在受輔者現實條件下的可實現性，並淘汰較不具可行性的生涯選項。

7.蒐集相關的其他資訊：協助受輔者透過職業分類索引或職業展望手冊等工具，廣泛地蒐集與這些相容且可行之生涯選項相關且完整的資訊，以作為生涯決定的基礎。

8.依據所有資訊評定生涯選項的重要性等級：協助受輔者以蒐集到的所有資訊為基礎，評定所有生涯選項的重要性等級，並決定其所希望履行的先後次序。在此一階段中，Janis & Mann（1977）所設計的「平衡單」（balance sheet procedure）可作為生涯決定的輔助工具。

9.發展行動方案以執行最偏好的生涯選項：最後階段的重點在於協助受輔者進行行動策略的計畫，以有系統地執行其最偏好的生涯選項。例如，（1）報名參加語言學習課程，以充實個人的語言能力；（2）參加語言考試，獲取申請入學的憑證；（3）申請進入大學等。

「決定平衡單」（decision-making balance sheet）經常被應用於問題解決模式中，用以協助受輔者有系統地分析每一個可能的選項，判斷分別執行各選項的利弊得失，然後依據其在利弊得失上的加權計分排定各個選項的優先順序，以執行最優先或偏好的選項。其在生涯諮商中實施的程序主要有下列各步驟：

1.列出可能的生涯選項：受輔者首先需在平衡單中列出有待深入評量的潛在生涯選項三至五個。

2.判斷各個生涯選項的利弊得失：平衡單中提供受輔者思考的重要得失，集中於四個層面，分別是：自我物質方面的得失、他人物質方面的得失、自我讚許（精神方面）的得失、他人讚許（精神方面）的得失。詳如表6-11所示。受輔者可依據重要的得失層面，逐一檢視各個生涯選項，並以「＋3」至「－3」的七點量表，來衡量各個生涯選項的

得失。

3.各項考慮因素之加權計分：受輔者在各個層面的利弊得失之間，會因處身於不同情境而有不同的考量。因此，在詳細列出各項考慮層面之後，須再進行加權計分。即對當時個人而言，重要的考慮因素可乘以三至五倍分數（×5），依次遞減。

4.計算各個生涯選項的得分：受輔者須逐一計算各個生涯選項在「得」（正分）與「失」（負分）的加權計分與累加結果，並計算出各個生涯選項的總分。

5.排定各個生涯選項之優先順序：最後，依據各生涯選項在總分上的高低，排定優先次序（如表6-12）。生涯選項的優先次序即可作為受輔者生涯決定的依據。

行為學派對於青少年生涯諮商的重要貢獻，有下列數點（Herr，1995）：

1.協助青少年化解生涯規劃或工作表現中的難題。

2.促進青少年釐清其工作、或社會互動中所欲達成的目標，並將其分解為可被學習的單元。

3.協助青少年分析並辨認環境中觸發其行為的線索和增強物。

4.提供社會楷模學習、交替學習、角色扮演、行為預演、回饋的機會，以協助青少年正確地瞭解和學習有助於達成其目標、改進工作表現、促進生涯規劃之行為或技巧。

5.協助青少年辨認其行為上的缺失，提供有助於達成目標的適當增強物，創造能被增強的經驗或條件。

表6-11　平衡單中的得失層面

---

1. 自我物質方面的得失（utilitarian gains and losses for self）
   A. 經濟收入
   B. 工作的困難度
   C. 工作的興趣程度
   D. 選擇工作任務的自由度
   E. 升遷的機會
   F. 工作的穩定、安全
   G. 從事個人興趣的時間（休閒時間）
   H. 其他（如社會生活的限制或機會、對婚姻狀況的要求、工作上接觸的人群類型等）

2. 他人物質方面的得失（utilitarian gains and losses for others）
   A. 家庭的經濟收入
   B. 家庭的社會地位
   C. 與家人相處的時間
   D. 家庭的環境類型
   E. 可協助組織或團體（如社會、政治、宗教等）
   F. 其他（如家庭可享有的福利）

3. 自我讚許（精神）的得失（self-approval or disapproval）
   A. 因貢獻社會而獲得自我肯定感
   B. 工作任務合乎倫理道德的程度
   C. 工作涉及自我妥協的程度
   D. 工作的創意發揮和原創性
   E. 工作能提供符合個人道德標準之生活方式的程度
   F. 達成長遠生活目標的機會
   G. 其他（如樂在工作的可能性）

4. 他人讚許（精神）的得失（approval or disapproval from others）
   A. 父母
   B. 朋友
   C. 配偶
   D. 同事
   E. 社區鄰里
   F. 其他（如社會、政治、或宗教團體）

資料來源：Janis & Mann（1977）

表6-12　加權計分後之決定平衡單

考慮因素 ＼ 選項	生涯選項一 教書 +	−	生涯選項二 就讀研究所 +	−	生涯選項三 結婚移居國外 +	−
1.個人物質的得失						
個人收入（×4）	3（+12）			2（-8）		2（-8）
健康狀況（×2）	3（+6）		1（+2）		3（+6）	
休閒時間（×3）	2（+6）			2（-6）	3（+9）	
未來發展（×2）	1（+2）		2（+4）		1（+2）	
升遷狀況（×1）	1（+1）		2（+2）			2（-2）
社交範圍（×3）		1（-3）		1（-3）	1（+3）	
2.他人物質的得失						
家庭收入（×5）	3（+15）			2（-10）		2（-10）
3.個人精神的得失						
所學應用（×2）	2（+4）		3（+6）			4（-8）
進修需求（×3）	1（+3）		3（+9）		1（+3）	
改變生活型態（×3）		2（-6）		1（-3）	3（+9）	
富挑戰性（×4）	1（+4）		3（+12）		2（+8）	
成就感　（×5）	1（+5）		3（+15）		1（+5）	
4.他人精神的得失						
父親支持（×4）	2（+8）		1（+4）			2（-8）
母親支持（×2）	3（+6）		1（+2）			3（-6）
合計	67	-9	41	30	40	42
總計	63		26		3	

第六節　認知行為生涯諮商

　　認知行為治療的創始者，如Ellis、Beck、Meichenbaum等人，則運用許多不同的辭彙來討論他們的處遇觀點。例如，Beck（1976）以認知「基模」（schema）來界定人類困擾情緒的根源，當個人對自己、世界和未來均抱持著負面的看法，其外顯的表現即是不假思索立即在腦中呈現負面的「自動化想法」（automatic thoughts）等，並因此而影響心情和行為。Ellis（1973）強調當事人係根據其「信念」（beliefs）來評價事件，情緒困擾的人傾向於運用「必須」、「應該」、「一定」等限制詞來為自己或別人的行動設定標準，若發現自己或別人無法達成自己信念中所要求的標準或高度的期待，即會感到沮喪難過或憤怒不滿。而Meichenbaum（1977）則用「概念」（concepts）來描述影響當事人思考所發生事件的底涵結構，此一底涵結構可以透過「自我內言」（self-statement）的報告加以呈現出來。因此，認知行為治療的主要任務，即在於以各種策略來改變當事人的基模、信念、或概念等底涵結構，並據以改變當事人的心情及行為。認知行為生涯諮商策略，多依循心理諮商學界認知行為學派的觀點，主張個人的非理性（irrational）、不適應（maladaptive）或功能不良（dysfunctional）信念系統，是導致生涯決定難題的主要肇因。因此，以認知行為學派來處理因非理性或不適應生涯信念所導致的生涯決定難題，多藉用Ellis（1973）「理性情緒治療」（rational-emotive therapy）及Beck（1976）「認知治療」（cognitive therapy）中所強調的「認知重建策略」（cognitive restructuring strategies），協助受輔者找出非理性生涯信念或錯誤想法的癥結，以產生替代的合理性或合於現實的生涯信念；或修正錯誤認知歷程，始能

有助於受輔者達成有效的生涯決定。

此外，Meichenbaum（1977）亦從認知行為觀點，提出「自我教導訓練」（self-instruction training），以有系統地教導受輔者修正自己的負向自我內言或功能不良認知。Mahoney & Arnhoff（1978）則歸納認知行為取向治療法的共通處遇策略，包括下列數項：

1.直接教導認知在個人情緒困擾與行為障礙中所扮演的角色。
2.監控個人的思考組型。
3.示範對個人的思考組型進行理性評估和修正。
4.對個人思考組型之改變和自我評估提供回饋。
5.執行預定的作業和任務，促進對行動表現時認知歷程的區辨和評估。

在生涯諮商領域中，Mitchell（1980）首先將認知重建策略運用於解決生涯未定向的問題，可謂「認知行為生涯諮商」（cognitive-behavioral career counseling）的倡始者，他曾比較研究問題解決策略和認知重建策略對生涯未定向者的輔導效果，發現認知重建策略更有助於協助受輔者降低決定焦慮，並促進生涯決定行動。其所運用的認知重建策略，即包含了（1）教導、（2）監控、（3）示範、（4）回饋（5）行為演練等五個主要步驟。茲將五次訪談之主要內容摘述於**表6-13**

Krumboltz（1983）曾提出五項方法以取樣受輔者的思考歷程，更進一步將所運用的生涯諮商策略稱為「認知重構取向」（cognitive reframing approach）（Krumboltz, 1990）。茲將此一生涯諮商取向所採用的主要策略列舉如下（引自吳芝儀，1995）：

表6-13　認知重建策略之實施步驟與活動

單元	主要活動	指定作業
單元一	1.和受輔者進行開放性的討論，引導受輔者描述其生涯決定問題及其所希望達成之目標。 2.在訪談中，諮商師需傾聽受輔者之不適應信念和扭曲之思考歷程。 3.向受輔者說明信念系統如何主導其行為，及不適應信念對行為的影響。	重聽錄音帶，練習辨認自己的不適應信念
單元二	1.呈現不適應信念表，討論不適應信念如何導致問題。 2.將信念當作假設，並練習驗證假設。 3.探究導致生涯未定向的不適應信念，找出支持的證據，辨認所伴隨的困擾情緒	思考如何驗證不適應信念，記錄下假設驗證的陳述，並代之以正向自我陳述。
單元三	1.討論受輔者所提供的對其信念之檢驗，及替代之自我陳述。 2.協助受輔者以可具體操作的語句修正自我陳述。	實際進行假設驗證，練習正向自我陳述。
單元四	1.持續協助受輔者檢驗其導致問題的信念或自我陳述，及其對不適應行為和困擾情緒的影響。 2.提供受輔者所需的生涯相關資訊及自我評量。	閱讀生涯相關資訊及自我評量結果。
單元五	1.持續協助受輔者檢驗其導致問題的信念或自我陳述，及其對不適應行為和困擾情緒的影響。 2.協助受輔者決定其最近一個月所需從事的生涯行動，以促進其解決生涯決定問題的進展。	

資料來源：Mitchell（1980）

訪談技術

　　生涯諮商師以結構性或非結構性的訪談，來蒐集阻礙受輔者決定歷程之資料。在訪談中，諮商師需鼓勵受輔者敘述其在進行生涯決定時所遭遇的難題，並由受輔者的陳述中去辨認不適應的信念或扭曲的思考歷程。諮商師可對訪談過程進行錄音記錄，在訪談結束時將錄音帶交給受輔者帶回聆聽，以俾受輔者能學會自行辨認其不適應的生涯信念，在下一次訪談中針對其所辨認出的不適應生涯信念做深入的省察與探討。例如：受輔者所遭遇的生涯決定難題，可能來自於自己意願（當畫家）和父母期望（當律師）之間的衝突，而他在敘述其難題時卻一再強調「父母辛苦養我這麼大，我不應該違背父母的期望」，那麼，「不應該....」很可能是造成他目前猶豫不決的不適應生涯信念之一。諮商師須在訪談中協助受輔者進行更深入的覺察。

想法列述

　　由於想法常在事件發生的當時迅速且自發地出現，因此生涯諮商師宜協助受輔者練習去捕捉自身在事件發生當時的想法。例如：要求受輔者擬定出未來生涯發展計畫，在三分鐘後立即詢問受輔者在被告知當時有何想法，將這些曾在腦中出現的想法列述下來。這些想法很可能是「這太難了，我現在根本做不到」、「人生中的變數太多了，現在擬訂計畫也是白費功夫」，或者是「我每一次計畫都失敗了，這一次可能也是同樣的命運」。這些誇大負面訊息和結果、自我貶低的想法，不僅會製造受輔者茫然失措與緊張、挫折的情緒，無疑也阻礙其採取有效的生涯行動。

自我監控

　　生涯諮商師可教導受輔者使用由Ellis、Beck所設計的不適應想法自我記錄表（如表6-14），來監控自己在某一情境中產生的不愉快情緒、不適應行為，即與該情緒、行為相關連的不適應想法；並進一步教導受輔者尋找事實證據以自我面質這些不適應的想法，記錄下可替代的較理性且具建設性的新想法，以及由此一新想法產生的正向情緒及行為結果。此一自我監控歷程，近似於Ellis理情治療法中A-B-C-D-E模式的應用，以及Beck認知治療法之「填空」法。

行為推論

　　人們在獨處時內心對自己所說的一些話或是自言自語，常包含了對自己行為的教導。例如，當受輔者逃避某些需要公眾發言的活動時，表面上的理由是「我很忙，沒有時間參加」；但內心中很可能出現的內在對話是：「我不太會說話，我怕說不好，別人會取笑我。」諮商師如能協助受輔者不加干擾地記錄其內在對話或自言自語，當可推論出受輔者內在的思考歷程或錯誤思考型態。

心理測驗

　　應用心理評量工具或心理測驗來找出受輔者的不適應生涯信念，是簡便可行的方法之一。Mitchell（1980）最早編擬一份「決定態度量表」，涵蓋25題評量生涯決定信念的題項，測量個人對於職業決定問題所抱持的想法或信念。Krumboltz（1991）則編定一份更為完整的「生涯信念量表」（Career Belief Inventory），包含96個題項，以有系統地協助受輔者評量並辨認阻礙其達成生涯決定的功能不良生涯信念。國內則有吳芝儀（1991）、紀憲燕（1994）等人因應其研究上的需要而編定生涯決定信念量表，後者並已較

表6-14　不適應信念自我監控紀錄表

日期	情境或事件	行動	情緒	想法
10/1	參加生涯工作坊	無法做出適當的生涯決定	挫折、沮喪、擔心、焦慮	真是浪費時間。我沒有足夠的能力去做想做的事。我似乎沒什麼長處。

支持與否的證據	建設性的新想法	預期的情緒或行為結果
我用一下午的時間做完了一些測驗。同學都說我很有親和力	我多少瞭解自己的興趣、人格特質，不算浪費時間。親和力就是我的長處之一。	比較不擔心了。知道自己的一項長處讓自己較有信心。

資料來源：吳芝儀（1995：17）

廣泛地被運用在生涯諮商實務工作上（金樹人，1998）。然而，目前所見的生涯信念量表雖包羅廣泛，但常無法確切反應受輔者本身真正的想法、或影響其生涯決定最鉅之核心生涯信念，故僅能作為生涯諮商之輔助工具，其測量結果尚須與受輔者進行深入討論，不宜貿然作為不適應信念之武斷推論。

　　依據認知行為理論之觀點，當生涯諮商師發現受輔者即使擁有充分的自我知識和生涯資訊，但仍無法作成有效的生涯決定時，即必須協助受輔者詳加檢視其生涯信念系統，找出阻礙其生涯決定之非理性或不適應的生涯信念，繼而運用認知行為治療法的認知和行為策略，針對那些信念一一加以挑戰或駁斥，使受輔者覺察其錯誤思考歷程，減少決定困難所產生的不舒服情緒或焦慮，並能以理性或合於現實的生涯信念來替代功能不良的信念，才能真正有助於受輔者作成滿意的生涯決定。

認知行為學派對於青少年生涯諮商的重要貢獻，有下列數點
（Herr，1995）：

1.協助青少年改變對自我、他人、和生活事件之不正確或不
  適應的認知。
2.協助青少年瞭解其情緒、焦慮或憂鬱之認知基礎，及想法
  和情緒之直接關連。
3.促使青少年分析其對能力、價值、工作機會或表現的自動
  化想法和非理性信念。
4.協助青少年認對其生涯規劃、學校至工作轉換、工作適應
  的擔心，進行認知重建。
5.協助青少年辨認其和生涯選擇及完成工作有關之過度類推
  或認知扭曲的傾向。

第七節　建構取向生涯諮商

在Kelly（1955）個人建構理論中，「職業」被視為「一組被
建構的事件」（Kelly, 1955:747），一個人所選擇的職業領域，常
是其具有滲透力的許多建構間綜合運作的結果。個人則透過其獨
特的「職業建構系統」（vocational construct system）來理解生涯
發展中的各類相關經驗。Kelly認為每一個人皆以其獨特的方式來
建構其周遭的世界，此一獨特的方式即被稱為「建構」。因此每個
人均有其獨特的建構系統來判斷其潛在的生涯選項，這些生涯建
構係以「二分化」的方式來呈現，例如，當個人認為某些生涯選
項對他而言是「好」的，就同時意味著其他一些生涯選項對他而
言是「不好」或「壞」的，「好─壞」即是他用來判斷潛在生涯

選項的建構之一。由於這些個人建構是獨特的且不同於其他人，並不必然得能在標準化測量工具中顯現出來。因此，運用「建構詞錄方格」（repertory grid）以系統地抽取個人的二分性建構，來蒐集個人用以判斷潛在生涯選項之生涯建構，不啻為生涯研究者和生涯諮商工作者打開一扇探索個人生涯決定歷程的窗口。

　　一般而言，建構論有數項共通的特點：

1. 視個人為環境經驗的主動建構者，而非被動接收者─每位面臨生涯選擇或決定問題的個人，皆是主動以其獨特的自我基模或個人建構，來組織工作世界中的經驗、或理解其意義。

2. 假定多元現實，而非單一現實─由於個人係以其獨特的方式或觀點來理解環境經驗中的意義，因此，個人所宣稱獲知的現實經常是「個人現實」，而非「普遍現實」。

3. 重視真實生活經驗和活動，而非測驗─個人一方面主動建構真實生活中的經驗，另一方面亦在真實生活經驗中形塑或修正其建構世界的方式，因此個人對真實經驗的反省和覺察，以及由經驗詮釋所產生的意義理解，均會影響個人生涯目標的設定、生涯選擇與生涯規劃。標準化測驗或量表因經常與個人真實生活經驗有莫大的差距，而無法精確反映個人現實。

Peavy（1994）是將建構論思潮應用於生涯諮商理論的代表人物之一，他主張：

> 「意義（meaning）是在參與者的互動歷程中，透過參與者個人的心智歷程，被參與者創造出來。根源於心智和互動歷程的意義理解和建構歷程（constructivist processes），取代了訊息處理的概念....人類被視為是其經驗世界的主動組織者，藉由組織的意義組型，來『創造』自我....我們建構自身行動方式的事實，增強了我們『從事』該活動的傾向。」（Peavy,1994:32）

基於此一建構論思潮，Peavy（1994）提出「建構取向生涯諮商」（constructivist career counseling）策略，歸納以受輔者為生涯主事者，協助其處理生涯決定問題以達成其生活目標的四項步驟：

1. 關係因素（relationship factor）：和受輔者建立協同合作的關係。
2. 主事者因素（agency factor）：鼓勵受輔者的自我增能。
3. 意義理解因素（meaning-making factor）：協助受輔者深思熟慮和評估其與決定相關的建構和意義。
4. 協商因素（negotiation factor）：協助受輔者重新建構其個人意義，及協商社會可支持的現實。

他並進一步說明建構取向生涯諮商的重要內涵，包含下列十項（Peavy, 1995）：

1. 個人最明顯的特質，是其「理解意義」（making meaning）的能力和需求。

2.個人的生活較像是「故事」（story），而非一組量表分數或特質剖面圖。

3.諮商師和受輔者是同盟夥伴，或是受輔者之世界、計畫或因應策略的「共同建構者」（co-constructors）。

4.「自我」（the self）是由「自我組織歷程」（self-organizing processes）所建構出來，具有目的性，且主動積極。

5.每個人均透過其獨特的鏡片觀看世界，且藉由其獨特的語言向世界說話，因此，每個人都有其所偏好的現實，且因人而異。

6.建構取向生涯諮商師試圖直接接觸受輔者自身的覺察和個人意義－經常以故事（story）、譬喻（metaphors）、敘事（narratives）和對話（dialogue）表現出來。傾聽受輔者的生涯故事，更勝於計算興趣、性向、人格測驗分數。

7.建構取向生涯諮商師可藉助許多方式和受輔者接觸，例如：個別諮商、團體諮商、信件或自傳書寫、電腦網路的溝通等，以俾和受輔者共同建構其生活經驗。

8.如同其他形式的諮商和治療，建構取向生涯諮商的先決條件，是讓受輔者在諮商情境中感覺到被支持、安全和信賴。

9.意義理解的活動、省察（reflection）和自我表白（self-articulation）是建構取向生涯諮商最重要的程序。

10.從建構論的觀點來看，「生涯」僅是個人「自我計畫」（self-project）的一個主題，故個人應被視為一個整體，而不僅只是一個決定者或尋求生涯者。因此，建構取向生涯諮商較關注「生活規劃」（life-planning）的歷程與方法。

在應用建構取向生涯諮商於實際協助受輔者進行生涯決定的諸多建構方法中，依據Kelly（1955）「建構詞錄方格」（repertory grid）所發展出來的「生涯選擇方格」（career repertory grid），是最能協助受輔者探索並瞭解其作生涯決定時的內在心理歷程或個人建構之有效工具（吳芝儀，1995；1997）。

建構詞錄方格的主要實施方式有「三角比較法」（triadic method）及「階梯法」（laddering）兩項，均以完全空白的方格協助受輔者探索其用以判斷外在經驗事件之內在建構、想法、或價值觀等。其中，「三角比較法」是最被廣泛使用的方格技術（Pope & Keen, 1981），通常是讓受輔者同時考慮三個元素項（elements），並辨別「該三者間哪兩者是相似的，且不同於第三者」，兩者的相似點即被記錄爲二分性建構的其中一端（相似點），和第三者的相異點即是該建構的另一端（相對點）。不過，在多個元素項間進行多重三角比較所抽取的各項建構，常是彼此平行的，並無法反映出個人建構系統的組織結構關係及其複雜性。由Hinkle（1965）所發明的「階梯法」，以不斷詢問受訪者「爲什麼？」偏好二分性建構的其中一端而非另一端的方式，較能追根究柢找出在個人建構系統中具有核心主導性地位的「核心建構」或「統轄建構」。

無論是三角比較法或階梯法，均要求受訪者將其個人用來辨別一系列元素項的二分性建構，寫入方格之中。詞錄方格通常包含三個部份：元素項、建構，及一個評定量尺。

1. 元素項（elements）：是研究者要求受訪者探究的主題或領域。
2. 建構（constructs）：是受訪者用來辨別元素項的方式，包含二分的兩端。

3.評定量尺（a rating or ranking scale）：受訪者須將每一組二分性建構轉化為五點或七點評定量尺，用以評定每一個元素項在該二分性建構上表現的程度；或以每一組二分性建構為量尺，將所有元素項加以排序。

　　筆者在研究中所使用的「生涯選擇方格」即包含「三角比較方格」及「階梯方格」兩部分，（見表6-15及表6-16），以「三角比較方格」探索研究參與者之一般性建構，以「階梯方格」探索研究參與者之核心性建構。其實施程序可分為下列數項步驟：

抽取生涯選項

　　生涯諮商師可藉由詢問下列問題，來讓受輔者提供一些可用以作比較判斷的生涯選項。這些潛在生涯選項可以簡單分成三類，如：

1.你可能考慮去做，或你曾經想過會去做的工作或職業。
2.你不會考慮去做，或你曾經想過不會去做的工作或職業。
3.你以前曾經做過，或你的父母親友做過，或任何其他你所熟悉的工作或職業。

　　其他可供受輔者進行比較判斷的潛在生涯選項，可以透過提示來抽取，例如：

1.你曾經做過的工作
2.你將來打算要做的工作
3.你會喜歡做的工作
4.你討厭去做的工作
5.像你這樣的人會去做的工作
6.像你這樣的人不會去做的工作

表6-15　生涯選擇方格1：三角比較方格

編號：D052　　　　　　　　　　　　　　　　　　　　　　　　　日期：85.1

相似點		1 企業經理人	2 中學老師	3 臨床心理師	4 醫生	5 畫家	6 建築工人	7 公務員	8 推銷員	9 民意代表	10 理想生涯	相異點	
												4	5
	A.在制式之機構服務	5	1	2	2	4	3	1	4	4	4	環境變化快、不穩定	
+	B.接觸之對象較多樣化	1	5	1	2	4	3	5	1	2	1	對象較固定	
+	C.須管理他人	1	2	5	3	5	4	1	5	3	1	較獨立	
	D.上班時間固定	2	1	1	1	5	2	1	4	3	3	時間較自由	
+	E.勞心之工作	1	2	2	1	5	3	3	3	3	2	勞力之工作	
+*	F.高收入	1	3	5	1	2	4	5	4	1	1	低收入	
+	G.與政府有關	3	2	4	4	5	5	1	5	1	2	與政府無關	
+	H.應有任用資格考試	3	1	2	1	5	5	1	5	1	2	無須考試	
+*	I.要求教育程度高	1	2	1	4	1	5	5	5	2	2	要求教育程度低	
+	J.有固定工作場所	2	1	1	1	2	2	1	5	4	2	無固定工作場所	
+	K.含有教育性	2	1	1	1	5	5	4	5	4	2	無教育性	
+	L.常須參加會議	1	2	1	2	5	5	1	4	1	2	不需參加會議	
+	M.要求穿著打扮	1	1	3	2	5	5	1	2	1	2	較隨性	
	N.收入固定	4	1	1	4	5	4	1	5	5	4	收入不固定	
+	O.需要接受他人之諮詢	2	1	1	1	5	5	4	4	1	1	不需接受別人諮詢	
+*	P.社會對此工作之評價高	1	2	3	1	3	5	4	4	2	1	社會對此工作之評價低	
+	Q.能接觸他人之機會較多	1	2	1	1	4	5	4	1	1	1	接觸他人之機會較少	

＊ 指三項對個人生涯選擇最具重要性之生涯建構之一。
＋ 指個人在每一組二分化生涯建構中所偏好的一端。

表6-16　生涯選擇方格 2：階梯方格

編號：D052　　　　　　　　　　　　　　　　日期：85.1.

凸現點	相對點
*要求教育程度高	教育程度低
A.見識廣，想事情深入完整	想事情片面、侷限
B.得到他人尊敬	較不受尊敬
C.對他人影響力高	不能影響他人
*社會對此工作之評價高	社會對此工作之評價低
D.可滿足自己的支配慾	不能滿足支配慾
E.感覺較舒服、愉快	感覺不舒服、不愉快
*高收入	低收入
F.較有成就感	較沒有成就感
G.肯定自己之能力	無法肯定自己之能力
H.穩定、有品質之生活	品質較差
I.不必為錢煩心	為錢煩心
J.可追求精神層次上的東西	無法追求精神層次的東西
K.較有美感、使人感動	較無美感
L.此生無虛度	白活了

*指三項對個人生涯選擇最具重要性之生涯建構之一

　　7.你家人所做的工作

　　8.你重要的朋友所做的工作

　　9.你的理想工作

抽取生涯建構

　　由於在個人建構理論中，生涯建構是以二分化的方式呈現，生涯諮商師可從受輔者所提供的生涯選項中隨機取出三項，詢問受輔者：「在這三個生涯選項中，哪兩個較為相似？其相似點是什麼？和這個相似點相對立的相異點是什麼？」請受輔者將每一組包含「相似點—相異點」的生涯想法，逐一記錄在「三角比較方格」橫列上的兩端。

評量生涯選項

在受輔者抽取出所有包含「相似點—相異點」之生涯建構並填寫入方格之後，諮商師須請受輔者將這些二分性生涯建構轉化為李克特式五點量表，用以評量所有生涯選項在該生涯建構上所反映的程度。「1」表示「非常接近於相似點」，「5」表示「非相接近於相異點」。最後並請受輔者在每一組生涯建構上判斷出個人較為偏好的一端，以「＋」表示。此一方格所蒐集的資料，即結合了質的描述性資料與數量化資料兩類。

評定生涯建構之重要性等級

在受輔者完成「三角比較方格」後，諮商師須進一步請其在所有生涯建構中選出三至五項對其生涯選擇最具有重要性的建構，並評定其重要性等級。這三至五項重要生涯建構即作為以「階梯方格」探究核心生涯建構的基礎。

探究核心生涯建構

在「階梯方格」中，諮商師需不斷詢問「為什麼....？」的問題，以深入探查該生涯建構之所以重要的原因，並將受輔者明確告知的原因記錄於「階梯方格」的「凸現點」中，繼而探查另一端「相對點」。當一組包含「凸現點—相對點」的生涯建構被抽取出來之後，諮商師需再度請受輔者選出其偏好的一端，並進一步探究其偏好之原因，以此類推。該階梯方格僅蒐集描述性資料，有助於深入發掘受輔者之核心生涯建構內涵，理解其對受輔者生涯選擇之決定性作用。

由於生涯建構是受輔者生涯發展歷程中之各項經驗匯聚而成，會隨著生涯經驗之擴展而有所變化。但個人生涯建構系統中的一些核心建構，則會因經驗的強化而愈顯根深柢固，很難加以改變，對個人的生涯選擇和決定具有相當主導性的地位。因此，

生涯諮商師如能善加運用「生涯選擇方格」，協助受輔者探究其生涯建構系統，並辨認出不合現實或自相矛盾的生涯建構，當有益於受輔者做出較明確的生涯決定。

建構論對於青少年生涯諮商的主要貢獻，有下列數點：

1. 視青少年為生涯選擇或決定歷程的「主事者」或「主體」，主動為個人自我及其生涯經驗賦予特定的意義或詮釋。
2. 尊重每一位青少年的獨特性，故致力於探求每一位青少年建構自我、工作世界極其生涯經驗的獨特方式。
3. 協助青少年深入探索主導其生涯決定歷程的核心價值或建構，俾使青少年對自我內在思維有更充分的理解。
4. 相信青少年有能力為自己未來的生涯發展目標做出最佳的選擇和決定。
5. 促使青少年更積極主動為達成理想生涯目標擬定具體可行的計畫，並採取必要的生涯準備行動。

第八節　綜合觀點之生涯諮商

綜合而言，一個有效的生涯諮商策略必須能符合受輔者之生涯需求，協助其發展生涯探索與規劃之自我指導能力，解決其生涯發展中所遭遇的難題，並為其未來之生涯發展預作準備。因此，生涯諮商策略可以因人因境而制宜，綜合運用特質因素、個人中心、心理動力、發展、行為、認知行為、甚至建構取向等多元化的諮商策略，為不同生涯發展階段或具有不同生涯需求的受輔者提供最適切的生涯服務。此外，無論採用何種生涯諮商策略，有效的生涯諮商必然奠基於諮商師真誠、尊重、同理的助人

態度，以和受輔者建立和諧、信賴的助人關係。

　　識此之故，Zunker（1994）即曾試圖綜合多個不同取向生涯諮商的觀點，建議生涯諮商師在協助受輔者的過程中，應致力於蒐集受輔者目前狀況、生活角色的重大意義與潛在衝突、妨礙生涯發展的難題與發展目標等數類重要的資訊。

目前狀況

　　生涯諮商師所需蒐集有關受輔者目前狀況的資訊，包括一般外觀、態度與行為、反應與情緒、個人背景資訊、工作經驗、教育背景、家庭背景等。筆者建議宜加入有關個人特質的自我知識、以及個人目前的生涯發展階段等。

1. 一般外觀：一般外觀是指受輔者的衣著裝扮、動作姿勢、面容和表情、言行舉止等一般性的觀察，提供諮商過程中理解受輔者之個性、態度、行為等的參考。
2. 態度與行為：受輔者在諮商過程中所表現的態度和行為，均須加以記錄下來，以供進一步的分析。諮商師可用一些形容詞來記錄，例如：言詞清晰、避免目光接觸、顯得害羞、顯得傲慢、壓抑的、緊張的、焦慮的、興奮的、輕鬆的、積極的、小心謹慎、自以為是等。
3. 反應與情緒：受輔者在接受諮商過程中所表現出情緒上及音調上的變化，可觀察出受輔者對某一刺激情境或談話的瞬間反應與情緒狀態。
4. 個人背景資訊：個人背景資訊包括性別、種族、年齡及婚姻狀況等。這些資訊可經由直接的詢問或從問卷上的填答而獲知。
5. 工作經驗：受輔者過去的工作經驗是生涯諮商中一項相當重要的資訊，可藉由直接詢問或問卷填寫來獲知。如係使用問卷，則宜包含過去專職或兼任的工作項目及工作期

間、對該工作的喜好評價、及從該工作中的學習等。

6.教育背景：受輔者的接受教育的歷程和經驗，亦有助於釐清其對工作角色和生活角色的期待，是協助受輔者擬定生涯計畫時相當重要的一環。

7.家庭背景：生涯諮商師尚需探求受輔者的職業家譜，包括祖父母、父母、叔伯、及兄弟姊妹的職業，並觀察受輔者談及這些職業時的情感反應，以瞭解受輔者對這些職業的喜好態度，或來自父母親有的期待壓力等。

8.個人特質：受輔者的興趣、性向、成就、需求、價值觀、人格特質等均是生涯諮商師應充分掌握的資訊，通常係藉由各類標準化心理評量工具或心理測驗來獲知，並需與受輔者在生涯諮商過程中進行充分的解釋和討論。

9.生涯發展階段：受輔者所處的生涯發展階段及其生涯成熟度，應係生涯諮商師判斷所應提供之生涯輔導焦點或範疇的基礎，故亦應配合適當的評量工具與觀察來確認。

生活角色的重大意義與潛在衝突

生人的一生中不可避免會扮演多種不同的生活角色，如兒童、學生、工作者、家庭照顧者、公民、休閒者、退休者等。這些生活角色之間的複雜多變與潛在衝突，影響一個人的生涯選擇與發展至為深遠。例如，一個「工作導向」者係從工作中獲取經濟、社會及心理上的滿足，建立其在社會中的角色定位，並從完成工作的成就感獲得自我實現的機會。而一個「家庭導向」者，可能會希望在穩定謀生的工作之外，留下更多與家人或孩子相處的時間，而較不在意工作上的成就與升遷。此外，一個高品質的生活型態，是在花費於工作上的時間與投入休閒活動時間之間取得一個平衡；而公民角色涉及個人在社區中所應承擔的社會責任，有助於提昇生活品質及生活滿意度。因此，生涯諮商師尤須

協助受輔者澄清工作者角色、家庭照顧者角色、休閒者角色、公民角色等不同生活角色之意義，以及同時扮演多重角色時可能發生的衝突。

妨礙生涯發展的問題

生涯諮商師與個人諮商重疊最多的部份，是協助受輔者發現並解決存在其生活中會妨礙其生涯發展的諸多認知、行為、情緒等難題。這些生活中的難題，可能會引起工作適應不良的行為，尤其是人格異常、錯誤認知與非理性信念等，均會對個人生涯發展造成重大的阻礙。人格異常的問題與處理，可參見本章第三節心理動力生涯諮商中所述。錯誤認知與非理性信念則見本章第五節認知行為生涯諮商中的討論與建議採行之諮商策略。此外，受輔者本身的負向自我概念、或是低度生涯自我效能，亦將阻礙個人對生涯目標的投入與踐諾，有賴生涯諮商師協助其重建自我效能感和自信心。

生涯發展目標

從生涯諮商中所獲取的各項資訊，應作為協助受輔者擬定其生涯發展目標之重要基礎，以協助受輔者進行有系統的生涯規劃。此類問題解決策略，宜至少包含確立目標、產生行動策略、履行行動計畫等步驟。Brown & Brooks（1991）建議在協助受輔者確立目標時應採行的步驟：（1）釐清受輔者的目標，（2）決定目標之可實行性，（3）建立階段目標，（4）評定對目標的投投入程度等。

晚近，受到後現代(postmodernism)及建構論(constructivism)思潮的影響，多元化的諮商策略更紛紛被引進至生涯諮商的領域中，較受到矚目的為「敘事治療」(narrative therapy)和「焦點解決治療」(solution-focused therapy)兩類。

Cochran（1992）極力主張在生涯諮商歷程中，受輔者是其「生涯敘事」（career narrative）的主角，生涯敘事涵蓋了個人對自己、生活和世界所有層面的理解，故生涯諮商應協助受輔者「辨認、修正、且擴展其生命主題」。Cochran並於1997年出版「敘事取向的生涯諮商」（Career Counseling: A Narrative Approach）一書，將敘事治療的原理原則充分引進生涯諮商中，協助受輔者透過敘述其生命故事或生涯經驗的過程，發現其賦予生涯經驗之主觀意義和詮釋，並協助受輔者藉由撰寫其未來具有建設性且可實現的生涯故事，來引導個人的正向生涯發展。生涯諮商師在此一歷程中應協助受輔者訴說其生命故事，找出其生命經驗的意義，並撰寫其未來生涯的故事（Emmett & Harkins, 1997）。

此外，由Berg（1994）倡導的「焦點解決治療」亦深信受輔者自身即具備解決問題的資產和有利條件，只是不知如何有效地運用其資產和條件，以致問題無法有效解決。焦點解決的諮商歷程即致力於促使受輔者自我增能，開發其自身的有利資產，透過諮商者和受輔者之間的對話，共同建構出有效的問題解決策略。此一較傳統「問題解決策略」更具有建設性和積極性的諮商方式，預料將對新世紀的生涯諮商實務產生莫大的啓發和衝擊，更能有效協助受輔者積極朝向所期望的理想生涯目標，勇敢向前邁進！

第二篇

生涯輔導方案篇

◆

生涯輔導方案之規劃與實施

◆

小學階段生涯教育方案

◆

中學階段生涯探索方案

◆

大專階段生涯規劃方案

第 7 章

生涯輔導方案之規劃與實施

◆

生涯教育中的生涯輔導方案

◆

生涯輔導方案之規劃

◆

生涯輔導方案之內涵

◆

綜合性學校輔導方案

◆

電腦輔助生涯輔導方案

現代社會因科技高度且快速變遷，無論是一般學校、大專院校或企業機構，為學生、員工進行生涯輔導之需求均日益殷切。生涯輔導之目的雖各有不同，或者在協助學生之生涯發展與選擇，或者在協助解決生涯發展中所面臨的生涯難題，或者在促進生涯轉換以達成自我實現，均可藉由系統性生涯輔導方案來完成。本章旨在討論學校中生涯輔導方案的規劃、內涵和實施。

第一節　生涯教育中的生涯輔導方案

生涯教育的主要目的，是將生涯發展的概念融入於教導及學習活動中，協助學生能適當地從學校轉換至工作世界，使教育經驗能延伸至工作生活中，並教導個人如何在社會中謀生和工作。一份完整的生涯教育方案，包括對工作世界的認知、宏觀的職業導向、對所選擇的職業群作深入的探索、生涯準備、對經濟體系的理解，以及對學生的就業安置等（Jesser, 1976）。因此，生涯教育被視為是一從幼稚園至成年的完整教育課程。將完整的生涯發展理念「融入」（infusion）現存的教育課程中，是實現這目標和目的的最可行方法（Zunker, 1994）。融入式生涯教育課程，需要教師瞭解並擴展其現有教育目標和內容，以涵蓋與生涯相關的活動或材料，例如將自我知識、職業知識、對工作意義的瞭解、及作決定的技巧等，融入於傳統的課程學習活動中。在中學階段實施的融入式生涯教育課程，如**表**7-1所示。

表7−1　生涯教育中的生涯輔導方案

科目	社會科學、地理
概念	生涯覺察、生涯決定
適用對象	國中學生
理論基礎	學生應瞭解不同角色工作者的不同作決定方法，以促進他們自己的決定技能。
活動目標	1. 學生能描述出他們在活動中所扮演的角色，以配合老師指示 2. 學生可列出至少一項有關各國旅遊資訊的特色。 3. 學生能至少辨認出兩項特定的工作任務。
活動流程	在教導有關中南美洲的地理課程中，將班上學生分成六個小組要求每一小組以專題報導或廣告設計的方式來設計旅遊手冊。 1. 請各組學生報告他們在小組內如何分工、如何決定其分工，例如由誰負責蒐集旅遊資訊、誰負責研究地理資訊、誰負責撰寫文宣、誰作美工設計等。 2. 請學生報告其在製作旅遊手冊過程中所擔負的責任，並說明這些責任和其生活角色所擔負的責任有何異同。 3. 請學生討論在製作旅遊手冊時所擔負的責任，和成人工作世界中各種職業角色有何關連。
活動地點	國中教室
活動時間	三至四星期
準備材料	中南美洲的地圖和旅遊資訊、圖畫紙、彩色筆
評量方式	口頭和書面報告

資料來源：Zunker（1994）

　　學校中的生涯輔導方案，係指：「一個由諮商師或教師所實施的有系統的方案，是生涯教育的一部份。方案的設計是為了增加個人本身有關職業、訓練、生涯進路、生活風格、勞動市場趨勢、就業能力技巧、生涯決定歷程的知識，並透過工作、家庭、休閒和社區角色的整合，以幫助個人達成自我指導的生涯發展。」（Hansen, 1977）因此，生涯諮商師在學校生涯輔導方案的實施中扮演著相當重要的角色，必須因應學生的發展階段，設計能促進其生涯發展的生涯輔導方案。

第二節　生涯輔導方案之規劃

　　一般而言，規劃生涯輔導方案首須考慮下列數項問題：（1）為什麼需有生涯輔導方案？（2）生涯輔導方案應包含什麼？（3）生涯輔導方案的目標如何達成？（4）如何確定生涯輔導方案之目標達成與否？這些問題囊括了生涯輔導方案之目標、內涵、結構和評鑑等議題。

　　Ryan（1974）曾列舉出生涯教育系統之六大功能：

1. 建立概念架構：確立理論基礎、界定基本概念和方案之基本假定。
2. 處理相關資訊：蒐集、評估和儲存可取得的相關資源和其他資訊。
3. 評估需求：評估學生、教師、父母、受雇者、雇主等方案之不同服務對象的需求，以安排方案的優順序。
4. 形成管理計畫：界定學生或受雇者之行為目標或方案目標，掌握執行計畫時之資源和限制。
5. 執行方案：將方案付諸行動。提供員工之在職進修、取得所需的資源和材料，提供和方案目標有關的經驗。
6. 評鑑方案系統：評鑑方案執行之歷程，及參與者知識、技巧、態度之改變，確定方案之目標是否達成。

　　以上述的六大功能為基礎，Herr & Cramer（1996）提出五階段計畫模式，可作為擬定生涯輔導方案之參考。

建立方案的理論基礎和哲學

1. 回顧並檢視與生涯輔導、生涯發展相關的理論和研究以及法令和規章等。
2. 蒐集和呈現方案內容之優先順序有關的資料。
3. 蒐集和方案目標相關的資源。
4. 確認服務對象的生涯發展階段。
5. 界定和描述方案之理論基礎、基本假定和主要概念。

說明方案之目標和行為目標

1. 確立方案之目標。
2. 界定個人所應達成的行為目標。

方案目標是對方案實施後可預期結果的一般性敘述，亦反映出方案設計所依循的哲學、理論和假定。一般而言，方案的目標不外是下列數項（Herr & Cramer, 1996）：

（1）自我知識（self-knowledge）發展並維持對自己潛能和偏好的正向看法，包括自己的興趣、性向、能力、價值和態度等。

（2）生涯探索和規劃（career exploration & planning）學習為教育和生涯目標作決定的技巧，瞭解生涯對個人和家庭的影響力，發展生涯計劃的技巧。

（3）教育或職業發展（educational & occupational exploration）為生涯機會做教育或職業準備的能力，蒐集、評估、詮釋和生涯機會有關資訊的能力，尋找工作、獲得工作、在工作上求穩固和升遷的技巧。

選擇可替代的方案歷程

1.選擇多個可替代的方案實施歷程。

2.說明方案歷程如何達成方案目標。

3.界定執行方案歷程所需之資源。

4.說明參與該方案歷程之人員。

　　促進生涯發展的技術，包括工作分析、測驗解釋、比較或對照工作或教育之特質、寫日記、追蹤研究、影子工作者、督導、學徒、實習、電腦輔助生涯輔導方案、生涯輔導課程、生涯覺察方案、工作模擬、工作搜尋訓練、放鬆訓練、行為預演、訪談技巧訓練、生涯資源中心、在職訓練、學校至工作轉換服務等。

發展評鑑設計

　　描述形成性評鑑和總結性評鑑的程序、資料蒐集和分析的工具或方法、資料呈現的對象和形式等。可能的評量方式，包括由教師、父母、諮商師或雇主評量學生或受輔者之表現，判斷方案目標是否達成、追蹤學生或受輔者如何計劃、應用決定技巧等，評量學生或受輔者對自己和工作的態度，評估學生或受輔者在生涯方案中的行為改變，瞭解學生或受輔者對其行為改變的看法，觀察學生或受輔者在角色扮演或實際情境中的技巧，以標準化工具進行評量。

確立進度表

　　界定方案執行須發生的關鍵事件，如人員、資訊、材料、執行時間等。

第三節　生涯輔導方案之內涵

　　小學生、中學生、大學生因生涯發展階段有別，生涯輔導方案亦應配合其生涯發展上的需求，規劃最爲適切之內涵。「美國全國職業資訊統合委員會」（National Occupational Information Coordinating Committee, NOICC, 1992）認爲小學至中學學生之生涯發展重點有下列三個主要的領域（引自Zunker, 1994）：

在自我知識方面

　　1.瞭解正向自我概念之影響。

　　2.發展與他人互動的技巧。

　　3.覺察個人的成長和改變。

在教育與職業的探索方面

　　1.瞭解教育成就對生涯機會的幫助。

　　2.瞭解學習和工作的關係。

　　3.瞭解並學習應用生涯資訊的技巧。

　　4.發展找尋和獲得工作所必要的知識技能。

　　5.瞭解工作與社會需求及社會功能間的關係。

在生涯規劃方面

　　1.學習作決定的技巧。

　　2.瞭解生活角色相互間的關係。

　　3.瞭解不同職業和男女性別角色的變化。

　　4.瞭解生涯規劃的歷程。

NOICC並設立美國全國生涯發展訓練機構，其主要功能即是設計生涯發展訓練方案，以提供各生涯發展階段的學生和成人使用；並訓練專業的生涯輔導人員，以幫助學生和成人習得生涯規劃技巧並作成有效的生涯決定（引自Zunker, 1994）。

小學階段的生涯輔導有幾項重要內涵，著重於對自己的瞭解和對教育與職業資訊的瞭解。

1. 自我概念在童年早期開始成形，對兒童早期生涯發展的影響深遠。因此，小學階段的生涯輔導需藉助指導性的活動經驗，強化兒童的自我概念。
2. 生涯發展的另一項重要層面，是增進對個人特質和限制的瞭解，學習辨認這些特質和限制，並將特質表現出來，可建立自我瞭解的基礎。
3. 家庭和學校中的角色楷模是兒童學習模仿的主要關鍵人物，故父母和老師宜透過教導和示範，提供兒童們正向的角色楷模。
4. 將性別角色刻板化印象和工作角色相連結，係在兒童早期出現。故生涯輔導方案中應提供對性別角色開放或去性別化的生涯資訊，有助於兒童考慮更廣泛的職業。
5. 生長於社經文化不利之家庭的兒童，應協助其充分運用社區資源，提供豐富的生涯資訊、角色楷模及廣泛的生涯選項。
6. 學習增強自我覺察的方法，將使兒童更瞭解自我和他人相關的資訊。
7. 學習為生涯決定和生涯行動承擔責任，將有助於未來的生涯發展。初期階段應協助兒童學習分析所處情境、辨認能幫助他們的人、尋求即時幫助等技巧。

8.瞭解教育和未來生涯發展的關係，將促進兒童的生涯發展。因此應在校內、校外情境安排各類和工作相關的學習活動。

9.討論工作的意義和重要性，有助於兒童對父母或他人工作的瞭解，並能尊重所有對社會具有建設性和生產力的工作者。

10.瞭解職業和實際從事該職業的工作者，有助於兒童覺察職業條件和工作者特質的關係。

　　小學階段實施生涯輔導方案的指導原則和策略包括（Splete & Stewart, 1990）

1.須有更多父母和社區人士的參與，提供廣泛的生涯資訊。
2. 應特別提供增加自我知識的活動，促進正向的自我概念。
3.應增加視聽媒體（錄影帶、影片、電腦等 ）的應用。

　　一般而言，為了協助正處於青春期狂飆階段的青少年更切實地設定未來理想的生涯發展目標，初中階段的生涯輔導內涵應包含下列數項重點：

1.由於青少年學生在生理、心理上的發展和變化，亦影響其社會互動的方式，使得社會關係也發生改變，故應協助其探索、評估這些變化的意義和價值，以增進其自我瞭解。
2.中學是從結構性教室環境轉換至更專業化教育方案的教育轉換期，故需協助學生學習將已習得的技巧和教育或職業目標相連結，以增進探索和省察的能力。

3.協助學生可以現實地評估自身的能力、成就和興趣。尤其是來自低社經背景或少數族群的學生，需要特別的幫助，以協助其瞭解本身的長處和限制。

4.協助其評估和整體生活經驗相關的興趣。

5.提供職業相關的知識，將學校中和課後的活動和未來的工作相連結，擴大學生對工作和生涯領域的接觸。

6.教導學生認識和使用各類生涯資訊和可用的資源，增進對未來工作角色和生涯機會的瞭解。

7.設計和職業有關的經驗性活動，以協助學生將所習得的技巧應用於工作中。

8.增進學生規劃、作決定和解決問題的技巧，以促使其為自身的行動負責任。

9.協助學生瞭解性別角色刻板化和性別歧視，如何限制職業和教育的選擇。

10.延續從小學階段開始的生涯覺察歷程，並將生涯探索和選擇歷程中所習得的技巧，應用於生活的其他層面。

初中階段實施生涯輔導方案的指導原則和策略包括（Splete & Stewart, 1990）：

1.加強自我知識和自我覺察的能力。

2.邀請工商業人士參與學生的活動，以幫助學生在教育和職業方面的探索及生涯規劃。

3.增加對教育成就之益處的認知，明白不同專業程度之職業所需具備的教育程度。

4.加強找尋和獲得工作所需具備的技能。

高中階段生涯輔導的內涵，包括：

1. 高中階段的生涯輔導方案內容，必須能符合學生各個生涯發展階段之需求，協助學生了解其需求，並建立符合其需求的生涯目標。
2. 高中階段屬生涯探索期之試驗階段，應協助學生逐漸縮小選擇的範圍。
3. 協助高中學生從職業資訊、職業活動和課程中，將個人的特質、技能和職業相配合。
4. 協助學生瞭解生涯選擇和教育需求間的關係，探索在特定機構中獲得教育或生涯機會的可能性。
5. 教導學生作決定和規劃的技巧，協助學生逐漸形成和建立生涯目標。而充分的自我知識和職業知識均是有效生涯決定和規劃的必要條件。
6. 透過工作經驗的討論和諮商，協助學生發展對工作環境的深入洞察，探討工作模式、工作價值、工作環境、工作習慣和其他工作相關的問題。
7. 協助學生評估進入高等教育機構進修的優、缺點，以選擇最適合學生的教育進修機會。
8. 透過和社區中不同職業的工作者進行訪談，協助學生將個人自身的特質和職業所需的條件相配合。
9. 引導學生確立其特定的職業偏好，及畢業後的生涯發展計畫。
10. 透過職業介紹所的服務，進行尋找職業的準備工作，包括履歷表的準備、面試技巧的訓練、就業訓練、職業試探及工作機會清單的準備。

高中程度實施生涯輔導方案的指導原則和策略包括（Splete & Stewart, 1990）：

1.增進對生活角色互動關係的認知。
2.強調工作與經濟之間關係的認知，及工作對生活風格的影響。
3.增加學生和他人互動、溝通的機會和技能。

大專至成人階段的生涯輔導內涵，需協助學生達成下列數項重要的任務：

在自我知識方面
1.維持一個正向的自我概念。
2.發展有效的人際技巧和因應技巧。
3.瞭解身心兩方面的發展和變化。

在教育和職業探索方面
1.參與並投入教育和職業訓練。
2.參與工作並終生學習。
3.定位、評估、詮釋和應用資訊。
4.準備尋找、獲得、維持和改變工作。
5.瞭解社會的需求和功能對工作本質和結構之影響。

在生涯規劃方面
1.發展作決定的技巧。
2.瞭解工作對個人和家庭生活的影響。
3.瞭解男/女性別角色的變化。
4.發展生涯轉換的技巧。

這些因個人發展階段而有不同重點的生涯輔導方案，其實施方式和活動內容將在以下各章節中加以詳述。

第四節　綜合性學校輔導方案

綜合性學校輔導方案所關注者為學生整體的成長和發展，以生活生涯發展為核心，著重於生活各層面間的互動關係，至少包含下列四項重點（Zunker, 1994）：

1. 自我知識和人際關係技巧：瞭解自己和他人的獨特性，並能尊重自己和他人。
2. 對生活角色、環境及事件的認知：所謂「角色」，如學習者、公民、工作者及父母等；所謂「環境」，指社區、家庭及工作環境；所謂「事件」，則是工作角色的開端、婚姻和退休等。
3. 生活生涯的決定和規劃：包含生活角色、環境、事件之決定和規劃。
4. 基本學習技巧和職業準備：學習學校中不同學科的知識和技能，如聽、說、讀、寫、算等，以為未來職業生活作準備。

Dagley（1987）亦曾提出一綜合性學校輔導方案之模式，以全體學生為服務對象，藉由班級輔導方式，促進學生個人最大潛能之發展。包含三項主要部分：

1.個人效能（personal effectiveness competencies）
（1）自我瞭解（self-understanding）：自我認定、自主性、自我接納、自我驗證。
（2）人群關係（human relations）：尊重、同理、社會興趣、衝突調解。
（3）健康發展（health development）：親密、休閒、成長階段。
2.終生學習（lifelong learning competencies）
（1）溝通（communication）：閱讀和寫作、傾聽表達、果決。
（2）資訊處理（information processing）：學習和分析、評鑑、問題解決技巧。
（3）個人發展（personal enrichment）：時間管理、創新、改變。
3.生活角色（life roles competencies）
（1）日常生活（daily living）：子女教養、消費行為、社區參與。
（2）生涯規劃（career planning）：價值澄清、作決定、目標設定、規劃。
（3）求職能力（employability）：自我安置、工作習慣、教育和職業準備。

　　這類綜合性學校輔導方案的價值，在於其綜合全面性的本質，及學校專家、社區成員和父母的參與，並能因應當地社區發展和個人發展的需求。在此一綜合性學校輔導方案中，由每一位諮商師分別負責十五至二十名學生，其時間的分配包括參與輔導性課程、為學生做個別規劃、提供回應性服務（如學業失敗、同儕問題、家庭溝通問題等復發性的困擾），並提供父母和其他工作

人員和學生相關問題之諮詢等。亦即，在此一方案中，諮商師需同時扮演班級輔導教師及個案輔導員的角色，提供學生積極主動（proactive）和預防性（prevention）輔導課程，並實施被動回應（reactive）、介入性（intervention）諮商服務，以協助學生發展適當的生涯技能，因應未來的生活角色和任務。由此可見，關注個人一生發展之生涯輔導方案，是綜合性學校輔導方案的重心。

「美國勞工部」（U.S.Department of Labor, 1991）在長期訪談不同職業領域的工作者和各行各業的雇主或主管之後，發現最受人肯定的工作者是能將學校中所學的知識技能應用於工作中，然而由於許多新進的工作者並未能在學校中習得找尋或維持工作所需的基本知識或技巧，而難以充分發揮良好的工作表現。因此，美國勞工部即為未來的工作者制定進入職業所需的技能水準，包括五種能力（如表7-2）和三項基礎（如表7-3），以促使學校能將這些基本技能整合於綜合性生涯輔導方案中。

第五節　電腦輔助生涯輔導方案

近數十年來，由於高科技技術和產品的日新月異，自動化、電腦化、網路化的需求均對各行各業的發展產生了革命性的影響，尤其是需要大量儲存資訊、組織資訊、且需迅速提取資訊的行業，更紛紛將傳統的工作方式和電腦、網路相結合，以達成最佳的工作效益。生涯輔導和諮商工作亦是此一電腦化趨勢下的獲益者，透過電腦輔助生涯輔導方案（computer-assisted career guidance program）的協助，生涯諮商師可以迅速提供尋求生涯服務者適切有效的生涯資訊，協助受輔者藉由直接和電腦的互動操

表7-2　美國勞工局設定之五種能力

一、資源（resources）
能確認、組織、計畫和配置資源

   A. 時間—選擇和目標有關的活動，排列優先順序、安排時間分配，準備並遵循日誌。
   B. 金錢—運用或準備預算、預測、保持記錄、調整，以符合目標。
   C. 材料或設備—取得、儲存、配置，有效運用材料或設備。
   D. 人力資源—評估技能、適切地安排工作、評估表現及提供回饋。

二、人際（interpersonal）
能與他人一起工作

   A. 參與團隊—成為團隊的一份子，致力於團隊合作。
   B. 教導—教導他人新的技能。
   C. 服務客戶—致力於滿足客戶的期望。
   D. 領導能力—和他人溝通想法，說服他人，挑戰現有的程序和政策。
   E. 協商—訂定合約以作為工作之依據，進行資源交換，化解歧見。
   F. 多樣化工作—能和不同背景、不同性別者一起工作。

三、資訊（information）
能獲得並運用資訊

   A. 獲得並評估資訊。
   B. 組織並維護資訊。
   C. 解釋並溝通資訊。
   D. 使用電腦以處理資訊。

四、系統（system）
能瞭解組織內部複雜的關係

   A. 瞭解系統—明白社會、組織、和技術性的系統如何有效地運作。
   B. 監督並修正表現—辨認趨勢，預測其對系統運作的影響，診斷系統之工作表現，並修正錯誤。
   C. 改善或設計系統—提出對現有系統之修正建議，並發展新的系統以改善其工作表現。

五、科技（technology）
能運用各類科技於工作
   A. 選擇科技—選擇程序、工具或設備，包括電腦及其他相關科技。
   B. 應用科技以執行任務—瞭解設定和操作科技設備的適當程序。
   C. 維修設備—運用電腦及其他科技，以辨認、預防和解決問題。

資料來源：U.S. Development of Labor（1991）

表7-3 美國勞工局設定之三項基礎

一、基本技能（basic skills）

聽、說、讀、寫、算術等。

A. 閱讀－閱讀、理解、及解釋文章或文件中的書面資料和圖表等。

B. 書寫－以文字溝通想法、資訊和訊息，並記錄於信件、手冊、報告、圖表或流程圖中。

C. 算術/數學－運用基本運算法處理生活中實際的問題。

D. 傾聽－對口語訊息及其他線索之收受、注意、詮釋和反應。

E. 說話－以言語組織想法，並溝通想法。

二、思考技能（thinking skills）

創造性思考、作決定、解決問題、組織資料，知道如何學習及推理。

A. 創造性思考－產生新的想法。

B. 做決定－闡明目標和限制，產生選擇，考量風險，評估及確定最佳的選項。

C. 解決問題－認知到問題，及可用資源，執行行動計畫。

D. 處理資料－組織並處理符號、圖畫、圖表、物體、及其他資訊。

E. 知道如何學習－運用有效率的學習技巧，以獲得並應用新知識和技能

F. 推理－發現隱含在兩物間關係的規則和原理，並應用於解決問題。

三、個人品質（personal qualities）

展現責任、自我肯定、社交能力、自我管理、尊嚴及誠實。

A. 責任－對達成目標展現出高水準的努力，堅持不懈。

B. 自我肯定－相信一個人的自我價值，並對自己持有正向的看法。

C. 社交能力－在團體中展現瞭解、友善、適應性及禮貌。

D. 自我管理－正確地評估自己，設定個人目標，觀察進步情形，並展現自我控制。

E. 尊嚴/誠實－選擇合於道德的行動。

資料來源：U.S. Development of Labor（1991）

作中評量自身的興趣、能力、價值、人格特質；電腦輔助生涯輔導方案不僅可立即顯示出個人特質的評量結果，並可進一步依據個人特質傾向找尋最符合個人需求條件的職業項目或類別，最後則提供個人現有可選擇的工作機會。

電腦輔助生涯輔導方案通常包括「資訊系統」（informetion

system）和「輔導系統」（guidance system）兩類主要內涵（Zunker, 1994）。「資訊系統」儲存大量有關職業特性（工作性質、工作內容或任務、所需具備能力和條件、工作地點和環境、薪資待遇和福利等）、職業類別和項目、教育和訓練機構及企業求才等資料庫，有助於方案的使用者直接取得所需的生涯資訊。「輔導系統」則包括各類和生涯發展或規劃有關的有用資訊，如生涯發展的概念、生涯探索的重點、生涯規劃的歷程、自我特質的評估、生涯準備行動、及未來成功可能性的預測等，有助於方案使用者進行有效的自我輔導，解決生涯相關問題。

電腦輔助生涯輔導方案的組成內容，大致涵蓋下列數項重點資訊：

1. 興趣評量
2. 能力評量
3. 價值評量
4. 人格特質評量
5. 學業成就預測
6. 尋找工作策略
7. 準備履歷資訊
8. 求職面試資訊
9. 就業所需資訊
10. 當地工作資訊檔案

電腦輔助生涯輔導方案的實施，不僅大量節省了生涯諮商師蒐集資訊、提供資訊的時間，並使生涯諮商師的任務從傳統生涯資訊的提供者或職業安置者，轉變為提供說明、解釋、諮詢和諮商的角色，以協助受輔者達成最佳的生涯發展狀態且作成最佳的生涯決定或規劃。因此在電腦輔助生涯輔導方案的推波助瀾下，

生涯輔導和諮商亦更形專業化。

　　此外，網際網路（internet）和現代人類生活的緊密關係，已使得人類可在虛擬的網路世界中滿足諸多生活上的需求，甚至經驗最真實的情感。生涯輔導和諮商當然亦可藉由網路來提供。如美國已有多所大學在學校網路中架設生涯服務網站，置入互動式的生涯輔導方案，讓學生可自行在家中、宿舍中接受網路所提供的生涯服務；而學生所面臨的生涯困擾和疑惑，亦可透過網路諮商來獲得所需的協助，大大改變了生涯輔導和諮商的方式，並更符合個人私密性的需求，我國大專學校的生涯輔導網路亦在積極發展與建立中。

　　DISCOVER 和SIGI PLUS是美國學校體系中所使用的電腦輔助生涯輔導方案的先驅，多涵蓋自我特質之評估、生涯資訊之提供、就業準備等三個重要部分。「生涯發展手冊」（career development manual）則是當前美國最受好評的網路互動式生涯輔導方案，為學生或求職者提供即時性的生涯服務。

　　DISCOVER是一個綜合性的電腦輔助生涯方案，由Harris-Bowlsbey及同事於1976年所發展出來，採互動式操作模式，其目的係為中學和大學學生提供適合其個人特質的生涯資訊，以協助其進行有效的生涯或教育之決定，包括升學、就業、職業訓練、從軍等。由「美國學院測驗計畫」所出版，包含下列三項重要內容：

　　1.對個人興趣、能力、工作價值的評量。依據評量總分所提供之資料，建議適合個人特質的職業領域。

　　2.提供有關職業、大學科系、學校和訓練機構、財務援助/獎助、軍事服務等的完整資料庫。

　　3.提供有關撰寫履歷、文書信件、工作申請、面試技巧等的相關資訊。

DISCOVER專門爲大專學生設計的版本，則包含九項主題及步驟：（1）開啓生涯旅程，（2）學習有關工作世界的知識，（3）學習有關自我的知識，（4）發現職業，（5）學習有關職業的知識，（6）作出教育選擇，（7）規劃下一步驟，（8）規劃自己的生涯，以及（9）進行生涯轉換等。

該方案中第一組的問題是關於工作世界中職業特性的評估，第二組問題是關於學生個人的興趣、能力和工作有關的價值觀，第三組問題則是依據個人的興趣、能力、價值觀和經驗來探究職業，學習瞭解職業、作出教育或生涯的抉擇，以計畫下一個階段、規劃未來生涯，並做好角色轉換的準備。最後，DISCOVER依據個人在不同量表上的得分總和，計算出個人對「資料（data）／思維（ideas）」或「人群（people）／事物（things）」的偏好，並將之顯現於描述十二個職業領域的「工作世界地圖」（見圖6-1）中。此外，完成DISCOVER方案的學生，將獲得一張職業清單，詳列其量表得分所對應職業選項之工作任務、工作地點、使用工具和材料、相關職業項目、教育或訓練機會、要求條件、需具備資格、升遷機會、待遇福利、對新進人員之要求、職業之展望等。

在工作世界地圖中，現存於美國的上千種職業依據Holland類型論的六大類型被區分爲六大類別，以及12個區間、23個工作家族。這些職業彼此間的關連性，則依據其工作內容所涉及的資料、思維、人群、事物等來組織（詳閱第六章第一節）。

根據伊利諾大學（University of Illinois）生涯服務中心的作法，新進入大學的新鮮人係在受過使用訓練的高年級同儕輔導員的協助之下，進行DISCOVER系統之操作，生涯諮商師則協助已完成方案的學生運用其所獲得的資料結果，探索數項特定的生涯領域，並進而引導其選擇適當的大學主修科系或課程，以逐步達成其長期的生涯目標。

近年來，DISCOVER系統更進一步和網路相連結，學生可隨時隨地透過網路連線來拜訪大學生涯服務中心所架設的DISCOVER網站，在網路互動式的指引之下，探索個人特質和工作世界資訊，立即取得具有生涯指標性作用的職業選項。並可更進一步透過網路連線至全國或地區性「工作銀行」（job banks），以搜尋現有可供個人選擇的職業。此外，網站所提供的服務，還包括在指引下逐步完成個人履歷表、工作申請表，並藉由觀看錄影視訊系統中的示範影片習得良好的面試技巧，熟悉其他找工作的重要歷程。因此，DISCOVER已成為當前最具實用價值的生涯輔導方案之一。

SIGI（System of Interactive Guidance and Information）和SIGI PLUS方案亦是一個自我導向的互動式生涯輔導和生涯資訊服務系統，由「美國教育測驗服務」（educational testing service）所設計，旨在協助學生：

1.釐清工作相關的價值。
2.以個人之價值、興趣、工作技巧、及大學主修科系為基礎，建立職業清單。
3.獲得和特定職業相關的最新資訊。
4.確定每一職業所需具備的教育和訓練條件。
5.將生涯計畫付諸行動。

SIGI PLUS共包含九大單元,簡介如下(Norris et al., 1985):

1.簡介(introduction):學習系統之操作、瞭解系統之概觀,及其如何符合學生之特定需求。

2.自我評量(self-assessment):評量個人的工作相關價值、興趣、和工作技巧。並藉由價值排序卡,深入探索工作相關價值。

3.搜尋(search):以個人之價值、興趣、技巧和教育程度為基礎,建立個別化的職業清單;以主修科系或科系類組為基礎,搜尋相關職業。

4.資訊(information):回答有關職業資訊的問題,比較職業之異同,獲得區域性的職業資訊。

5.技巧(skills):學習某一特定職業所需之技巧,檢視個人的技巧和工作風格是否適合管理和督導階層。

6.準備(preparing):學習已選定之職業所需具備之教育、訓練和技巧。檢視個人完成教育準備或訓練之機會。

7.因應(coping):獲得有關財務支援、時間管理、日間托兒中心、學分累積等實務上的建議,獲得和當地服務有關的資訊。

8.決定(deciding):衡量所選定生涯或職業領域中發展的成功機會或潛在利益,評量三個生涯選項之利弊得失。

9.下一步(next steps):建立長期目標,及達成目標所需的步驟程序,利用所提供的履歷表。

在此九大單元中,SIGI PLUS在職業資訊的提供方面最為人所津津樂道。學生在獲得充分而完整的職業資訊之前,需先回答多達二十七項的問題,如表7-4所述:

表7-4　SIGI PLUS所提供之職業資訊類別

★定義和描述	(1) 職業之定義 (2) 工作活動之定義 (3) 典型工作名稱 (4) 工作場合：室內/戶外 (5) 特殊難題
★教育、訓練 和其他條件	(6) 所需教育程度 (7) 選修課程 (8) 特定職業訓練 (9) 個人資格條件 (10) 所需技巧 (11) 經驗等其他條件
★收入	(12) 起薪 (13) 平均收入 (14) 最高收入 (15) 收入的差異
★個人滿意感	(16) 對社會的貢獻 (17) 領導權 (18) 地位名聲 (19) 休閒/彈性時間 (20) 工作之獨立性 (21) 變異性 (22) 興趣領域
★機會和展望	(23) 就業展望 (24) 就業地點 (25) 安全性 (26) 升遷
★更多資訊	(27) 何處獲得更多資訊

生涯發展手冊是由加拿大的Waterloo大學生涯服務中心所設計和出版，並直接架設在其大學網站上，提供循序漸進的生涯探索策略，俾使學生能自行探索其自身之興趣、能力、知識、和人格特質等，瞭解變遷中的工作和生涯特性及其所要求之條件，以協助學生發展出更有利於謀職就業之技巧、設定可達成之生涯目標、並習得達成目標的有效策略，付諸生涯行動。爲了獲得成功的生涯／生活規劃，生涯發展手冊建構了一個階梯狀逐級而升的探索和規劃步驟，如圖7-1所示：

1. 自我評量（self assessment）：包括人格和態度、技巧和成就表現、知識和學習風格、生涯價值、職業興趣（何倫類型）、適業特質（entrepreneurism）。
2. 職業研究（occupational researc）：包括資訊搜尋、資訊訪談、工作跟隨（job shadow）、操作經驗（hahnd-on experience）、職場趨勢。
3. 作決定（decision making）：包括生涯目標、個人目標、社區服務、終生學習。
4. 就業接觸（employment contacts）：包括尋找工作、撰寫履歷表和書信、工作面試等。
5. 工作（work）：包括工作之提供和接受、工作上之成功等。
6. 生涯／生活規劃（career/ life planning）：重新評估生涯規劃歷程。

　　此一生涯發展手冊無疑爲學校所能提供的綜合性生涯輔導方案提供了最佳的範例，曾贏得1995年最佳生涯輔導方案之大獎，可作爲我國規劃生涯輔導方案之借鏡。

圖7-1　生涯探索與規劃階梯

					生涯/生活規劃
					重新評估
				工作	
				工作之提供和接受	工作上之成功
			就業接觸		
			尋找工作	履歷表和書信	工作面試
		作決定			
		生涯目標	個人目標	社區服務	終生學習
	職業研究				
	資訊搜尋	資訊訪談	工作跟隨	操作經驗	職場趨勢
自我評量					
人格和態度	技巧和成就表現	知識和學習風格	生涯價值	職業興趣	適業特質

第 *8* 章

小學階段生涯教育方案

◆

小學兒童的心理與生涯發展

◆

小學階段的生涯能力指標及輔導策略

◆

小學生涯輔導方案之實例

小學階段的兒童正處在璀璨生涯的開端，雙手掌握著開啓工作世界的鑰匙，心中對遙遠而未知的美麗新世界充滿著純眞的幻想以及千變萬化的憧憬。生涯覺察與生涯教育應是此一時期的生涯輔導重點。本章奠基於小學兒童的心理與生涯發展，探討在小學階段可行的生涯輔導策略與實施方式。

第一節　小學兒童的心理與生涯發展

　　六至十二歲的小學階段兒童，係處於Piaget（1969）所謂的「具體運思期」，須藉由具體的操作經驗來解決所遭遇的難題，而逐漸發展出抽象概念和邏輯思考的能力。Erikson（1963）主張，此時期的兒童主要的發展任務是「勤奮感」，即兒童須透過在學校中的努力和表現來獲取認同和讚賞，並從其獲得增強肯定的學習表現中發展出「勤奮感」。不過，倘若在其努力表現的過程中一再遭致失敗挫折，則會產生強烈的「自卑感」，是兒童期心理發展的一大危機。Havighurst（1972）則列舉出兒童期的發展任務：

　　1.學習一般遊戲所需要的身體技能。
　　2.對自己的成長發展抱持正向態度。
　　3.學習和同儕團體相處。
　　4.學習適當男性/女性的性別角色。
　　5.發展聽、說、讀、寫、算等基本學習能力。
　　6.發展日常生活所需的概念。
　　7.發展道德、良知、及價值標準。
　　8.發展獨立性。
　　9.發展對社會團體的正向態度。

就 Super（1990）的生涯發展階段而言，兒童期係為「成長期」中的「幻想期」（4~10歲）和「興趣期」（11~12歲）。幻想期的兒童是以幻想遊戲中的角色扮演為主。而興趣期兒童則以「喜歡」作為「我的志願」的主要根基。主要的發展任務係在於發展自我形象，以及發展對工作世界的正確態度，並瞭解工作的意義。

　　Herr（1991）亦說明兒童期的生涯發展任務，是對自我和生活形成基本的態度，獲得初步的瞭解。其任務包含下列各項：

1.發展對個人能力的肯定感、自我價值感和自我接納。
2.發展對生活機會及其廣度和特質的覺察。
3.發展對學科學習的準備度、及自我效能的覺察。
4.發展對個人獨特性的覺察，及自我概念系統。
5.發展和同儕及成人的社會互動關係。
6.開始瞭解行動的責任，瞭解選擇和決定的角色。
7.開始瞭解個人的偏好，及其和機會的關連。

　　基於兒童期的心理與生涯發展需求，小學教育和生涯輔導方案應注意到下列數項重點（Zunker, 1994）：

1.從具體的經驗和觀察中學習：方案或課程中盡可能安排具體操作或經驗性的活動，在學生實際參與、操作的歷程中引導抽象概念的思考。而觀察模仿亦是兒童早期重要的學習方法之一，因此，在學習活動中安排教師、父母、同學的示範操作，應有助於兒童的學習。
2.從活動中促進自我概念之發展：自我概念系統並非一靜態的現象，而是一持續不斷的發展歷程（Super, 1990），會隨著和周遭人們、環境的互動經驗而逐漸或突然地發生變化。有些兒童在學校生活中可以藉由學業表現上的成功經

驗，而增強其自我肯定感；然而無法從學習上獲得成功經驗的兒童，只好轉向同儕友伴的社會互動中獲取正向的回饋。由於自我肯定感的提昇有助於兒童建立正向的自我概念，因此在學校中應盡可能安排有助於提昇兒童自我肯定感的活動。

3.從遊戲中學習社會生活和性別角色：遊戲是兒童生活中最重要的活動，兒童是在趣味的遊戲中學習和模仿成人世界中各類生活角色的扮演。因此，如能將各類去除性別刻板化印象之後的職業角色，融入於兒童的遊戲活動中，應有助於兒童自然習得未來生涯發展所需的正向態度。

第二節　小學階段的生涯能力指標及輔導策略

　　美國全國職業資訊統合委員會（NOICC, 1992）為小學學生之生涯能力訂定了評量的指標，並建議可採行的輔導策略，以協助小學學生達成應具備之生涯能力（引自Zunker, 1994）。

在自我認知方面

　　小學學生所應具備在自我認知方面的能力，包括對自我概念重要性的認知，並發展和他人互動的技巧。

能力一：對自我概念重要性的瞭解
　　1.描述自己在其他人或自己眼中的正向特質。
　　2.覺察個人行為如何影響其學校和家庭之狀況。
　　3.描述個人行為如何影響他人的情感和行動。
　　4.表現出對自己的正向態度。
　　5.確認個人的興趣、能力、優點及弱點。

6.找出透過工作以滿足個人需求的方法。

能力二：與他人互動的技巧

1.確信個人的獨特性。

2.表現出和他人互動的有效技巧。

3.表現出化解和他人衝突的技巧。

4.表現出參與團體活動的技巧。

5.確認同儕壓力的來源和影響。

6.當同儕壓力和個人信念相違背時，能表現出適當行為。

7.表現出對不同文化、生活風格、態度和能力的瞭解。

能力三：對成長和變化重要性的瞭解

1.辨認個人的感覺和情緒。

2.確知能抒發情緒的方法或途徑。

3.說明壓力的來源。

4.選擇適當的行動，來處理特定的情緒狀態。

5.採取處理衝突、壓力、及情緒的適當方法。

6.具備良好健康習慣的知識。

　　為協助小學學生發展上述三項「自我認知」的能力，生涯諮商師可採行的生涯輔導策略包括下列數項（Zunker, 1994）：

1.在班級輔導活動中，安排小組討論，請學生討論一些開放式的問題，例如：「我什麼時候會感到快樂？」、「我什麼時候會感到悲傷？」、「我什麼時候會感到害怕？」等。並邀請小組推派代表報告其成員共通的回答和獨特的回答。

2.請學生記錄這一星期中和他們交談過的人，整理出一張清單，並繪出關係圖。在小組中分享並討論這些關係的型態。

3.請學生介紹一位要好的朋友,再描述自己的特質,比較要好朋友和自己的異同。

4.進行「我是誰?」的遊戲。請學生扮演某一個角色,讓其他人試著猜出這個角色的身份。

5.請學生從一般的雜誌圖片中,挑選出讓他們感到興趣的人、事、物、地方等,和小組成員分享其感興趣的原因。

6.請學生列舉出可用以描述「人」的數種不同方式,並依據各項方式寫下對自己的描述。

7.請學生以口頭或書面報告的方式,回答一些開放性的問題,例如:「哪些事我能做得比較好?」、「哪些事我做得比較不好?」、「哪些事讓我和其他人有所不同?」、「我像誰?」、「我有什麼目標?」等。

8.請學生列舉出「我喜歡的」和「我不喜歡的」,整理出喜歡和不喜歡的清單,並討論興趣的多樣性。

9.繼續「我是誰?」的討論。每位成員負責一項特定職業領域的工作,寫下從事該特定工作者所應具備的特質,整理出一項清單,並進行討論。

10.請學生列舉出個人的興趣,說明為什麼會對某一項特定活動感到興趣。

在教育與職業的探索方面

能力四:對教育成就之於生涯機會的瞭解

1.瞭解如何將學科技能應用於家庭和社區中。

2.確知個人在學科學習上的優點和弱點。

3.確知特定職業領域所需要的學科技能。

4.描述能力、努力和教育成就間的關係。

5.執行可改善學科技能的行動規劃。

6.瞭解學校的任務,及成功表現所需具備的基本技能。

能力五:對工作和學習間關係的瞭解

    1.描述不同類型的工作,無論有酬或無酬。

    2.描述為職業作準備的重要性。

    3.習得蒐集資訊的方法。

    4.瞭解到練習、努力和學習的重要性。

    5.說明目前的學習和工作間的關係。

    6.說明扮演學生角色和成人工作者的異同。

能力六:瞭解與具備使用生涯資訊的技能

    1.描述家人、親友、社區工作者的工作。

    2.依據「資料/思維」、「人群/事物」來辨認職業類別。

    3.確認對個人具有吸引力的工作活動。

    4.說明信念、態度、興趣和職業能力間的關係。

    5.說明鄰近社區所能提供的工作。

    6.辨別職業的工作狀況(如:內勤/外勤、危險性等)。

    7.說明獨立工作者和其他型態工作的差異。

    8.說明家人、親友如何提供個人所需的生涯資訊。

能力七:對責任和良好工作習慣重要性的瞭解

    1.描述「個人品質」(如可信任、敏銳、容易相處等),對獲得及保有工作的重要性。

    2.積極投入於工作活動中。

    3.說明互助合作對順利完成工作的重要性。

    4.表現出和其他不同於自己者(如不同種族、年齡、性別)一起工作的能力。

能力八:對工作如何滿足社會需求和社會功能的瞭解

    1.描述工作如何滿足個人的需求。

    2.描述當地社區企業機構的產品和服務。

    3.說明能藉由工作而克服社會、經濟問題的方法。

為協助小學學生發展上述五項「教育和職業探索」的能力，生涯諮商師可採行的生涯輔導策略包括下列數項（Zunker, 1994）：

1. 安排一項展示活動，會中展示社區中各類職業的工作帽。請每位學生選擇一頂帽子，代表將來他所樂意從事的工作，並說明為何他會喜歡這項工作。
2. 請學生整理該職業或工作所需要具備的一系列工作技能，並說明如何才能學習到這些技能。
3. 請每位學生假想他的一位好朋友要找工作，向其說明所需要具備的技能。
4. 請學生列舉其父母所從事的工作，判斷何者需要具備閱讀、書寫、數學等技能。
5. 請學生詳列學校中所學的科目清單，並說明哪些類型的工作中會需要運用到這些學科所學的技能。
6. 參考目前社區中的行職業簡介資料，請學生判斷什麼樣的人會喜歡什麼樣的職業或工作。
7. 以某一特定民生必需品（如麵包）為例，請學生列舉出一系列和該民生必需品有關的職業或工作。
8. 提供給學生一堆過期的雜誌或報紙，請學生找出一些和男性/女性職業性別角色印象有關的圖片或文句，討論該性別角色印象如何形成及其適當性。
9. 請學生回家訪問其父母或親戚長輩，記錄其在工作中所扮演的角色和日常工作內容，並和同學分享其訪問結果。
10. 請學生選擇扮演一位工作者，介紹該工作角色和工作內容，討論其對個人的特定意義。

在生涯規劃方面

能力九：瞭解如何作決定

　　1. 說明如何作決定的歷程。

　　2. 說明從錯誤的經驗中能學習到什麼。

　　3. 瞭解在完成目標過程中可能會遭遇到的阻礙和問題。

　　4. 習得解決問題的策略和技巧。

　　5. 辨認能解決問題的其他替代方案。

　　6. 說明個人的信念和態度如何影響其決定。

　　7. 說明一項決定會如何影響自己和他人。

能力十：對生活角色相互關係的覺察

　　1.說明個人可能會扮演的各種角色（如朋友、學生、工作者
　　　和家庭成員）。

　　2.列舉家庭、學校和社區中，各種和「工作」有關的活動。

　　3.說明家庭成員如何彼此依賴、分工合作，並分擔責任。

　　4.說明工作角色如何增強家庭角色。

能力十一：對不同職業中男性/女性角色變化的覺察

　　1.說明工作對所有人的重要性，及為何重要的原因。

　　2.說明在職場和家庭中，男性和女性角色的變化。

　　3.說明個人在家庭和職場中所將發揮的貢獻。

能力十二：對生涯規劃流程的覺察

　　1.說明規劃的重要性，及其為何重要的原因。

　　2.說明各類職業團體工作者所需具備的技能。

　　3.為僅具有小學畢業學歷者，發展一適合的生涯計畫。

另外，爲協助小學學生發展上述四項「生涯規劃」的能力，生涯諮商師可採行的生涯輔導策略包括下列數項（Zunker, 1994）：

1. 請學生列舉出一職業或工作的清單，並用以描述其鄰居或親友。
2. 請學生詳細觀察瞭解在不同類別職業中工作者，列舉其相似點和相異點。
3. 討論人們爲何會有不同或類似的興趣，或喜歡從事不同或類似的活動。
4. 請學生蒐集報紙或雜誌上不同工作者的圖像，說明其相似點和相異點。
5. 請學生拜訪一位特定職業領域的工作者，參觀其工作場所和家庭，分辨職業和工作的差別。
6. 詢問學生「如果有一位握著魔術棒的仙女告訴你，只要你願意，你可以成爲世界上的任何人，你會希望是誰？」請學生分享其答案並進行討論。
7. 將班上學生分成男生組和女生組，請兩組分別列舉出「男生能做和不能做」及「女生能做和不能做」的工作清單。比較並討論二組對男性/女性職業性別角色看法的異同。
8. 詢問學生「你最希望和哪一類的人一起工作？」請學生列舉出該類型工作者的人格特質清單。

Herr & Cramer（1996）在其《生涯輔導與諮商》（*Career Guidance & Counseling through Lifespan*）一書中，列舉出許多小學階段生涯輔導方案中可使用的策略，包括融入性生涯課程、團體活動和社區參與等，其目標均在增進小學兒童的生涯覺察。本文僅擇要列舉如下：

融入性生涯課程

1.觀賞生涯輔導的影片，並加以討論。

2.閱讀Robert Frost的詩「未被選擇的路」（The Road Not Taken），引導學生比較其日常生活中所作的決定。

3.請學生以「我的志願」爲題寫作文，並加以討論。

4.閱讀並討論以每個人的不同興趣和價值爲題的短文。

5.找出需要精通特定學科知識（如數學、科學、語文等）的生涯組群，並辨認與這些學科相關的職業。

6.請學生以「我過去是....」、「我現在是....」、「我想成爲....」、或是「我的成長」等爲題，撰寫書面報告。

7.請學生撰寫自傳，說明自己如何受到家人、學校和同儕的影響。

8.要求學生爲某一特定工作撰寫求才啓事。

9.呈現與某一特定職業有關的工具、材料、制服、或圖片，請學生進行創意寫作。

10.讓學生扮演不同職業角色的工作者，口頭報告並演出不同職業的工作內容。

11.讓學生扮演劇本作家、攝影師、導演等，演出媒體傳播的職業生涯。

12.將全班分成「黃」、「綠」兩組，模擬演出對另一顏色的刻板化偏見或歧視，討論該歧視行爲所造成的人際阻礙。

13.請學生製作卡通連環圖畫，呈現出了差錯的工作世界。

14.運用與學習技能和自我瞭解有關的視聽教具，以激發討論和分享。

15.請學生規劃一個班級活動，辨認出必須要達成的協議，列舉出要承擔的風險和後果。

團體活動

1. 讓學生扮演各類職業或生涯角色身份，玩「扮家家酒」的遊戲。
2. 呈現和職業有關之不同問題情境的圖片，讓學生分組演出他們對圖片的詮釋。
3. 讓學生進行「故事接龍」的遊戲，輪流接說未完成的生涯故事，引導其思考不同的解決方案和不同的結局。
4. 運用「布娃娃」或其他玩偶，讓學生演出一個問題解決情境。
5. 請學生設計「生涯大富翁」遊戲，嘗試在「生涯十字路口」作出不同的生涯選擇，討論不同選擇的結局。
6. 利用報紙求才廣告欄，讓學生分組競賽找出與工作世界有關的詞彙。
7. 利用所找到的工作世界有關的詞彙，設計「我猜猜猜」的遊戲，並分組競賽。
8. 讓學生幻遊從事某一特定工作的情形，寫出或畫出他們和該工作有關的白日夢。
9. 請學生辨認以職業作為自我表達工具的工作者，例如作家、音樂家、畫家等，蒐集其工作圖片，並加以討論。
10. 請學生參與日常生活決定的討論，例如休閒時間做些什麼？先做什麼家庭作業……等。
11. 請學生比較列出興趣、能力和成就清單，及相關的職業清單。
12. 請學生從一系列情緒圖片中辨認喜怒哀樂的情緒，並分享其過去經驗這些情緒的情境。
13. 請學生辨認出他們目前所扮演的角色，討論他們如何習得這些角色行為，以及這些角色的重要性。

14.請學生記日記，寫下可以讓他們感覺到自己的獨特性、價值和被尊重的事蹟。

15.請學生為某一職業領域之工作者撰寫簡短的工作花絮。

16.請學生列舉出社區中的各類工作者，例如警察、卡車司機、售貨員、教師、建築工人等，討論各類工作的主要活動和所解決的問題。

17.請學生描述和學校的建築、維持及經營有關的不同職業工作者。

18.請學生列舉出社會所面臨的重大問題，並辨認出何項職業或生涯組群最具有解決該問題的影響力。

19.請學生列舉出二十至五十項職業，舉例說明每一項職業如何滿足社區之需求和功能。

20.列舉出十至十五項普通的職業，請學生說明何者為室外工作，何者為室內工作，何者兼而有之。

21.利用工作者的圖片，請學生分辨何者涉及貨物的生產，何者涉及服務的提供。

22.請學生將工具的圖片和工作者的圖片相配對。討論這些工具在學校和在工作上，有何不同的使用目的。

23.請學生在每一職業組群中，說出兩項通常使用的工具。

24.讓學生穿上工作服假扮該職業領域之工作者，討論當其扮演該工作者角色的感覺，以及他們還想知道的相關資料。

25.提供社會技巧訓練，以協助學生瞭解和他人和諧相處的重要性。

26.提供雜誌或報紙，請學生找尋一張能打破傳統男性/女性職業角色的圖片，例如男護士、女醫師、男秘書、女卡車司機等，並加以討論。

27.請學生記錄下看電視時所發現的職業性別角色刻板化的實例，並加以討論。

28.請學生列舉出休閒活動清單（如足球、藝術、攝影、搖滾樂等），並讓學生辨認可以從這些休閒興趣中產生的職業。

29.請學生角色扮演不同職業領域的著名人物，並討論其生活的方式。

30.以角色扮演方式，請學生兩兩成對，扮演雇主及求職者的面試情況。雇主要瞭解求職者希望能申請此項工作的動機。

社區參與—生涯調查

1.帶學生到工作場所實地參觀，瞭解工作者如何解決工作上的問題。

2.邀請資深工作者和學生討論個人特質對工作表現的影響，以及分享其工作經驗。

3.請學生「跟隨」工作者至其工作場所，實地瞭解工作情況，以及和其他工作者的互動類型。

4.邀請當地成人教育機構的主管到學校來，和學生討論成人教育方案的情況。

5.帶學生拜訪一所當地的工廠，觀察其產品的生產過程。讓學生分組研究生產過程的不同層面。

6.在學生訪談過數位工作者的生涯探索歷程之後，請學生分享其訪談心得。

7.在學生訪談過扮演不同職業角色的兩位工作者之後，請學生列舉出職業影響生活型態的四種不同方式（空閒時間、金錢多寡、旅行、朋友交往等）。

8.訪談一位親友，瞭解從工作和休閒活動所獲得的個人滿意感。

9.帶學生拜訪當地的休閒運動中心，討論社區人士對休閒運動設備的需求。

10.帶學生拜訪一位當地的藝術家，討論其工作性質和內容。比較手工藝品和機器大量製品的差異。

第三節　小學生涯輔導方案之實例

　　國內目前特別為國民小學學生量身定做的生涯覺察團體方案並不多見，一則是因為小學階段所實施的「輔導活動」課程，並未設計明確的生涯覺察單元；二則多數兼任輔導活動課程的班級導師並未接受過生涯輔導的訓練，無法適切提供小學兒童所需要的生涯覺察服務；三則目前國民教育階段的教學仍側重升學，小學畢業似乎順理成章升入中學就讀，未來生涯發展於是並未受到應有之關注。

　　然而，隨著「終生學習」或「生涯教育」的理念愈加受到重視，「全人發展」亦被視為二十一世紀的終極教育目標，生涯輔導團體方案的實施亦逐步向下紮根。以嘉義縣興中國小所實施的生涯團體方案為例，整個生涯覺察方案共分為十個單元，各有其單元目標、活動方式與內容，每單元的活動時間以50分鐘為原則。藉由此一方案的實施，兒童可在輕鬆愉悅的氣氛和環境中，透過老師的引導，來認識自己和工作世界。

單元一：相見歡

單元目標：以輕鬆的方式認識其他朋友

準備材料：小紙條、筆

活動方式：發表

活動流程：

1. 發給每位成員一支筆和三張小紙條。

2. 成員在第一張紙條上寫下自己的名字；在第二張紙條寫一個地名；第三張紙條寫一個動作，寫完後收到前面，分成三堆放好。

3. 在第一堆中任意抽出一張，讀出上面所寫的名字，由這位被抽中的人自己出來抽第二和第三張，唸出「我○○○喜歡在○○做○○○」，如此的自我介紹引得哄堂大笑，隔閡減少，增加彼此的印象。

4. 如果時間允許，接下來以小組玩名字接龍的遊戲，使成員加速記得同伴的名字。

單元二：生命列車

單元目標：

1. 對自己的未來的預想

2. 藉由角色扮演的方式，使其揣摩人生各階段不同的想法及看待事物的態度

準備材料：彩色筆、壁報紙

活動方式：團體討論、角色扮演、報告、分享

活動流程：

1. 將成員分成七組，每組約6～7人。

2. 將事先做好的七張卡片放於袋中，讓每組各抽出一張。七張卡片各代表：（1）幼年－六歲以前（2）童年－小學階段（3）少年－國中（4）青少年－高中階段（5）青年－大學、

服兵役～３５歲（６）中年－３５～５９歲（７）老年－６０歲以上。

3.分組討論該階段（１）對人生的回顧與展望（２）如果你身邊有一大筆錢，你會……。

4.各組運用角色扮演揣摩各階段的心態。

5.將討論心得寫於壁報紙上，各組作分享。

6.教師統整此活動。

單元三：神奇百變怪

單元目標：

1.辨明自己和別人的異同

2.表現個人的人格特質

準備材料：作業單、壁報紙、彩色筆

活動方式：討論、發表、價值澄清

活動流程：

1.教師先讓成員靜坐，幻想自己是個千變萬化的百變怪。

2.教師解說活動：如果我是一種XX，我希望是XX，因為……
  例如：如果我是一種動物，我希望是一隻鳥，因為鳥可以自由自在地飛任何地方，多棒呀！

3.成員試著完成作業單

  ●如果我是一種動物，我希望是……，因為……。

  ●如果我是一種食物，我希望是……，因為……。

  ●如果我是一種顏色，我希望是……，因為……。

  ●如果我是一種傢具，我希望是……，因為……。

  ●如果我是一種味道，我希望是……，因為……。

  ●如果我是一種植物，我希望是……，因為……。

4.以兩人為一小組，分享彼此答案的異同。

5.分享（隨機抽點）。

單元四：我是大英雄

單元目標：

1.認識各種生產行業

2.瞭解產品生產後的功能

3.瞭解從事這些產品生產工作的人對人類的貢獻

4.知道社會中的每種行業都有其重要性

準備材料：壁報紙、彩色筆

活動方式：繪圖、討論、報告

活動流程：

1.發給各組一張壁報紙。

2.請小朋友畫出現實生活中，人類經由雙手及智慧所製成的
  產品，包括交通工具如：火車、電車……，或其他產品
  如：衣服、鉛筆……。（每組畫出二個，告訴小朋友盡量
  畫大一點方便展示）。

3.畫完之後並且討論以下各種問題：

  ●這些產品的功能。

  ●生產此產品的人對人類的貢獻如何？

  ●如何改進這些產品？

  ●如果沒有這些人生產這些產品，會造成哪些不便？

4.分組上台報告，並說明剛剛所討論的問題。

5.總結：每一種產品都是需要專門的人來完成，有了這些東
  西我們的生活才更方便，因此要懷著感恩的心感謝他們，
  也要好好珍惜、利用這些產品，才不會辜負這些生產者的
  心血。

單元五：很好！我喜歡！

單元目標：

1.瞭解自己的生活需求

2.發掘個人的興趣

3.建立正確的休閒活動習慣

準備材料：作業單

活動方式：作業單、討論、價值澄清

活動流程：

1.老師講解說明，請小朋友寫下十件自己喜歡做的事情

2.成員試著完成作業單。

　　●我比較喜歡做哪一類的活動？

　　●我做的活動中，是以戶內的活動居多？還是以戶外的活
　　　動居多？

　　●我做的活動中，是以花錢的活動居多？還是以不花錢的
　　　活動居多？

　　●我做的活動中，是以單獨去做的活動居多？還是和朋
　　　友、家人一起做的活動居多？

3.以兩人為一小組，分享彼此答案的異同。

4.請小朋友試著歸納自己的興趣。

5.分享。

單元六：時間甜甜圈

單元目標：

1.生涯準備（計畫）

2.養成學生對時間確實掌握的觀念。

3.教導學生認識自我並學會安排時間作息。

準備材料：圖畫紙、筆

活動方式：繪圖、報告、分享、討論

活動流程：

1.老師發下圖畫紙，請小朋友各自準備筆。教師在黑板上畫
  一個圓，代表一個人一天的生活時間。

2.指導小朋友將自己一天的作息先報告出來，再依自己作息
  規劃，將圓圈分成幾份。

3.請小朋友用筆將自己的作息表美化、裝飾，變成美麗可口
  的甜甜圈。

4.與小組成員分享自己的作品。

5.各小組成員派代表，展示及報告自己一天的作息表。

6.老師歸納整理。

單元七：我們都是好朋友

單元目標：

1.生涯準備

2.能原諒他人並樂於接受道歉。

3.和同學和樂相處，以增進人際關係。

準備材料：劇情說明

活動方式：角色扮演、討論

活動流程：

1.教師說明劇情：下課時，小美拿著一盒牛奶站在桌旁喝，
  這時小強突然想到一件事慌張地注外走，不小心碰到小美

的牛奶，牛奶掉下地，一下子灑了滿地……。

2.小組討論：如果你是小強、小美，你該怎麼辦？

3.角色扮演整段劇情。

4.各小組討論下列問題：

　　●小強撞翻小美的牛奶，小美的態度如何？

　　●小強不小心撞翻小美的牛奶，小強心中的感受如何？

　　●小美應怎樣對待小強？

　　●我們應如何和同學和睦相處？

5.分享小組的回答。

6.老師歸納整理。

單元八：職業萬花筒

單元目標：了解職業市場的需求與學校教育的關係

準備材料：剪刀、膠水、報紙、圖畫紙

活動方式：討論、發表

活動流程：

1.每組將報紙上求職或求才的廣告剪下。

2.討論如何將剪下的廣告分類。

3.發下圖畫紙，依討論分類的結果貼上廣告。

4.請成員發表將工作分成哪些類別？自己喜歡哪一項工作？
　做這項工作需要什麼樣的條件？自己要怎樣達到？

5.綜合歸納各行各業要具備的學養與能力和要達成的方法。

單元九：十大熱門行業

單元目標：

1.瞭解目前最受歡迎的行業有哪些

2.探討彼此看待職業的價值觀為何

準備材料：壁報紙、麥克筆

活動方式：討論、報告

活動流程：

1.請各組寫下認為最受歡迎的十種行業，並依其受歡迎的程度排名。

2.各組派一名代表到前面，將小組討論結果與全班分享、說明。

3.統整出受歡迎的行業包括哪些，哪幾種行業最受歡迎以及為什麼這些行業受歡迎。

單元十：我的未來不是夢

單元目標：瞭解各行業職前所需的準備

準備材料：作業單

活動方式：語句完成、分享

活動流程：

1.發給小朋友每人一張作業單，請小朋友寫下：如果_____年後，我希望自己是個_____，那麼我必須……

2.小組內分享彼此的作業單。

3.請幾位小朋友與全班分享作業單。

4.老師總結。

第 9 章

中學階段生涯探索方案

◆

中學青少年的心理與生涯發展

◆

中學階段的生涯能力指標及輔導策略

◆

中學生涯輔導方案之實例

青少年階段是人生的黃金時段，對於對未來人生發展滿懷憧憬與希望的年輕人來說，人生是一塊最佳的畫布，可以五彩繽紛盡情揮灑。另一方面，由於青少年期常被描述為一個由童年轉變而來的狂飆時期，了解青少年生涯發展與協助其生涯探索與規劃的議題，近年來受到青少年問題學者與實務工作者普遍的關注，咸認對追尋自我認同的青少年進行適切的生涯輔導，將有助於青少年掌握其人生的目標與方向。因此，中學階段以「生涯探索」為焦點的生涯輔導方案，應在青少年的發展歷程中扮演著關鍵性的重要角色。本章奠基於青少年的心理與生涯發展階段及任務，探討在中學階段可行的生涯輔導策略及實施方式。

第一節　中學青少年的心理與生涯發展

　　十二至十八歲左右的青少年，在認知發展上係處於Piaget（1969）所謂的「形式運思期」，已能運用假設─演繹的思考能力，處理抽象的問題，且有能力從不同角度對問題提出許多可能的解答。Erikson（1963）認為青少年期的心理發展任務主要是「自我認定」，透過在不同環境中的多樣經驗，尋找自己在環境中具有一致性的自我定位；如未能找到自己在環境中明確的定位，則會形成「角色混淆」，而導致負向的自我認定，甚至出現社會所無法接受的行為，形成青少年心理發展上的危機。Havighurst（1972）亦列舉出青少年期的發展任務，包括下列數項：

　　1.建立與兩性和同儕間的成熟關係。
　　2.發展男性／女性的社會角色。
　　3.接受自己的身體，並良好地運用自己的身體。
　　4.達成與父母或重要他人分離時的情感獨立。

5.為婚姻與家庭生活作準備。

6.為經濟和生涯發展作準備。

7.建立明確的道德和價值體系，作為行為之準則。

8.表現合於社會責任的行為。

　　從Super（1990）的生涯發展階段看來，青少年期則跨越了「成長期」中的「能力期」（13~14歲），延伸至「探索期」的「試探期」（15~17歲）。在能力期，青少年對於「我的未來志願」的思維，主要考慮的是能力及工作條件，以及如何發展自我形象，並了解工作意義。在試探期，青少年在思考生涯相關議題時，考慮的是需要、興趣、能力及機會，並在課業、討論、活動及工作中加以嘗試。

　　Herr（1991）亦試圖歸納出國初中和高中職學生在生涯發展與輔導上的主要任務。對國初中學生而言，生涯輔導目標應在於探索和檢驗學生對自我、他人和生涯機會的態度和資訊。而對高中職學生而言，生涯輔導的主要任務則在於協助學生為從學校到工作或大專院校的轉換做出具體的規劃。兩階段的特定任務，包括：

國初中階段

1.檢視和修正生涯抱負。

2.維持動機。

3.檢證個人對社會現實和體能實況的知識。

4.學習和同儕團體合作愉快。

5.投入於學科、生涯、個人範疇的經驗和機會。

6.運用和檢證個人所習得的技能，並省察其意義。

7.習得和學科課程及生涯選擇有關的生活技能。

8.瞭解學科課程及未來教育選擇如何和工作之間產生連結。

9.使自我認定和自我效能感更爲具體明確。

10.探索和檢證職業技能和偏好。

高中職階段

1.爲從學校至成人期之轉換做準備。

2.培養獨立自主，達成心理上的獨立，不再依賴父母。

3.擴展同儕關係，培養發展親密關係的能力。

4.學習處理異性關係、約會和性關係。

5.爲籌措接受繼續教育之學費做準備。

6.學習如何照顧個人的身心健康。

7.學習管理時間。

8.形成個人的價值體系。

9.形成個人的生涯期望和規劃。

10.爲生涯規劃及其結果承擔責任。

11.讓個人的選擇性盡可能保持開放。

12.發展生活的重要技能，且有效利用休閒時間。

第二節　中學階段的生涯能力指標及輔導策略

美國全國職業資訊統合委員會（NOICC, 1992）爲中學學生之生涯能力訂定了評量的指標，並建議可採行的輔導策略，以協助中學學生達成應具備之生涯能力（引自Zunker, 1994）。

一、國初中階段生涯輔導策略

國初中階段生涯輔導的目標，在於：

1. 讓學生瞭解其興趣、能力、價值觀，並接觸多種不同的職業領域，以發覺較適合個人的職業。
2. 使學生瞭解不同工作的本質，不同工作對社會的貢獻和重要性，以及不同工作對工作者能力、性別等要求。
3. 使學生瞭解不同教育領域對未來職業領域的影響，並讓學生由不同的工作的角色去瞭解不同工作的知識及技能的差異。
4. 讓學生瞭解不同工作的工作情境、工作流程或工作產品為何，需要有哪些特殊的技能。
5. 使學生瞭解從事不同工作的生活型態會有差異，讓學生注意其所喜歡的生活型態是否與想從事之工作的生活型態不同。

在自我認知方面

能力一：認識正向自我概念對個人的影響

1. 說明為勝任不同生活角色所需具備的技能。
2. 說明個人的行為如何影響他人的感受和行動。
3. 瞭解環境對個人的態度、行為和性向的影響。

能力二：學習和他人互動的技巧

1. 表現對他人信念和感受的尊重。
2. 表現對人與人之間相似和差異的欣賞。
3. 表現對人們之間差異的容忍度和彈性。
4. 表現回應批評的技巧。
5. 表現有效參與團體活動的技巧。
6. 表現有效的社會技巧和溝通技巧。

7.表現對不同文化、生活型態、態度及能力的瞭解和尊重。

能力三：認識成長與變化的重要性

1.瞭解因重要事件或經驗所產生的感受，辨認個人內、外在的壓力來源。

2.表現處在壓力之下，回應他人的技巧。

3.說明個人在生理上、心理上、社會的、情感的發展和變化。

4.說明和生涯發展有關的生理和心理因素。

5.說明生涯、家庭和休閒活動，對個人生理、心理、社會、情感、及經濟上的重要性。

為協助國初中學生發展上述三項「自我認知」的能力，生涯諮商師可採行的生涯輔導策略包括下列數項（Zunker, 1994）：

1.向學生介紹自我形象、自我價值、自我肯定等概念。小組討論這些概念與生涯規劃的關係。

2.引導學生使用Holland分類系統，歸納個人人格特質與工作環境的關連性。

3.請學生列舉出個人擅長和不擅長的課程，思考所習得的技能與人格特質、興趣的關連。

4.引導學生討論不同工作所需具備的技能與人格特質，並列出一張清單。

在教育與職業探索方面

能力四：認識教育成就對生涯機會的利益

    1.說明學科和職業技能在工作世界中的重要性。

    2.說明如何在各類職業中應用學校學科所習得的技能。

    3.說明學校中不同學科的優點和缺點。

    4.說明能增加基本學習技能的教育行動計畫。

    5.說明爲了因應多變的職業條件所需具備的技能。

    6.瞭解繼續教育或進修如何能增強達成目標的能力。

    7.瞭解目前所習得的技能和未來高中課程的關係。

    8.瞭解個人的性向、能力和各類職業領域的關係。

能力五：瞭解工作與學習間的關係

    1.表現有效的學習習慣和技能。

    2.瞭解個人的技能和態度對工作表現的重要性。

    3.說明個人的態度、信念、技能等和職業選擇的關係。

能力六：認識使用生涯資訊的技巧

    1.說明職業分類的幾種不同方法。

    2.瞭解特定職業領域所須探索的生涯資訊。

    3.表現運用學校資源和社區資源的技巧，以更深入瞭解特定
      職業領域。

    4.確知獲取相關生涯資訊的重要資源。

    5.說明在學校中所習得、可轉換於工作表現的技能。

    6.說明社區中和就業求職有關之資源。

能力七：認識找尋和獲得工作所需的技能

    1.說明有利於獲得和維持工作的個人條件（如可信賴度、守
      時、溝通能力等）。

    2.說明有利於獲得就業機會的其他條件和相關資源。

    3.表現完成工作申請程序所需的技巧。

    4.表現通過工作面試所需具備的技巧和態度。

能力八：瞭解工作與經濟、社會需求的關連
　　1.說明工作對社會的重要性。
　　2.說明工作與經濟及社會需求間的關係。
　　3.說明工作者對社會的經濟貢獻。
　　4.說明社會、經濟及科技上的變化革新，對不同職業領域的影響。

　　為協助國初中學生發展上述五項「教育和職業探索」的能力，生涯諮商師可採行的生涯輔導策略包括下列數項（Zunker, 1994）：

　　1.請學生寫出他們對自己的看法，對活動的偏好，自己的優、缺點，以及他們對未來生涯的期待。在小組活動中分享和討論。
　　2.請學生列舉出一些與他們的興趣、能力相關的職業，並進行小組分享和討論。
　　3.引導學生藉由閱讀傳記、寫信、訪談工作者，深入探究自己所嚮往的職業，以瞭解工作內容、性質、狀況，確定必要的就業訓練與資格條件。
　　4.帶領學生拜訪社區中的機構，觀察工作者的工作狀況、工作類型、及工作態度。
　　5.引導學生討論學校各學科所學的技能對生涯成功者的重要性。
　　6.引導學生探究所嚮往職業必須具備的資格條件和準備，討論為不同職業做準備的相似點與相異點。
　　7.引導學生對歷史悠久或已消失無蹤的職業進行探究，並撰寫短文說明。

8.請學生以某項標準區分十種職業類別，並選出三種符合其能力與興趣的職業。

9.請學生擬定一項實習計畫，扮演實習工作者，並在小組活動中與他人分享其工作經驗。

10.請學生以某項工作為主題，撰寫相關的工作故事，並在小組活動中分享和討論。

在生涯規劃方面

能力九：習得作決定的技巧

1.說明個人的信念、態度，及其如何影響生涯選擇。

2.瞭解生涯發展是一個連續性歷程，伴隨著一連串的選擇。

3.確知作出生涯決定的可能結果。

4.說明和個人的教育和職業興趣有關的學校課程或學科。

5.說明個人生涯計畫如何受到他人期望的影響。

6.瞭解教育和職業選擇上的決定，和生活上的決定有何關連。

7.確知建立未來生涯計畫的重要性。

8.說明如何達成生涯目標，及未來的生涯計畫。

能力十：認識生活角色相互間的關係

1.辨認不同的工作角色和家庭角色，及其所需投入之時間、心力、條件等的差異。

2.瞭解工作角色如何滿足家庭成員之需求。

3.說明如何透過工作、社區、家庭角色之協調整合，以達成個人之生涯目標。

4.說明和個人生活型態及生涯目標有關的休閒活動。

5.說明選擇扮演各種生活角色的優、缺點。

6.說明家庭角色、工作角色和休閒活動之間的相互關係。

能力十一：認識不同職業中男女性別角色的變化

　　1.說明男／女性進入非傳統職業領域工作的優點和問題。

　　2.說明選讀一個即使異性佔大多數，但和個人興趣偏好有關
　　　之課程的必要性。

　　3.瞭解職業性別角色的刻板化問題，討論性別歧視或偏見的
　　　謬誤如何限制個人從事特定職業的機會。

能力十二：瞭解生涯規劃的歷程

　　1.說明生涯探索的歷程，表現生涯規劃的技巧。

　　2.確知和個人暫時性生涯目標有關的學科課程。

　　3.瞭解如何為高中生涯發展教育和職業計畫。

　　4.說明從事各種職業所需具備的技能。

　　5.確知管理個人資源（如天賦、時間、金錢等）的策略，以
　　　達成暫時性生涯目標。

　　6.為暫時性生涯決定發展一可切實執行的生涯計畫。

　　為協助國初中學生發展上述四項「生涯規劃」的能力，生涯
諮商師可採行的生涯輔導策略包括下列數項（Zunker, 1994）：

　　1.呈現作成生涯決定的模式和步驟，討論各步驟的重要性。
　　　請學生設定一個生涯選擇的問題，應用生涯決定模式中的
　　　各項步驟。

　　2.引導學生以小組合作方式，進行職業資源與人力資源的建
　　　立。

　　3.引導學生小組討論報紙上的星座運勢分析，並將之與其他
　　　問題解決方法加以比較。

　　4.請學生列舉出三種可能選擇的職業，應用生涯決定模式來
　　　作出最佳的選擇，並在小組活動中分享與討論。

5.請學生為高中生涯發展一項具體可行的教育計畫，在小組
　活動中分享與討論。

　　此外，Herr & Cramer（1996）亦列舉出許多適用於國初中階
段的生涯輔導策略，包括融入性生涯課程、作決定和生涯資訊之
獲得、社區參與等，本文僅擇要說明之。

融入性生涯課程

1.請學生比較和對照1940年代、1970年代和現代的勞動市
　場，有何明顯的異同？請其比較藍領工作者和白領工作
　者、生產業和服務業在就業人口數上的差異。討論發生這
　些變化的原因。
2.全班進行分組競賽，說出最多生產業和服務業的職業名
　稱。
3.請學生分組代表不同的組群，討論工作酬賞對他們的意
　義，包括薪水、福利、休假、輪值、生活型態、督導、獨
　立行動等。
4.請學生分辨出需要具備人際技巧的活動，和不需具備人際
　技巧的活動。
5.閱讀一位名人的傳記，請學生討論該位名人在實踐其生涯
　目標過程中所擔負的風險。
6.請學生撰寫一篇短文，描述過去所作的一項包含某種程度
　妥協的決定。
7.教導學生良好的學習習慣，並討論其和良好工作習慣的關
　係。
8.安排學生跟著社區的工作者參訪其工作情形，請學生報告
　他們所學習到的不同職業和責任。

9.以「科技對工作世界的影響」爲題進行團體討論，請學生列舉出至少六種已存在二十年以上，但現在已幾乎消失的職業。

10.設計一個布告欄，展示和目前所學科目有關、由不同職業工作者所使用的各類工具和材料。

11.舉一個上司和下屬之間不良人際關係的情境，請學生角色扮演三種方式以改善其關係。

12.以「科技對社會的影響」爲題進行團體討論，請學生列舉出兩項未來十年間最可能創造出新職業的領域。

13.請學生設計布告欄，展示和各個學科領域相關的工作技能。

14.請學生瀏覽當地地方版報紙的求才廣告，辨認工作所需之技能。討論這些技能和學校各學科所學知能的關係。

15.請學生以角色扮演方式，演示職業上成功表現所需的溝通技巧。

16.請學生檢視和生涯、經濟、社會、政治現況及改變有關的最近發生事件，討論這些事件對學生規劃進入工作世界的影響。

17.在工藝課中提供操作性經驗，引導學生開始進行生涯組群的探索。

18.組織課外生涯興趣團體。

19.請學生在布告欄上設計能通往不同職業生涯的教育進路（如四年制學院、技職學院、兩年制學院、在職進修、學徒方案等）。

20.請學生挑選一項消費性商品，追溯其原始生產材料和製造過程，瞭解不同職業的相互依存性。

作決定和生涯資訊的獲得

1. 用錄音帶錄下一段學生和諮商師進行有關作決定歷程的模擬晤談，請學生在聽完錄音帶之後討論他們對晤談過程的看法。

2. 利用一些模擬決策過程的遊戲，比較他們所作的決定之後果。

3. 舉出一個學生未來會遇到的有關課程的決定，請他們列舉出替代性作法、優點和缺點，並作成暫時性的決定，進而思考可能會發生的後果。

4. 請學生列舉出未來必須要作的重要決定，如兩年後（高中選組）、五年後（大學選系或擇業）、十年後（在哪裡居住或工作、結婚等）。

5. 請學生為每一項決定列舉出三項替代方案，並討論其實施的可能性。

6. 假設一個人做了錯誤的職業選擇，請學生討論為什麼這個人並不適合該職業。

7. 利用目前暫時偏好的職業，請學生列舉出準備進入該職業領域的一些程序步驟。

8. 請學生在其所偏好的職業組群中選出至少四項職業，蒐集相關的資料，並請學生說明選擇這四項職業的標準。

9. 提供從事非傳統職業的角色楷模，協助學生瞭解如何統整生涯和生活型態的決定。

10. 應用一些系統化的步驟，協助學生做生涯規劃：角色扮演、創造性問題解決、價值澄清、目標設定、衝突調解、果決訓練、生涯幻遊、工作探索等。

11. 列舉出十項工作者所應具備的個人特質，請學生逐項討論這些特質如何有助於工作上的升遷和發展。

12. 列舉出二十種一般的職業，請學生依據資料／思維、人群／事物等向度來加以分類。

13. 請學生舉出數位從事傳統上被認為是男性職業的女性工作者，以及數位從事傳統上為女性職業的男性工作者。並討論這些工作者的特質和能力表現。

14. 玩適配遊戲，讓學生為不同的職業選出適配的教育條件。

15. 請學生列舉出十種必須具備社會技巧和人際關係的職業（如教師、推銷員），並列舉出十種較不要求社會技巧或人際關係的職業（如科學研究人員、化學家、獸醫等）。

16. 邀請商業界的人士到學校中和學生進行模擬工作面試，並和學生討論結果。

17. 列舉出六種通常有性別角色刻板化印象的職業，請學生說明為什麼性別角色刻板化印象是錯誤的。

18. 請學生以角色扮演方式，演出需要達成某種妥協的決定情境。

19. 請學生為五種他們所偏好的職業列舉出欲申請進入該職業應具備的條件，辨認出哪些技能是他們現在所擁有的，哪些技能尚須接受更多訓練。

20. 請學生擬定一份個人生涯規劃報告，包括未來的生涯目標、教育訓練和發展計畫。

社區參與

1. 在聆聽一場生涯演講之後，請學生列舉出至少四個以前未曾考慮過的新點子。

2. 請學生訪談一位因科技發達而出現新職業的工作者，討論訪談的心得和啟示。

3. 實地參觀一個具有代表性職業的工作場所，請學生記錄他們所觀察到的工作者其使用的工具和材料。

4.請學生訪談一位在多數人有興趣的領域中工作的人,討論
  為什麼職業是一個人整體生活型態的一部份。
5.請學生參與志願性社區服務工作,在醫院、護理中心、孤
  兒院等機構服務。在團體中討論其助人經驗,探索與之相
  關的可能職業。
6.拜訪當地就業服務機構,和諮商師討論社區中可以找得到
  的工作機會。
7.帶學生到青年就業服務中心,謀求兼職工作機會。
8.提供學生觀察資深工作者和受訓新手的機會,請學生比較
  五種不同的能力程度。

國內知名生涯學者金樹人等人(1992)曾訪問調查數十位實
際從事生涯輔導工作的人員,瞭解其對國中三年級學生實施生涯
輔導具體措施的建議,並將之整理歸納為四個層面:

1.生涯發展觀念之建立—瞭解生涯發展階段及各階段之任
  務。
  措施:專題演講、小團體、工作坊、輔導活動課程、座談
  會、提供書面資料。
2.自我探索—瞭解自己之興趣、性向、價值觀及性格等。
  措施:心理測驗、輔導活動課程、自我探索團體、個別輔
  導。
3.環境探索
  ● 探索社會、家庭、經濟因素對未來生涯的影響
    措施:分組活動、小團體輔導。
  ● 升學資訊探索—瞭解各種升學進路及所需具備之條件,瞭
    解讀書或考試之技巧,瞭解各校之特色、環境、設備、出
    路等。

措施：升學手冊、資料展、輔導活動、參觀訪問、校友或資源人士座談等。

● 工作世界探索─對從事各行業的特性、內涵、甘苦、發展趨勢等有整體之認識。
措施：錄影帶賞析與討論、資料展、小團體輔導、輔導活動、資源人士座談、職業探索研習營、工讀講座、技藝教育班、校外實習等。

● 瞭解進入工作世界的方法─如職訓、求職技巧...等。
措施：錄影帶賞析、資料展、工作坊。

● 工作中人際關係探索─如主從角色、勞資關係、人際技巧、人際衝突之處理。
措施：小團體輔導、人際關係工作坊。

● 工作適應過程探索─瞭解工作適應的過程及因應之道。
措施：小團體輔導、資源人士座談、專題演講。

● 工作與休閒探索─瞭解工作與休閒的意義與關連。
措施：專題演講、參觀訪問。

● 建立職業道德觀念
措施：專題演講、競賽活動。

4.生涯決策─分析自己生涯進路之阻力與助力，並學習作決定之技巧。
措施：小團體輔導、工作坊、輔導活動課程。

二、 高中職學生生涯輔導策略

高中職階段為學生實施生涯輔導的目標，在於：

1. 使學生瞭解其學業成就、價值觀、嗜好、期望、對職業的偏好等之間的關係。
2. 使學生能針對自己的目標，分析自己現有的能力，並能有計畫地增進自己的能力。
3. 能經由選修適當的課程，參加建教合作、在職訓練或研究計畫等，以使自己充實能符合未來工作所需的資格。
4. 發展出能有效利用休閒時間的能力。
5. 能對個人的特質及成就有正確的認識，並能從容在求職或升學面試中表現。
6. 若所做的選擇無法達成時，能以另一種方式來達成其在教育上或工作上的願望。
7. 能規劃達成目標的具體步驟。

NOICC歸內出高中職學生生涯發展的能力指標與輔導策略，有下列數方面：

在自我認知方面

能力一：認識正向自我概念對個人的影響

1. 瞭解和欣賞個人所擁有的興趣、能力和技能。
2. 表現善用同儕回饋來肯定自我的能力。
3. 瞭解個人特質，及其對達成個人生涯目標的影響。
4. 瞭解環境對個人態度、行為的影響。
5. 瞭解個人自我概念和行為表現間的關係。

能力二：學習和他人互動的技巧

    1.表現有效的人際溝通技巧。

    2.表現和他人一起工作所需具備的人際技巧。

    3.說明在各種情況下，和雇主和其他工作者間的適當互動關係。

    4.表現抒發感受和想法的適當方法。

能力三：認識成長與變化的重要性

    1.說明成長與發展上的變化如何影響個人的生理和心理健康。

    2.說明情感和身體健康對個人生涯決定的影響。

    3.說明有效處理壓力的健康方法。

    4.表現對個人生理和心理健康的注重與維護。

    為協助高中職學生發展上述三項「自我認知」的能力，生涯諮商師可採行的生涯輔導策略包括下列數項（Zunker, 1994）：

    1.請學生列舉出五種他們目前生活中所扮演的角色，及未來可能會扮演的角色，如夫妻、父母、公民等，在小組中加以討論。

    2.放映和性別角色刻板化有關的影片，引導學生討論性別角色刻板化如何限制個人的生涯發展和選擇。

    3.請學生從報紙和雜誌的圖片和文句中，辨認出社會所認可的行為和裝扮，並討論其適當性。

    4.請學生討論其同儕群體在生理或身體發育上的差異，以及這些差異對個人的影響。

    5.請學生討論在工作環境中協同合作的價值和重要性，並發展一個必須合作的工作計畫。

6.引導學生觀察從事特定職業的工作者，記錄完成工作任務所需具備的技能和投入的時間，並進行分享和討論。

7.引導學生討論雇主或公司主管對工作者的期望，並和工作者對自己的期望相比較，討論二者間如何達成共識和取得最大的一致性。

8.引導學生進行「角色扮演」，演出公司主管對職員之特定工作表現的反應。討論在各種情況下雇主可能會有的反應。

9.請學生探討工作者可能會遲到和缺勤或曠職的原因，並進行討論。

10.請學生以「良好的工作習慣」為題，訪問至少三位工作者及其主管，分享和討論其訪問結果。

在教育與職業探索方面

能力四：認識教育成就和生涯規劃的關係

1.表現如何應用學科和職業技能以達成個人目標。

2.說明學科和職業技能對個人興趣的偏好的影響。

3.表現在學科教育和職業訓練方案中所習得的技能，並說明其與生涯目標的關係。

4.說明學科教育如何影響個人之學術發展、職業訓練、及進入職場的機會。

5.表現可應用於各種職業或工作表現的可轉移工作技能。

6.說明技能的學習在工作職場中的重要性。

能力五：習得以正向態度因應工作和學習之需求

　　1.確知工作者對社會的正向積極貢獻。

　　2.瞭解各種職業所蘊涵的社會意義。

　　3.表現對工作的正向積極態度。

　　4.表現良好的學習習慣和技能，並運用於各種學習情況中。

　　5.表現正向積極的工作態度和行動。

能力六：掌握使用生涯資訊的技巧

　　1.說明各種職業所需具備的教育程度。

　　2.表現使用生涯資訊（如生涯手冊、行職業簡介、職場資訊
　　　與電腦化的生涯資訊傳輸系統等）的技巧。

　　3.瞭解各種職業分類系統，依據某一系統將社區中的職業加
　　　以分類。

　　4.說明「生涯階梯」（career ladder）的概念。

　　5.說明「個人工作」（self-employed jobs）的優缺點，並將之
　　　列入生涯選擇方案之一。

　　6.確知哪些人可作為蒐集生涯資訊的主要來源。

　　7.說明在不同職業領域中人力供需的變化和影響。

　　8.確知當前就業趨勢，及其和工作者教育程度、職業訓練的
　　　關係。

　　9.說明各種環境因素（如人口、氣候、就業機會的地理位置
　　　等）對工作選擇的影響。

能力七：習得找尋、獲得、維持及改變工作所需的技能

　　1.表現尋找和運用工作機會相關資訊的技能。

　　2.表現能勝任一項專任或兼職工作所需具備的學科或職業技
　　　能。

　　3.表現完成一項成功的工作面試所必要的技能和準備行動。

　　4.表現準備一份自傳和工作申請書的技能。

　　5.表現找尋特定工作機會的技能。

6.表現欲獲得和維持工作所需具備的就業技能。

7.表現有效評估職業或工作機會的技能。

8.說明有助於從中學教育轉換到社會工作或進修訓練，可資利用的職業安置服務。

9.瞭解工作機會係隨著社會經濟發展脈動而變動，故常有重新安置的必要。

10.表現有效管理個人財務資源所必要的技能。

能力八：瞭解社會需求和功能對工作本質和結構的影響

1.說明工作對個人生活型態的影響。

2.說明社會需求和功能，對財貨服務與供給的影響。

3.說明行職業發展趨勢如何影響職業訓練和工作機會。

4.瞭解全球經濟發展趨勢，及其對每個人的影響。

為協助高中職學生發展上述五項「教育和職業探索」的能力，生涯諮商師可採行的生涯輔導策略包括下列數項（Zunker, 1994）：

1.請學生列舉能影響個人生涯選擇的地理因素。提供都市版和鄉鎮版的報紙求職廣告欄，引導學生比較職業機會在質和量上的異同。

2.請學生討論中學學科課程如何影響學生選擇進入大學院校、技職學校或就業。列舉出必要的課程內容，及和課程相對應的工作類別。

3.請學生討論個人的價值觀對其作生涯決定時的影響和重要性，列舉出一些可能左右生涯選擇的價值觀。請每位學生選出三項認為最重要的價值觀，分享和討論其圈選的原因。

4.向學生說明生涯規劃的方法和步驟，請學生分享及討論下

列數項主題：「勝利者和失敗者」、「我的幻想生活」、「我的眞實生活」、「我的生涯目標」及「我的生涯規劃」等。

5.引導學生爲進入大學院校做好準備。請學生討論下列數項主題：「如何讀懂大學科系介紹」、「拜訪大學校園感想」及「瞭解大學科系課程」等。

6.引導學生討論健康休閒活動的價值。請學生列舉出五項所偏好的休閒活動，分享和討論其在休閒活動中所獲得的好處。

7.請學生列舉出一系列所偏好的休閒活動，估計各項休閒活動所需投入的時間，透過小組討論協助學生辨認出哪一種職業最可能提供個人所需要的休閒時間。

8.將學生分成兩組，辯論支持所偏好休閒活動的正反面觀點。

9.請學生列舉出目前所偏好的休閒活動，討論哪些休閒活動可能成爲一輩子的最愛。

10.引導學生依據工作投入、休閒活動、家庭參與、社會責任等方面，討論生活型態的概念，分享其對未來工作角色和生活型態的計畫。

在生涯規劃方面

能力九：習得作決定的技巧

1.表現作出暫時性教育和職業決定的技能和負責態度。

2.確認可選擇的教育和職業方案。

3.說明與高中職畢業後之教育或訓練需求有關的個人優、缺點。

4.瞭解高中職階段所做的生涯選擇，會促使個人習得有效的

工作技能。

  5.說明高中職畢業後，轉換至其他教育或訓練方案所必須採取的行動步驟。

  6.說明爲高中職畢業後繼續接受教育或訓練，申請或取得財務援助的管道和步驟。

能力十：瞭解生活角色相互間的關係

  1.表現出對不同生活角色的瞭解。

  2.說明決定生活型態的因素（例如，社會經濟地位、文化、價值、職業選擇、工作習慣等）。

  3.說明職業選擇對生活型態的影響。

  4.說明工作對和諧均衡生活型態的貢獻。

  5.說明工作、家庭和生活角色間的互動關係。

  6.說明不同的生活型態及其對工作表現的可能影響。

  7.說明健康休閒活動的重要性。

  8.說明透過休閒活動以習得職業技能和知識的方法。

能力十一：瞭解男女性別角色的持續變化

  1.辨認能影響男性/女性生涯型態變化的因素。

  2.辨認在教育和職業訓練方案中，性別角色刻板化和性別歧視的證據。

  3.表現能化解性別歧視及刻板化印象的態度、行爲和技能。

  4.確知有益於暫時性職業選擇的學科課程。

  5.說明非傳統職業的優點和問題。

能力十二：習得生涯規劃的技能

  1.說明能反映出終生學習之重要性的生涯計畫。

  2.說明高中職畢業後繼續接受教育和職業訓練的計畫。

  3.瞭解個人需因應改變而重新接受訓練，並提昇工作技能。

  4.說明學校和社區中可供探索教育和職業機會的有用資源。

  5.瞭解個人工作者所需負擔的成本和獲益。

6.表現出由志願服務工作、兼職工作或建教合作方案所習得的職業或工作技能。

7.表現出要在教育和工作機會間作有效比較，所需具備的技能。

8.為高中職畢業後的暫時性決定，發展一套生涯計畫，並更新早期計畫中的相關資訊。

為協助高中職學生發展上述四項「生涯規劃」的能力，生涯諮商師可採行的生涯輔導策略包括下列數項（Zunker, 1994）：

1.請學生閱讀「找尋工作」策略手冊，討論這些手冊中所建議的找尋工作方法和步驟，及其利弊得失。

2.安排學生拜訪一所社區就業輔導機構，記錄其功能和作法。

3.提供學生報紙求才廣告欄，請學生列舉找尋工作之前所需蒐集的職業資訊。

4.引導學生模擬演練找尋工作的程序，示範填寫申請表和履歷表的有效方法，並加以討論。

5.安排學生模擬演練工作面試的過程，討論適當的穿著打扮、言行舉止、所需準備等。

6.協助學生習得生涯規劃技能，並深入討論下列主題：
（1）個人特質和職業的關係，（2）手工藝技能和職業的關係，（3）技術性、專業性及管理的職業，（4）經濟發展趨勢和職業的關係，（5）事務性和服務性的工作角色，（6）預先的評估和計畫。

7.協助學生依據其所期待的生活水準和生活型態，來評估未來生涯發展，為自己十至十五年後的生涯目標做出規劃。

8.教導學生找尋工作的方法和程序，從學校就業輔導中心的

檔案資料尋找就業機會；向學生示範如何撰寫履歷表、自傳，並模擬申請與面試的步驟。帶領學生參觀拜訪當地職業介紹機構，實地瞭解申請工作的流程。

9. 協助學生瞭解工作的責任和壓力。找出一位最近突然成名的名人，讓學生比較其生活型態（包括工作、休閒和家庭）的變化。

10. 邀請父母參與學生的生涯決定和規劃的歷程。請學生與父母討論和生涯有關的事項，如父母心目中的自己、如何設定目標、如何蒐集職業資訊、生涯規劃的注意事項、職業訓練或繼續教育的途徑等。

此外，適用於高中職階段的生涯輔導策略，亦可區分為融入性生涯課程、團體輔導及社區參與三種方式（Herr & Cramer, 1996）：

融入性生涯課程

1. 請學生先閱讀一篇名人傳記，然後描述影響其生活及生涯決定，如朋友的選擇、家庭生活、居住地點等等。

2. 請學生完成一份工作或入學申請書，撰寫履歷表、自傳，角色扮演工作面試的訪談過程。

3. 請學生針對勞工市場供需情況的改變進行適當的研究，撰寫研究報告討論其發現。

4. 請學生針對每一個學科領域中因科技發展所導致的職業變化，進行報告和討論。

5. 請學生記錄每天的職業白日夢，以及所浮現的念頭或想法，作為生涯探索的基礎。請學生以一分鐘的時間寫下所有想到的、與其職業白日夢有關的字眼或文句，和其他學

生的用語相比較。

6.請學生以書面作業呈現科技如何促使工作面貌的多元化，討論工作者的因應方式。

7.請學生界定他們要達成未來教育或職業目標所要採取的特定步驟，並依據時間先後順序排列。

8.請學生準備一份履歷表，列舉出他們所擁有的各項工作技能。

9.在閱讀一位知名人士的生涯傳記之後，請學生辨認其生涯歷程中的決策點、所扮演的職業角色，及其所經歷的不同準備階段等。

10.請學生討論目前所修習課程和其教育或職業目標的關係，並列舉出和目前課程有關、希望發展的個人目標，如技巧、知識或態度等。

團體輔導歷程

1.讓學生參與生涯賓果遊戲，寫下其人格特質和生涯目標，討論不同生涯和人格類型的涵義。

2.請學生建構一個職業家庭樹，探討其祖父母、父母、親友的職業，討論性別或其他特定的影響因素。請學生想想自己最像家庭中哪一個成員？家人希望自己選擇什麼職業？爲什麼？

3.舉辦生涯規劃工作坊，探討目前所扮演的生活角色，和所擁有的因應技巧。

4.提出生涯相關的問題（如學院或科系的選擇、數項職業的比較）等，請學生蒐集適當的資訊。

5.請學生擬定長期生涯計畫，包括達成所偏好之未來目標的特定步驟。

6.請學生依據（1）進入職業或升遷之教育程度要求；（2）職

業內容、工具、場所、產品、服務等；（3）對社會之貢獻；（4）提供所期望生活型態的可能性；（5）和個人之興趣、能力、價值的關係等，區辨其所選擇的職業組群內數項職業之主要差異。

7. 請學生列舉出他們在生涯上所尋求的六項因素，例如旅行機會、接觸各式各樣的人、承擔較大責任、升遷機會等。

8. 提供從以前到現在的勞動市場發展趨勢，請學生討論這些趨勢如何影響其生涯選擇。

9. 提供假設性情境，描述一個人面臨決定時的兩難困境（如很想當運動員，但沒有足夠的運動能力）。請學生討論其妥協之道。

10. 以學生過去的決定經驗為例，討論外在因素（如家人、朋友、環境）如何影響其決定。

11. 請學生列舉出每一個可能生涯選項的優點和缺點，討論其和生活目標的關連。

12. 利用適當的職業資源，請學生發展進入其選擇職業所需之技能。

13. 請學生演練工作面試技巧。

14. 請學生辨認其所具備的與教育或職業目標相關的重要技能或能力。請學生比較其在過去數年中的進步情形。

15. 請學生列舉出十項在高中畢業後繼續接受教育的管道（如大學院校、技職學校、遠距教學、在職訓練、閱讀、學徒等），討論其優點和缺點。

16. 請學生列舉出要進入其選擇的職業領域並獲得升遷，所需具備的教育經驗（課程或訓練等）。

社區參與

1. 邀請校外人士分享其生涯歷程和組型，強調他們所做的規劃、所利用的資訊，以及他們目前缺乏但希望能擁有的資訊。
2. 提供學生安置服務，以協助學生獲得（兼職、暑期或模擬）工作經驗，試驗工作技能。
3. 邀請當地政府就業輔導單位的資源人士，討論就業趨勢、失業率及相關因素等。
4. 安排至當地工廠進行校外參觀，討論新科技和自動化體系如何影響工廠之營運。
5. 和當地政府就業輔導單位合作，爲學生提供有關當地工作機會之訊息。
6. 和雇主進行訪談，以瞭解雇主希望員工具備之個人特質，和生涯成功所需具備之特質和工作態度。請學生寫下和工作態度有關的短文。
7. 安排學生在工作場所中觀察和訪談工作者，請學生記錄其所使用的材料、工具和工作程序等。
8. 請學生選擇一項有興趣的職業組群中的工作，從事兼職工作。
9. 請學生選擇一個社區機構或工商企業等，從事實習工作一星期。請機構督導評量學生的工作表現和工作態度。
10. 發函給已經工作的畢業校友，請其擔任學生的工作諮詢者，提供學生所需的職業資訊和工作相關資源。

第三節　中學生涯輔導方案之實例

　　Brown（1980）曾描述一個爲高中學生舉辦的生活規劃工作坊，以小團體的方式進行，包含七項主題：

1. 人們的行爲表現：強調目標導向行爲，建立爲個人行爲負責的概念。
2. 成功者和失敗者：強調失敗者如何透過負責任、良好的決策、規劃，來成爲成功者。
3. 奇幻的生活：探索幻想和規劃的關係。
4. 眞實的生活：描述現實的生活期望，包括教育、生涯、親密關係、休閒、社區參與等。比較幻想和現實生活的異同。
5. 設定生活目標：處理作決定的過程。
6. 短期生活規劃：設定高中畢業後的生涯目標，瞭解達成目標所要求的條件及其助力和阻力。
7. 長期生活規劃：在教育、生涯、親密關係、休閒、社區參與等層面上，發展長期的目標和規劃。

　　我國目前爲國中階段學生設計的生涯團體方案，以促進學生生涯發展或生涯探索爲主要焦點。除了國中「輔導活動」課程中每一學期均安排有生涯輔導的單元，尚有單行本的《替未來造形：我的生涯手冊》（1995）可供教師透過班級活動，爲學生進行一系列的生涯輔導主題，使學生能具備統整的生涯發展知能。該生涯手冊所列舉的單元有：（1）囍宴；（2）我是這樣長大的；（3）我要的是什麼；（4）我是怎樣一個人；（5）我喜歡做什麼；（6）我能夠做什麼；（7）我在怎樣的環境；（8）掌握資訊，掌握未來；

（9）我可以這樣作決定；（10）走我自己的路；（11）沙盤推演—升學篇；（12）沙盤推演—就業篇等。

洪寶蓮（1994）曾列舉國中階段學生生涯規劃方案，應包含六大主題和目標：

1. 認識生涯發展：協助學生建立生涯發展基本概念、角色定義，以及生涯內容與空間，並進而探索個人生涯發展任務。
2. 認識自我：協助學生瞭解並自我評估個人興趣、性向、能力、人格特質、價值觀，提出職業憧憬，形成正確職業價值觀。
3. 認識工作世界：協助學生認識職業意義、工作價值觀、就業機會及管道，以及蒐集資料之方法與運用，使職業觀念與工作世界產生連結。
4. 學習生涯決策技巧：協助學生學會如何作決定，以及面臨問題之解決策略。
5. 擬定生涯規劃：協助學生整合個人資料、外在環境以及對未來時間之關照能力，學會生涯規劃的技巧。
6. 認識就業安置與工作適應方法：透過謀職演練、參觀活動，協助學生學習如何進入工作世界之技巧、進行工作探索與因應之道。

此外，以國中學生為對象的生涯團體實驗方案，亦可見諸於近年來所完成的多篇碩士論文研究中，大多發現生涯輔導方案對促進學生生涯發展具有卓著的成效。茲舉劉滿珍（1998）為國中二年級學生所設計的「生涯發展團體方案」為例（如**表9-1**），她

表9-1 國中學生「生涯發展團體方案」內容摘要

單元	單元名稱	單元目標	活動內容	家庭作業
一	相見歡	1.團體形成 2.熟悉團體，認識成員 3.訂定團體契約 4.澄清團體目標及性質 5.瞭解生涯發展的重要性與影響 6.瞭解家庭作業的功能與重要性	1.暖身活動—星座EQ 2.自我介紹，認識成員 3.討論團體契約之內容 4.說明團體目標、性質 5.說明生涯有關之概念 6.解釋家庭作業範例	以「別人眼中的我、自己眼中的我、現實中的我」為題，撰寫一篇短文
二	記得當時年紀小	1.學習接納並肯定自己 2.自我探索 3.瞭解自己的人格特質	1.暖身活動—啞口無言 2.討論上週家庭作業 3.選擇一種顏色，形容自己的特質 4.我的志願 5.生命的連線 6.人格櫥窗 7.介紹Holland職業類型理論	寫下一些自己認為適合從事的職業項目
三	心情故事	1.建立團體信任度 2.培養團體氣氛 3.瞭解家庭背景對個人生涯的影響	1.暖身活動—信任跌倒 2.討論上週家庭作業 3.情緒分析 4.說明家庭背景對個人生涯的影響	寫出自己的優缺點各三項
四	水晶球	1.瞭解自己的優點與缺點 2.認識自己的興趣、能力、及其與生涯的關係	1.暖身活動—優點轟炸 2.討論上週家庭作業 3.我是誰？ 4.尋寶記 5.動動腦：興趣、能力與生涯的關係 6.討論選擇職業考慮因素	假如我已經二十歲了， 我能……… 我可以…… 我會………

單元	單元名稱	單元目標	活動內容	家庭作業
五	心中的天平	1.瞭解工作價值的意義 2.澄清自己的工作價值觀 3.認識各行各業 4.瞭解職業內容，作為將來選擇職業的參考	1.暖身活動—超級比一比 2.討論上週家庭作業 3.討論職業內容 4.腦力激盪：人為什麼要工作？ 5.澄清工作價值觀	工作世界的訪問—蒐集、查訪親友或鄰居2~3人的職業，並記錄他們所看重的工作價值
六	理想國	1.瞭解情緒與工作世界的關係 2.瞭解自己未來的方向	1.暖身活動—迴旋溝通 2.討論上週家庭作業 3.情緒氣象台 4.生涯進路圖	寫下「我最嚮往的職業」及「我最排斥的職業」各三項
七	我的未來不是夢	1.學會如何作決定的技巧 2.瞭解生涯中的阻力與助力 3.瞭解外在環境與內在需求對個人擬定生涯目標的影響	1.暖身活動—秘密花園 2.討論上週家庭作業 3.說明並指導生涯決策策略 4.動動腦：生涯阻力與助力 5.迎刃而解：作決定	填寫「決策平衡單」及「生活型態檢核表」
八	葡萄成熟時	1.勾勒心中理想的生活型態 2.擬定生活計畫 3.結束團體	1.暖身活動—突圍闖關 2.討論上週家庭作業 3.描繪生活藍圖及餡餅 4.擬定生活計畫 5.愛的祝福 6.愛的鼓勵	

資料來源：劉滿珍（1998）

綜合多個生涯理論，設計出八個單元的活動，預期透過每星期一次、每次九十分鐘的小團體活動，協助參與學生達成下列目標：

1. 瞭解個人的興趣、性向、價值觀念及三者之間的區別，並以興趣為探索其生涯發展的基礎，選擇暫時性的生涯發展目標。
2. 瞭解家庭背景、社經地位、早年學習經驗對個人興趣、能力及價值觀的影響同時負起自我抉擇的責任。
3. 認識當前社會體制、工作世界以及學校系統狀況，和有關生涯發展的資料來源，並藉工讀、義務服務、課外活動等方式獲取工作經驗，增進其對現實狀況的瞭解。
4. 增進個人抉擇、計畫、溝通與解決問題的能力。

　　國內高中職等中等教育體系，傳統上以升大學（高中）或四技二專（高職）為最主要目標，若學生未能順利升學，則高中職階段即是「升學/就業」的分界點，因此以高中職學生為對象的生涯團體方案最受到生涯輔導學者或實務工作者所關注。教育部並已明訂於八十九學年度起優先於高職學校實施為期一學期的「生涯規劃」課程，讓每位在學學生均有機會在教師專業的引導之下，深入探索與未來生涯發展相關的議題，並能為自己擬定適切的生涯發展計畫。本節僅擇要介紹一些專門為高中職階段學生設計的典型生涯輔導方案，提供教師安排教學活動之參考。

　　王淑敏（1988）為國中剛畢業的五專一年級學生設計的「生涯團體諮商方案」（如**表**9-2），可被視為目前被廣泛採用之生涯輔導架構的典型。該方案包含十個單元，每單元進行九十分鐘，主要目的在幫助學生進行生涯探索、生涯計畫、學習決定技巧、認識工作世界、促進生涯成熟等。

表9-2　五專學生「生涯團體諮商方案」內容摘要

單元	單元名稱	單元目標	活動內容	家庭作業
一	我們的團體	1.團體形成 2.相互認識 3.訂立團體契約 4.澄清團體目標 5.澄清個人參與團體的動機和對團體的期望	1.自我的畫像 2.枕頭遊戲 3.我們的團體 4.我們的團體規定 5.團體回饋	閱讀「路是無限的寬廣」，並寫下讀後心得約200字
二	我是誰？ (自我的探索)	1.認得他人的名字 2.增進團體凝聚力 3.提高自我概念 4.瞭解自己的能力、興趣和人格特質	1.姓名遊戲 2.成功經驗之分享 3.「職業興趣量表」之填答說明	填答「職業興趣量表」
三	我的興趣與人格特質	1.瞭解自己的職業興趣與人格特質 2.瞭解職業名稱 3.找出與自己興趣、人格特質有關的職業項目	1.「職業興趣量表」之分析與解釋 2.我的職業興趣 3.腦力激盪—職業大觀 4.符合職業興趣的職業項目	填寫「工作價值觀問卷」
四	我的價值觀	1.瞭解自己的價值觀 2.瞭解自己最大需求 3.瞭解價值觀與個人行為的關係 4.瞭解價值觀與職業的關係	1.價值大拍賣 2.工作價值觀問卷之計分與解釋	填寫「工作價值觀評量表」並進一步核對自己的價值觀
五	理想中的生活型態	1.瞭解個人理想的生活型態 2.能說出自己十年後理想中的一天 3.能區辨彼此未來生活型態的異同 4.說出理想生活型態與職業的關係	1.生涯幻遊 2.生活藍圖	從報紙上找出三到五個感興趣的職業，並用紅色線條框出，設法瞭解其徵求的人員所需具備的工作技能、待遇薪資、工作環境、工作性質等

（續）表9-2　五專學生「生涯團體諮商方案」內容摘要

單元	單元名稱	單元目標	活動內容	家庭作業
六	各行各業一	1.認識各項職業名稱 2.能說出自己所蒐集到的職業資訊 3.瞭解如何認識一項職業 4.進行查訪工作世界之準備	1.展示報紙上的職業資料 2.腦力激盪：說出行職業名稱 3.「查訪工作世界」之準備	填寫「工作世界查訪資料記錄表」
七	各行各業二	1.知道他人如何進行查訪工作 2.知道至少十項行職業有關的教育訓練資源及生涯資訊	1.生涯資訊報告與分享	閱讀「康一平決策情境」的短文，設想假如自己是康一平的抉擇
八	康一平的決策	1.瞭解作決定的六個層次 2.學會應用決策平衡單 3.瞭解決策模式	1.認識「作決定」 2.決策平衡單的應用說明 3.決策模式七步驟（DECIDES）	以最近所遭遇的決策問題為例，用平衡單去試作出一個決定
九	我的決策	1.瞭解三種可能的決策風格 2.分析並說明自己的決策風格 3.為自己作個決定	1.決策風格說明：依賴型、理性型、直覺型 2.我的決策風格 3.決策平衡單之結果－分享並說明自己所做的決策平衡單	完成生涯前程進路圖
十	我的生涯計畫	1.瞭解生涯目標與目前學習的關係 2.澄清達成生涯目標所應具備的教育條件及阻力與助力 3.擬定未來生涯的短程和長程目標 4.互道別離	1.分享前程進路圖 2.分析阻力與助力 3.團體歷程回顧 4.愛的禮物　珍重再見	

資料來源：王淑敏(1988)

王玉珍（1998）曾針對有選擇科系之需求的高中學生，設計一系列八個單元、每單元為時110分鐘的「生涯探索團體方案」（如表9-3），結合分類組合卡、Holland類型論、資料蒐集法、決定平衡單、生涯幻遊、生涯計畫等不同策略，協助學生釐清其生涯想法，並達成科系選擇之有效生涯決定。

雲林縣西螺農工輔導室亦曾為就讀該校的高職學生編寫一套《生涯輔導手冊》（1997），以作為學生自學輔導或團體活動的工具，共包含十二個單元與相關活動，分別是：

1. 我是誰：生命歷程的回顧、我是誰？
2. 自我瞭解：我的行動力、我的身體健康及外表、我的道德操守、我的個人價值及能力、我在家中的勝任度、我與他人交往的勝任度、我的現況、我對現況的滿意度等。王玉珍（1998）曾針對有選擇科系之需求的高中學生，設計一系列八個單元、每單元為時110分鐘的「生涯探索團體方案」（如表9-3），結合分類組合卡、Holland類型論、資料蒐集法、決定平衡單、生涯幻遊、生涯計畫等不同策略，協助學生釐清其生涯想法，並達成科系選擇之有效生涯決定。
3. 我的興趣：我喜歡做什麼？興趣與職業、興趣與休閒生活、興趣的發展計畫。
4. 我的能力：我能做什麼？自我能力的評量、能力與職業。
5. 我的價值觀：價值清單、工作價值標購、工作價值觀與職業、理想中的職業生活。
6. 我的學習：段考成績與期望表現之差距、生活餡餅。
7. 我的升學：四技二專的特色與內涵、感興趣之類科分析。
8. 職業探索：何倫類型論說明、生涯興趣量表施測與解釋。
9. 認識工作世界：理想中的職業、需要探索的項目、職業訪談。

10.生涯抉擇：決定的階梯、決定的方式、決定平衡單。

11.我的情緒：認識情緒、不悅情緒的評量、憤怒激因的評量。

12.休閒規劃：影響休閒活動的因素、個人休閒生活型態評量。

表9-3　高中學生「生涯探索團體方案」內容摘要

單元	單元名稱	單元目標	活動內容
一	相見歡	1.促使成員相互認識。 2.澄清期待，建立團體規範。	1.認識你真好 2.澄清團體目標 3.訂定團體契約
二	科系大彩排	1.藉由活動過程，抽取對科系的想法。 2.由實作的過程，增加對科系知識的瞭解。 3.藉由相互經驗的分享，擴展對科系的想法。 4.藉由活動的演練，增加生涯探索行為的經驗。	1.暖身活動—氣象台播報 2.科系組合卡 3.理由拼盤 4.團體分享 5.家庭作業
三	回首來時路	1.藉由活動的實施，對目前的生涯想法，能由經驗的重現產生覺察。 2.增進自我探索，擴大對自己的瞭解與認識。 3.瞭解增加科系知識的管道。	1.作業分享 2.回首來時路—生涯經驗回顧 3.團體分享 4.蒐集科系知識六W法
四	我是誰？	1.藉由活動的實施，瞭解增進自我知識與科系知識的重要 2.藉由活動的回饋，增進對自己個性和興趣的認識。 3.藉由活動，能評估並發現有興趣的科系與自己的個性是否一致。	1.何倫六角形—跳格子 2.團體分享 3.呈現組合卡的何倫碼組型 4.團體分享 5.檢核作業進度與問題解決
五	科系面面觀	1.增加生涯探索行為。 2.瞭解蒐集職業資訊的方法與管道。 3.能提供並判斷有關職業的正負向訊息及其他特徵。 4.藉由資料蒐集與分享的過程，增進科系知識。	1.作業分享 2.簡報時間—科系介紹 3.團體分享

（續）表9-3　高中學生「生涯探索團體方案」內容摘要

單元	單元名稱	單元目標	活動內容
六	科系平衡單	1.學習有效作決定的方式。 2.能列出自己在決定過程中的考慮因素。 3.瞭解考慮因素對生涯決定的影響。 4.能找出影響平衡單中決定有利因素。 5.藉由活動進行的結果，產生未來的目標。	1.我的選擇—科系平衡單的說明與示範 2.我的考慮因素—腦力激盪平衡單之考慮因素 3.科系平衡之填寫與加權計分 4.團體分享
七	十年後的我	1.能想像三年後及十年後的生活。 2.藉由幻遊—頒獎的過程，整理自己生涯的想法。 3.藉由活動實施，澄清自己的期待。 4.在活動結束後能列出未來的目標。	1.放鬆練習 2.生涯幻遊 3.小組分享 4.團體分享
八	團體回饋	1.能依據未來的目標，列出具體可行的實施計畫。 2.藉由活動，促進生涯的時間觀，更能掌握現在。 3.能回顧七次團體，體驗自我的改變與收穫。 4.團體結束。	1.我的十年計畫 2.小組分享 3.團體分享 4.水晶球—回顧團體歷程 5.我的收穫與心得 6.互道再見

資料來源：王玉珍（1998）

第 10 章
大專階段生涯規劃方案

◆

大專學生的心理與生涯發展

◆

大專階段的生涯能力指標及輔導策略

◆

大專院校生涯規劃課程方案實例

我國現有的教育體系中，大學或學院階段是許多青年學生十數年學習歷程的終點。大學或學院畢業之後，雖然有許多莘莘學子仍會進入研究所繼續深造，但多數青年迅即踏入社會工作，或逐步建立自己的事業生涯。因此，大學或學院階段是許多青年生涯發展歷程中一個重大的轉捩點，大學或學院中的輔導計畫應為學生提供有系統的生涯探索、生涯選擇和生涯規劃、生涯準備等相關活動，協助學生獲得未來求職謀生的有效技能。本章乃奠基於大專學生的心理與生涯發展階段及任務，探討大學或學院中實施生涯輔導的策略與有效方案。

第一節　大專學生的心理與生涯發展

　　對處於青少年晚期至成年早期（約十八至二十一歲）的大專學生而言，Erikson（1963）所提出的「自我認定」和「角色混淆」仍是此一階段主要的發展任務和發展危機。這些即將從學校中畢業進入成人工作世界的大專學生，將會面臨更多個人生理、心理、及周遭環境上的劇烈變動，以致對於自己在環境中的角色和定位感到茫然失措，更極力要建立穩定且正向的自我形象、確知自己對他人的價值和意義，以及值得自己努力奮鬥的人生方向和目標。因此，這個階段的青年，仍然相當需要生涯諮商師的協助，以增進其自我肯定感，進而在生涯發展歷程中充分發揮其潛能、達成自我實現。

　　Super（1990）將此一階段稱之為「轉換期」（transition），為了準備進入就業市場而接受專業訓練，是這個時期的發展任務。此時，青年會更為重視現實的考慮，將職業偏好逐漸具體化、特定化，並企圖實現自我概念，將一般性的選擇轉為特定的選擇，甚至作成暫時性的決定，以試驗其成為長期職業的可能性。因

此，青年期的生涯選擇和發展主要係受到「自我概念系統」所主導，表現出個人對於透過生涯實現來「成為自己」（being themselves）的高度自我期待。

　　一般而言，大專階段生涯輔導的目標，有下列數項（Herr & Cramer, 1996）：

1.提供選擇主修領域的協助：大部分的大學生在大學經驗中可能會改變至少一次的主修領域，故大專階段生涯輔導宜有系統地提供學生選擇主修科系或領域的協助。

2.提供自我評估和自我分析的協助：有效的生涯規劃必須奠基於對自我的瞭解，包括自己的人格特質、優點和缺點、動機和需求、價值觀、興趣、能力等，促使學生在進入工作世界之前能建立自我認定和職業認定。

3.提供瞭解工作世界的協助：大專階段學生應已對工作世界中的職業結構具有廣泛而初步的認識，但尚須進一步探索職業結構中和個人興趣領域相關的層面，拓展對本國以外之工作世界的知識。

4.提供進行生涯決定的協助：當學生擁有了對自己和對工作世界的豐富資訊之後，尚須引導其運用所蒐集到的資訊，作成短期和長期生涯目標的決定，並在現實生活中檢驗其具體可行性。

5.提供進入工作世界的協助：為即將畢業的學生尋求適當的工作機會和職業安置，應包括為他們發展推銷自己的技能，例如準備履歷表、面試技能、找工作的技能等。

6.符合不同群體的獨特需求：不同族群的大專學生在生涯發展上有其獨特的需求，因此生涯輔導方案也必須因應特定群體的生涯發展需求而調整其內涵和實施方式，以提供更有效的生涯服務。

第二節 大專階段的生涯能力指標及輔導策略

美國全國職業資訊統合委員會（NOICC, 1992）為成年早期大專學生之生涯能力所訂定的評量指標，包括下列各項（引自Zunker, 1994）：

在自我認知方面

能力一：維持正向自我概念的技巧

1.表現出正向的自我概念。

2.確知個人所擁有的興趣、能力、價值、人格特質等，及其對生涯決定的影響。

3.確知和工作、學習、休閒有關的成就表現，及其對自我覺察的影響。

4.表現出合於現實的自我瞭解和自我接納。

能力二：維持有效行為的技巧

1.在表達感覺和想法時，表現出適宜的人際溝通技巧。

2.確知壓力的來源和徵候。

3.表現出克服自我挫敗行為（self-defeating behaviors）的技巧。

4.表現出提供支持和網絡安排（networking arrangements）的技巧。

5.表現出管理財務資源的技巧。

能力三：瞭解發展性的變化與轉移

1.說明個人的動機和抱負會如何隨時間改變。

2.說明隨著年齡增長而發生的生理變化，以及如何調整工作表現以配合生理變化。

3.確知促使生活發生變化的外在事件（如失去工作、變換工作等）。

在教育與職業探索方面

能力四：具備參與及投入教育和訓練的技巧

1.說明透過教育進路，完成生涯目標的短程和長程計畫。

2.說明獲取教育機會資訊的管道或來源（如職業訓練方案、在職進修機會、研究所的繼續教育機會等）。

3.舉出能支持教育和訓練機會的社區資源（如兒童保育、公共運輸、公共衛生服務、心理健康服務、社會福利等）。

4.說明能克服阻礙教育和進修機會的策略。

能力五：投入工作和終身學習的技巧

1.表現出對完成學習活動（如報告、測驗等）之能力的信心。

2.說明教育成就和生活經驗如何和職業機會相關連。

3.說明能支持教育和訓練的機構資源（如補習學校、諮商輔導機構等）。

能力六：定位、評估與運用生涯資訊的技巧

1.確知如何運用現有的生涯資訊資源（如電腦化生涯資訊系統、書面或多媒體資訊等）。

2.說明與自我評估、生涯規劃、工作世界、雇主期望有關的各類資訊。

3.說明行職業展望資訊的運用和限制。

4.說明如何為具有特定職業技能者，提供不同的工作機會。

5.確知成爲個人工作者的工作狀況和機會。

6.確知誤判職業資訊的因素。

7.說明和特定雇主與雇用條件有關的資訊。

能力七：習得找尋、獲得、維持及改變工作所需的技能

1.說明個人所期望達成的生涯目標，及其相關的職業資訊。

2.表現出找尋工作機會的技能。

3.透過同儕、朋友或家人，建立一個工作搜尋網絡。

4.表現準備履歷表和完成工作申請程序的技能。

5.表現準備或參與工作面試所必要的態度和技能。

6.表現有效的工作態度和行爲。

7.說明內、外在的變化（如個人成長、科技發展、財務和服務需求的變化），對知識、技巧和態度的影響。

8.表現尋求職業上發展變化的策略（如在職訓練、繼續教育、生涯階梯、工作網絡、績效責任等）。

9.說明如何利用機構中提供之生涯發展計畫和安置服務。

10.辨識有利於工作轉換之轉生涯技能。

能力八：瞭解社會需求和功能對工作本質和結構的影響

1.說明工作對個人價值和生活型態的影響。

2.說明社會需求和功能，如何影響職業的供需。

3.說明行職業和科技之發展趨勢。

4.瞭解全球經濟發展趨勢，及其對每個人的影響。

在生涯規劃方面

能力九：習得作決定的技巧

1.說明個人在決定教育、訓練和生涯目標時的標準。

2.表現依據升遷機會、管理方式、工作環境、待遇福利、及其他職業狀況，來評估職業機會的技能。

3.說明教育、工作和家庭，對個人生涯決定的影響。

4.說明影響個人生涯決定之個人內在和外在環境因素。

5.表現有效的生涯決定技能。

6.說明生涯決定對個人的潛在影響。

能力十：瞭解工作對個人和家庭生活的影響

1.說明家庭和休閒的功能如何影響個人的職業角色和決定。

2.說明個人和家庭之發展階段，對個人生涯的影響。

3.說明工作、家庭、休閒活動三者，如何相互關連。

4.說明和家庭成員協商工作、家庭和休閒需求的策略（如自我肯定及時間管理技巧。）

能力十一：瞭解男女性別角色的持續變化

1.說明近年來性別規範和性別態度上的變化。

2.說明勞動市場的性別組合趨勢，並評估對自身生涯計畫的影響。

3.確知職業性別角色刻板化的缺點和限制。

4.表現有助於減少工作、家庭和職業環境中性別角色刻板化的行為、態度和技巧。

能力十二：習得生涯轉換的技能

1.確知生涯轉換的活動，並視為生涯發展的常態。

2.確知因應生涯轉換時可使用的策略（如網絡連結、壓力管理等）

3.說明成為個人工作者所需要具備的技能（如發展一商業計畫、決定市場策略、籌措資本的來源等）。

4.說明退休前的計畫，及完成該計畫所需的技能和知識。

5.發展一生涯計畫，更新早期計畫中的資訊，並包含短期和長期的生涯決定。

一般而言，在大學院校中為大專學生所規劃實施的生涯輔導活動，主要有五項重要內涵（Herr & Cramer, 1996）：（1）選修課程、工作坊和研討會，以協助學生進行生涯規劃為目標，提供結構性團體活動；（2）團體諮商，提供以探索生涯發展之情感層面為焦點的較少結構的活動；（3）個別諮商，協助個人探索及因應和生涯相關的主題；（4）安置方案，作為學生生涯規劃和生涯決定歷程的終點；（5）電腦輔助生涯安置服務，協助學生蒐集工作相關資訊、尋找工作、獲取工作機會等。

其他重要的生涯輔導策略還包括下列可資參酌的方法（Herr & Cramer, 1996）：

1. 安排數場生涯研討會，邀請公司雇主和校內老師一同參與，討論生涯規劃之相關議題。
2. 擬定不同學科之實習方案，提供實地工作機會。
3. 舉行角色扮演的工作面試活動，將過程錄影下來，讓學生反省和回饋。
4. 以「生涯規劃」為題，提供有學分的課程，供學生選修。
5. 直接教導學生生涯發展理論和生涯決定理論。
6. 請學生實地訪談在其有興趣領域中的資深工作者，瞭解其生涯經驗談。
7. 建立「工作跟隨」（work shadowing）方案，促使學生能經驗真實的每日工作情境。
8. 利用以生涯決定或規劃為主題的影片、錄影帶等，以激發深入討論。
9. 設計生涯決定模擬情境和遊戲活動，讓學生參與和討論。
10. 實施興趣量表（如Strong職業興趣量表、Kuder興趣測驗等），並提供團體和個別之測驗解釋。

11. 實施人格評量測驗（如Eysenck人格量表、Edwards個人偏好量表、Omnibus人格量表等），並提供團體和個別之測驗解釋。

12. 實施不同的生涯規劃模式（如自我導向搜尋、生涯鎖鑰、生涯導航者、生涯決定指導等），並討論其結果。

13. 教導學生使用《職業名典》、《職業展望手冊》和《行職業簡介》等。

14. 實施不同的生涯發展或生涯成熟量表（如Super生涯發展量表、Crites生涯成熟量表等），並討論其結果。

15. 實施和生涯規劃及生涯決定有關的價值澄清活動。

16. 請學生在團體中分享自身的生涯探索及生涯決定經驗，說明其生涯規劃等。

17. 請學生嘗試撰寫以生涯探索、和求職為目的的自傳。

18. 教導學生撰寫履歷表及演練求職面試技巧。

19. 請學生在校內流通的報紙或刊物上，定期撰寫有關生涯規劃的專欄。

20. 在校園中建立電腦輔助學科介紹、職業分類介紹或生涯輔導系統。

綜合而言，高等教育機構中為大專學生從事生涯輔導的活動，必須協助每位學生瞭解生涯發展是一個終身且持續不斷的歷程，奠基於一連續序列的教育和職業選擇。每位學生應確知如何蒐集和運用不同的生涯資源，以充分發揮學生的生涯潛能。

第三節　大專院校生涯規劃課程方案實例

　　美國從1970年代開始，「生涯教育」課程普遍在各級學校推展開來，大學院校中亦紛紛開設了「生涯規劃」的學分制課程供學生選修。如美國佛羅里達大學的「課程式生涯資訊服務」（curricular career-information service, CCIS），即是以課程的方式，結合自我輔助和多媒體材料，教導學生生涯發展的概念和生涯規劃的技巧，以達成生涯服務的目標（Zunker, 1994）。表10-1即列舉出此一課程式生涯資訊服務模式之內涵。

　　美國科羅拉多大學也在1970年代開始為大學生實施「生活規劃工作坊」（life-planning workshops），提昇大學生的自我覺察和自我認知，促使其有系統地規劃自身未來的發展，並承擔責任。此一生活規劃工作坊以進行一至兩天為原則，共包含八個活動單元，參與工作坊的成員須透過相互分享和討論，投入於未來工作和生活計畫中。表10-2列舉該工作坊的單元目標和活動內容。此一工作坊包含結構完備且循序漸進的活動，對幫助學生發展生活計畫甚具效益。

　　生涯規劃模式（Career Planning Model）是由俄亥俄州（Ohio）的Bowling Green州立大學生涯服務中心於1995年所設計的網路生涯規劃工具。學生可透過網路連線，即時探索和蒐集生涯資訊，以俾進行生涯決定、設定生涯目標，並進而採取生涯行動。此一循序漸進的生涯規劃模式方案，有助於學生在不同生涯發展階段重複進行自我評估。

　　生涯規劃模式共包含自我評量、學科/生涯選項、相關／實務經驗、尋找工作/教育準備、生涯改變等五個主要步驟。茲分述如下：

表10-1 佛羅里達大學「課程式生涯資訊服務模式」內容摘要

課程單元	單元目標	活動內容
一、CCIS簡介	1. 介紹CCIS 2. 協助你透過CCIS，找到對你教育/職業決定最有幫助的活動	1. 觀賞「生涯決定過程」之錄影帶，以說明CCIS模式 2. 觀賞CCIS簡介之幻燈片 3. 討論CCIS的功能和目的
二、生涯決定之考慮因素	1. 澄清對生涯規劃之誤解 2. 協助你確認對生涯發展有重大影響之因素 3. 協助你熟悉生涯決定之過程	1. 觀賞一有關「生涯決定」的錄影帶示，尤其是對生涯發展有重大影響的因素，並討論其內涵和啟 2. 閱讀一有關「生涯規劃」程序和步驟的手冊，討論如何作成生涯決定和規劃 3. 列舉出三十本以上有助於個人進行生涯規劃的書籍，閱讀和摘述重點。
三、生涯興趣探索	1. 提供自我評估之機會，檢視你的價值和興趣 2. 協助你確認未來進修或職業選擇的領域	1. 實施「自我導向搜尋」(Self-Directed Search, SDS)有系統地評估個人的興趣和價值 2. 進行SDS的自我評分和解釋 3. 找出和SDS職業代碼相應的職業清單
四、生涯資訊之蒐集和運用	1. 協助你蒐集和興趣領域有關的資訊 2. 協助你蒐集和教育及生涯規劃有關的資訊	1. 閱讀有關「蒐集生涯資訊」的文章或書籍 2. 觀賞有關「行職業簡介」之錄影帶 3. 蒐集「行職業簡介」手冊上和個人職業興趣有關的職業資料
五、教育和職業之銜接	1. 協助你瞭解未來可能發展之職業領域 2. 協助你探尋能支持職業發展之教育進修機會	1. 列舉出未來可能發展之職業或工作名稱，記錄相關職業資訊 2. 列舉出能支持未來職業發展之教育進修或職業訓練機構如研究所、職業訓練中心，其他研究機構等

資料來源：Zunker（1994）

表10-2 科羅拉多大學「生活規劃工作坊」內容摘要

單元名稱	單元目標	活動內容
一、生命線	覺察個人生命中的過去和現在。	讓每一位成員畫出一條由出生到現在的生命線，在每一個曲折轉彎處示出生命中發生的重要事件或生活經驗，以反映現在的生活現況
二、角色的確認和拋棄	確認個人在生命中所扮演的角色，覺察卸下某一角色時的感覺。	1.請每位成員列出目前生活中所扮演的最重要的五種社會角色（如父母子女、夫妻、兄弟姊妹…等），並依重要性排列，要求成員從比較上最不重要的角色開始「拋棄」（卸下該角色）、體會卸下該角色後的感覺 2.要求成員從比較上最不重要的角色開始「拋棄」（卸下該角色）、體會卸下該角色後的感覺 3.拋棄其他角色並體會其感覺，直到不再扮演任何角色為止
三、時間幻遊	卸下所有社會角色，以發展更深入的自我覺察。	1.當卸下所有社會角色之後，鼓勵個人想像在不受其他因素影響之下，個人未來的發展可能性。 2.鼓勵個人進一步覺察未來發展在發展未來計畫時，社會角色的影響力
四、未來典型的一天	卸下所有社會角色，覺察個人對未來的真正需求。	1.在不扮演任何社會角色時，請成員想像並概略地描繪未來生活中「典型的一天」和「特別的一天」 2.引導成員思考其真實生活中所扮演的社會角色，如何阻礙其現在和未來需求的實現

（續）表10-2　科羅拉多大學「生活規劃工作坊」內容摘要

單元名稱	單元目標	活動內容
五、生活量表	檢視個人的正向特質，確認特定的需求和目標	1. 請成員填答生活量表中所詢問的問題，如經驗中最愉快的事、做得最好的事、未來所渴望的成就等 2. 引導成員思考：當未來能如個人所願地發生改變時，個人的特定需求和價值
六、新聞播報	澄清特定的興趣和未來所期望的成就	1. 請每位成員想像其未來可能會發展的「生命線」，描繪出個人在不受外在因素影響之下，最理想的生活型態 2. 鼓勵成員將理想生活型態納入未來的生涯規劃中
七、角色重建	重建社會角色，以澄清或重新設定目標	1. 請每位成員思考並決定哪些社會角色必須保留，哪些社會角色可以拋棄，以更接近其理想生活目標；哪些角色可以被新的角色替換，以獲得更多達成生活目標的機會
八、目標設定	設定合於現實的短期和長期目標	1. 請每位成員說明未來可能會使期望中的理想生活目標發生改變的特定因素，討論個人如何掌握這些可能改變的特定因素 2. 強調個人有能力掌握可改變的因素，以達成生活規劃的目標

資料來源：Zunker（1994）

自我評量

蒐集有關自我的資訊,包括價值、興趣、性向、能力、個人特質、期望生活風格等,以協助個人瞭解自我和職業選擇之關係,作成有關生涯之決定。其內涵包括:

1.學習興趣、能力、技巧和工作價值。
2.瞭解生理和心理需求。
3.評估抱負和動機水準。
4.描述個人特質和個性。

完成此一階段的能力指標為:
1.獲得自我覺察。
2.增進自信心。
3.瞭解時間和壓力管理。
4.發展個人化/專業化管理技巧。

達成自我評量(self-assessment)能力指標之建議策略,包括:

1.參加生涯探索團體或課程。
2.參加學習技巧、時間管理、和壓力管理之工作坊。
3.加入活動性或專業性社團。
4.安排出休閒活動、嗜好活動和訪友的時間。
5.辨認壓力的徵兆。
6.辨認人格特質和個人風格。
7.辨認工作價值。
8.學習表達情感和想法的人際溝通技巧。

9.學習克服自我挫敗行為（self-defeating behaviors）的因應技巧。

10.完成 SIGI PLUS、史東興趣量表（strong interest inventory）、自我導向搜尋（self directed search）。

學科／生涯選項

引導個人探究工作世界，透過作決定的過程縮小可能考慮之職業範圍，產生特定的學科或職業選項。其內涵包括：

1.學習進入每一學科和生涯（academic/career options）所需具備之條件。
2.學習和個人興趣有關的主修學科和生涯。
3.探索所需具備的教育和訓練程度。
4.學習所需具備的技巧和經驗。
5.規劃學科和生涯的可替代選項。
6.學習就業市場的趨勢。

完成此一階段的能力指標為：
1.獲得研究和探究的技巧。
2.練習作決定、問題解決和批判性思考的技巧。
3.增進內在控制感（internal locus of control）。
4.瞭解能力、興趣和價值如何和生涯所需條件相適配。

達成生涯選擇能力指標之建議策略，包括：
1.在生涯圖書館中探究生涯類別。
2.進行資訊訪談，以獲取生涯資訊。
3.花一天的時間，觀察不同領域的兩位專業工作者。
4.向學習指導者和生涯諮商師探詢資訊。

5.邀請兩位教授參加學生團體聚會，討論其學術領域。

6.參加課程或工作坊，以學習溝通、電腦知識、外國語言、多元文化研究等技巧。

7.參加工作或生涯博覽會。

8.為大學、宿舍或社團工作。

9.開創一小型企業。

10.擔任營隊輔導員或青少年輔導志工。

11.擔任服務團體的志工。

相關／實務經驗

協助個人藉由實習、建教合作、暑期就業、志願服務工作和社團活動等，獲得相關實務經驗（relevant/practical experience），以評估職業選擇，做出明確決定。其內涵包括：

1.學習和個人興趣領域相關的實務工作經驗

2.嘗試新技巧和多樣化經驗。

3.決定要從事志願服務或兼差工作的機構類別。

4.評量所喜歡和不喜歡的工作價值、技巧、工作環境、擔負責任等。

5.評量達成生涯目標所需的課程活動或技巧。

完成此一階段的能力指標為：

1.增進人際、文字、和口語溝通的技巧。

2.能欣賞不同文化，和來自不同文化的人一起工作。

3.獲得督導、領導、團隊工作的技巧。

4.習得工作相關的技巧。

5.發展衝突調解（conflict resolution）的技巧。

為了達成相關實務經驗之能力指標，建議策略包括：

1.加入校友團體。

2.從事建教合作、或志願服務工作。

3.從事課餘或暑期兼差工作，以習得新技巧和經驗。

4.選擇有助於達成生涯目標之課程。

5.進行資訊訪談。

6.參加工作或生涯博覽會。

7.參加生涯相關的研討會或座談會。

8.熟悉工作場合和工作內容。

9.練習在督導協助下作決定。

10.在學生組織中扮演領導者的角色。

11.練習在課堂中或機構中做公開的演講。

12.組織新的社團。

13.加入專業組織。

尋找工作／教育進修準備

協助個人為找尋工作（job search）做好準備，並付諸行動，申請學校或工作。其內涵包括：

1.學習準備履歷表、申請書、和完成申請程序。

2.學習尋找工作的策略。

3.學習和演練面試技巧。

4.瞭解研究所進修教育方案和財務支援管道。

完成此一階段的能力指標為：

1.展現出以專業態度撰寫書信的能力。

2.能以清晰明確的態度進行口語溝通。

3.能有效運用網絡連結、問題解決、決定技巧，以達成生涯目標。

4.發展出與找尋工作、旅行有關的擬定預算技巧。

為了達成尋找工作或教育進修機會之能力指標，建議策略包括：

1.和一位教授一起進行學術研究計畫，或發展獨立研究計畫。

2.探究所欲進修之專門領域的研究所課程，確定該研究所之優點和缺點。

3.完成申請GRE、GMAT、LSAT等研究所所要求的學力測驗。

4.接受生涯規劃和安置服務。

5.和一位生涯諮商師或專門領域教授，一起檢視履歷表。

6.參加財務規劃課程。

生涯改變

其內涵包括：

1.回顧階段一之自我評量。

2.透過工作強化以拓展現有的職位。

3.決定是否做生涯改變（career change）或促進生涯發展。

4.確定所需具備之新技巧。

5.尋求並獲得專業發展、教育或訓練。

6.改變工作之外的生活型態。

7.規劃退休之後的生活或工作。

完成此一階段的能力指標為：

1.瞭解生涯改變之優、缺點。

2.發展新的技巧。

3.建立短期和長期目標。

4.發展或促進網絡連結和人際溝通技巧。

5.冒必要之風險。

為了達成生涯改變之能力指標，建議策略包括：

1.確定對現有職位之喜歡或不喜歡。

2.演練新的技巧。

3.加入和新興趣有關的專業組織。

4.為促進專業成長而接受繼續教育或課程。

5.獲得工作之外的新興趣。

6.在和新興趣有關的機構中從事志願服務或兼差工作。

7.安排或規劃退休之後的生涯。

國內生涯學者彭慧玲則於1999年完成一篇「比較兩種不同班級生涯輔導教育課程方案」的研究（Peng, 1999；引自彭慧玲，1999），為大一新生設計了兩套不同教學重點的生涯輔導教育課程，各有十八堂課（見**表10-3**）。「重整認知結構方案」課程係奠基於認知行為治療法中的認知重建策略，教學的重點在幫助學生覺察自我的生涯信念及培養學生的積極思想，主要教學目標包括幫助學生：（1）瞭解自己的信念，（2）自我肯定技巧訓練，（3）瞭解自己的情緒反應，（4）瞭解自己的價值觀，（5）訂定個人長、短期生涯目標計畫等。「生涯抉擇技巧訓練」課程係結合特質因素理論與決定技巧訓練，教學重點即在於有系統地訓練學生學會生涯決定的有效技巧，並以實施心理測驗來幫助學生瞭解自我，教學主題包括：（1）介紹影響生涯決定的因素，（2）有效

表10-3　兩種不同班級生涯輔導教育課程方案之單元內容

重整認知結構方案	生涯抉擇技巧訓練方案
1.課程介紹	1.課程介紹
2.分享個人上大學的目的	2.探討個人學習目標
3.瞭解個人的生涯信念	3.專題討論：院系裡的教授們說明在他們領域中的行業
4.自我肯定技巧訓練	4.介紹影響生涯抉擇的因素
5.瞭解個人的情緒反應	5.壓力和時間管理的技巧
6.價值澄清和探索生命的意義	6.瞭解你的個性：自我概念心理測驗
7.建立信心以學習和做決定	7.瞭解你的興趣：興趣心理測驗
8.小組分享討論個人喜歡的生活方式	8.瞭解你的性向：性向心理測驗
9.學期中心得分享	9.學期中綜合個人所有資料
10.讓學生訪談現任職於他們心目中理想行業中的個人	10.讓學生訪談現任職於他們有興趣的行業中的個人
11.討論作決定時會出現的衝突問題和困難	11.安排校友專題討論：談他們的生涯計畫
12.專業人才模範角色探討	12.各行各業：蒐集就業市場的知識
13.不同就業途徑的職業抉擇實例研討	13.整合內外在的資訊，試做就業抉擇
14.參觀學生輔導中心和就業輔導中心	14.參觀學生輔導中心和就業輔導中心
15.有關就業趨勢的資訊	15.終身學習：階段的教育計畫
16.參觀校園徵才博覽會	16.參觀校園徵才博覽會
17.分享個人的長、短期目標計畫	17.執行職業抉擇，並評估決定
18.個人生涯規劃期末報告	18.個人生涯規劃期末報告

資料來源：彭慧玲（1999）

學習的要素，（3）瞭解自己的個性，（4）瞭解自己的興趣和性向，以及（5）綜合整理。

筆者亦經常帶領大學三、四年級學生，進行生涯探索與決定的團體活動，從多次實際團體運作的經驗中，發現結合Super生涯發展論、Holland類型論、工作世界地圖、職業組合卡、生涯選擇方格、生涯決定活動及生涯幻遊活動等主題的「生涯探索工作坊」，最受大學生所歡迎，其生涯探索之收穫與心得亦最為豐富。該工作坊通常為期兩天，共進行八個單元，每個單元進行時間約100分鐘。透過經驗性活動、小組分享和團體討論等輔導策略，協助接近生涯轉換期的大學高年級生，探索其生涯發展歷程、生涯興趣、生涯價值、決定風格與方法、理想生涯目標等，以作為擬定未來生涯發展計畫的穩固基礎。茲將該工作坊的主要單元及活動內容列示於表10-4，工作坊中所運用的工具或作業單，在本書第三篇「工具篇」中均有詳細的資料及使用方式。

表10-4　大專學生「生涯探索工作坊」活動摘要

單元	單元名稱	單元目標	活動內容
一	很高興認識你	1.澄清團體目標和方式 2.彼此認識 3.形成團體 4.擬定團體規範	1.說明工作坊旨在協助成員進行生涯探索，以團體互動方式進行 2.相見歡一對一採訪 3.採訪報告與自我簡介 4.說明團體規範的重要性 5.訂定團體契約
二	迢迢生涯路	1.瞭解「生涯」、「生涯發展」的涵義 2.回顧個人的生涯發展歷程 3.辨認個人生涯發展歷程中的影響因素	1.簡介「生涯」與「生涯發展」的涵義 2.以「我的生涯像⋯⋯」為題，用文字描述或圖畫表示 3.小組分享 4.團體討論： （1）活動的啓示與發現 （2）生涯發展中的影響因素
三	生涯興趣探索 何倫類型	1.瞭解工作世界地圖雙向度指標的意義 2.能利用工作世界地圖之雙向度指標來判斷喜歡的活動 3.瞭解何倫六角圖及何倫碼的意義 4.能利用何倫六角圖及何倫碼來判斷喜歡的活動 5.瞭解個人的生涯興趣類型	1.列出日常生活中最喜歡做的活動一一至三個 2.列出最近生活中最感到愉快的經驗一一至三件 3.以「資料-思維」、「人群-事物」雙向度指標，綜合分析喜歡的活動，並決定喜歡活動所屬的象限 4.小組（或同一象限者）經驗分享 5.以「資料－思維」、「人群－事物」雙向度指標，綜合分析愉快的經驗，並決定愉快經驗所屬的象限 6.小組（或同一象限者）經驗分享 7.團體討論：活動的啓示與發現 8.說明雙向度指標的意義 9.說明「心中桃花源」的六個選項，並依據（1）度假、（2）居住（3）退休三種不同情況，分別選出三個優先選項 10.以「居住」或「建設台灣成為理想生活樂園」的優先選項為基礎區分為數個小組 11.小組經驗分享 12.團體討論： (1)活動的啓示與發現 (2)度假、居住、退休三種情況對選擇的影響與異同 13.說明何倫六角圖的意義，及雙向度指標的關連

（續）表10-4　大專學生「生涯探索工作坊」活動摘要

單元	單元名稱	單元目標	活動內容
四	生涯興趣探索 職業組合卡	1.熟悉職業組合卡之操作 2.能利用職業組合卡探索喜歡和不喜歡某項職業的理由 3.確認個人在何倫類型論中的典型個人風格與職業興趣類型	1.「職業組合卡」之說明與示範： 　(1) 將所有職業卡依序分類爲「喜歡」、「不喜歡」、「不知道」三群 　(2) 逐一說明「喜歡」和「不喜歡」的理由， 　(3) 同組夥伴將理由寫在記錄表上「喜歡理由」和「不喜歡理由」欄中 　(4) 從「喜歡」的職業卡中找出最喜歡的職業六至十項，並依序填寫在記錄表上 　(5) 寫出喜歡職業的「何倫碼」 2.二至三人一組，輪流實施「職業組合卡」 3.「職業組合卡」之計分與解釋 4.團體分享「職業組合卡」的結果 5.團體討論： 　(1) 活動的啓示與發現 　(2)「職業組合卡」結果與「理想生活樂園」結果之異同
五	生涯價值探索 生涯選擇方格	1.熟悉「生涯選擇方格」之操作 2.能利用「生涯選擇方格」探索生涯想法 3.瞭解個人的生涯想法	1.簡要說明「生涯選擇方格」 2.抽取生涯選項： 　(1) 可能考慮去做，或曾經想過會去做的工作或職業 　(2) 不會考慮去做，或曾經想過不會去做的工作或職業 　(3) 以前曾經做過，或父母親友做過，或任何其他熟悉的工作或職業 3.抽取生涯想法：隨機或依序選取三項生涯選項，記錄每一組包含「相似點－相異點」的生涯想法，填寫在「生涯選擇方格」中 4.評量生涯選項：在抽取出所有包含「相似點－相異點」之生涯想法並填寫入方格之後，進一步以五點量表評量所有生涯選項在該生涯建構上所反映的程度 5.小組分享「生涯選擇方格」結果 6.團體討論： 　(1) 活動的啓示與發現 　(2)「生涯選擇方格」結果與「職業組合卡」理由之異同

單元	單元名稱	單元目標	活動內容
六	生涯價值探索 階梯方格	1.判斷個人生涯想法的重要性，確認個人生涯價值 2.熟悉「階梯方格」之操作 3.能利用「階梯方格」探索個人的核心生涯想法或核心生涯價值 4.瞭解核心生涯想法或生涯價值對個人生涯選擇和生涯發展之影響	1.簡要說明「階梯方格」及階梯法 2.評定生涯想法之重要性等級：在所有生涯想法中選出三至五項對其生涯選擇最具有重要性的想法，並評定其重要性等級，視為個人之生涯價值 3.以三人為一組，探究核心生涯想法或生涯價值：以一人為中心接受「為什麼（…對你的生涯選擇是重要的）？」或「為什麼（你希望你的生涯是…而不是…）？」的焦點詢問另一人則將出現的核心想法逐一記錄於方格中。針對每一項生涯價值的焦點詢問，須進行至無法再深入為止 4.團體分享「階梯方格」的歷程和結果 5.團體討論： （1）活動的啟示與發現 （2）核心生涯想法或生涯價值對個人生涯選擇和生涯發展的影響
七	生涯決定與策略	1.確認個人的決定風格 2.瞭解個人決定風格對生涯選擇與發展的影響 3.瞭解有效決定的方法	1.呈現直昇機駕駛員的三個決定情境 2.小組分享個人在不同情境之下所作的決定 3.團體討論： （1）活動的啟示與發現 （2）影響個人決定結果的不同考慮因素 （3）個人的決定風格對決定的影響 4.說明個人的決定風格對生涯選擇與發展的影響，分析個人的決定風格 5.團體討論： （1）如何做出有效的決定？ （2）有效生涯決定的步驟法
八	生涯願景 與規劃	1.描繪個人的理想生活型態 2.確認個人的生涯願景與生涯目標 3.瞭解生涯規劃的步驟和方法 4.擬定個人的生涯計畫 5.團體結束	1.進行生涯幻遊十年後的一天 2.小組分享生涯幻遊的經驗 3.填寫「生涯願景」記錄單 4.團體分享：個人十年後的生涯願景 5.團體討論： （1）活動的啟示與發現 （2）如何實現個人的生涯願景？ 6.說明生涯規劃的步驟和方 7.團體分享：個人近程的生涯規劃 8.互道祝福和珍重再見

第三篇

生涯輔導工具篇

◆
生涯的聯想

◆
我的多元面向

◆
我的生涯故事

◆
我的人格特質

◆
我的生涯興趣

◆
我的生涯技能

◆
我的生涯價值

◆
我的決定風格

◆
我的生涯信念

◆
工作世界探索

◆
家庭期待與溝通

◆
生涯選擇與決定

◆
生涯願景與規劃

◆
生涯準備與行動

第 *11* 章

生涯的聯想

生涯與生涯規劃

人生有涯—學海無涯

生涯探索與規劃

我的生涯手冊

當你揮汗攀登生涯的巔峰之時，
你可曾回顧自己是如何走來？
你是否憧憬越過巔峰之後，
又將去向何方？

生涯之路，
或者坦蕩開闊，
或者坎坷崎嶇；
或者百花燦爛，
或者荒漠甘泉；
總是翻越千重山萬重水，

柳暗花明之處，
是否潛藏著你對自我最深切的期待？

如果你可以為自己撥出一些空檔，
請讓我與你一同來探索這

心的絲路！

當你很小的時候，你曾經夢想過未來吧？你一定寫過無數次「我的志願」，你還記得你的夢想嗎？是老師？科學家？律師？醫師？還是護士？

　　或者，你還記得你絞盡腦汁也想像不出未來的模樣？

　　或者，在你小小的志願裡，有著許多「不辜負父母的期望」、「貢獻社會報效國家」的宏大抱負？

　　或者在你還分不清想像與現實的稚嫩年代，你曾經像很多小朋友一樣幻想過將來要當純真美麗的「白雪公主」，或是無所不能的「小叮噹」；在你稍大一些，恍然明白童話或漫畫故事中的人物並不存在於現實世界的青澀童年，你雖仍不願意放棄幼時的想像，卻不得不做些微的修正，這時，你也許夢想過有一天你會成為光彩奪目的「影視紅星」，或是神乎其技的「魔術大師」；逐漸地，你愈來愈了解到那些電視影像裡出現的人物，其實距離我們的生活遙不可及，於是，你不得不正視眼前的現實，將「我的志願」設定在生活中你曾經接觸過、而且還算崇拜的人物，可能是老師，也很可能是醫師或護士，或者是你父母、親友所公認的「好職業」。

　　現在的你，對未來的夢想也許又和以前不同了。經過幾次聯考的洗禮，你選擇，你也被選擇。你可能幸運地選擇了你所喜歡的科系，正汲汲營營、一步一腳印地朝著夢想的方向前進，夢想也逐漸落實，成為可以實踐的「理想」。然而，你也可能意外地被陌生的科系所選擇，正感到茫然失措、惶惶惑惑，不知道如何重新讓頹傾的夢想再起高樓？你也可能好不容易完成了兒時的第一個「志願」──進入了一個理想的學府、理想的科系，卻驀然發現科系中所學的知識激盪不起你焚膏繼晷的熱情；於是，你躑躅徘徊在自己的想望和社會的期許之間，不知如何是好？

從現在起，你必須更誠實地面對自己。趁著青春年少，為自己投資一些時時間，仔細思索在這人世間數十年的生涯歷程之中——

你究竟「要」什麼？

你「是」什麼樣的人？

你「擁有」什麼資產？

你「期望」成為什麼樣的人？

為了成為你所期望的自己，你需要充實些什麼？

　　或付出些什麼？

你要如何做，才能成就你自己？

如何才能不白費了這一程人生的歷練？

如何才能在回顧時，對自己的生涯歷程感到滿意？

回答這些與你的生涯發展息息相關的問題，需要深度的「生涯探索」和長程的「生涯規劃」。生涯探索的主要目的在發現你自己，瞭解你所處身的工作世界。生涯規劃的主要目的，在於透過各項技能的學習，以掌握自己的現在和未來，臻於「無入而不自得」的境地。

例如，大學生必須瞭解自己本身的能力，是否能經由學習的過程而不斷地提昇；學習培養其他的興趣、發展其他可能的選擇，並作有效的決定；學習如何分辨個人的需求或重要他人的需求，並將之整合於對生涯生活的計畫之中；學習如何適當地修正原先的生涯計畫，以配合自身和環境上的變化。因此，生涯探索和規劃必須是有彈性的、務實的，以創造充實而滿意的生活。

我們總是在生命事件中尋找成就感和滿足感，然而隨著我們本身的改變和經驗的累積，成就感和滿足感的來源和程度均會發生變化。另一方面，由於外在環境、經濟條件的改變，及科技的

進步更新，使得未來愈發變得遙不可測，增加了生涯發展的不確定性。因此，充實人生的追尋是我們在工作和生活中所必須面對的持續性挑戰。當我們經歷了人生各個不同階段時，我們必須重新設定生涯目標，從許多可能達成目標的方案中作選擇，並做成可以投注心力和時間去達成的決定。對許多人而言，人生無法預期的意外和變化，充滿了不確定感和威脅性，以致因無法掌握這些人生「必然」的變數而隨波逐流。然而，透過生涯規劃歷程的學習，我們亦能學習到如何因應這些可能發生的變局，不斷調整自己、修正可執行的計畫，為自己每一個人生階段創造最大的成就感和滿足感。

因此，生涯探索和規劃方案的最主要目的，即在於提供你一項有效的方法或工具，讓你有能力在不同發展階段皆能對自己的現在、過去和未來，有一個重新審視、評估的機會，為自己擘畫一個璀璨亮麗的人生。

當年華老去、形容枯槁，留駐心中的是生命中最美麗燦爛的彩虹！

我雖不能決定生命的長度，但可以控制它的寬度。
我雖不能左右天氣，但可以改變心情。
我雖不能改變容貌，但可以展開笑容。
我雖不能控制他人，但可以掌握自己。
我雖不能預知明天，但可以利用今天。
我雖不能樣樣勝利，但可以事事盡力。

生涯與生涯規劃

在你心目中，什麼是「生涯」？什麼是「生涯規劃」？請分別寫下你對「生涯」和「生涯規劃」的聯想，然後和你的朋友們分享你的想法。

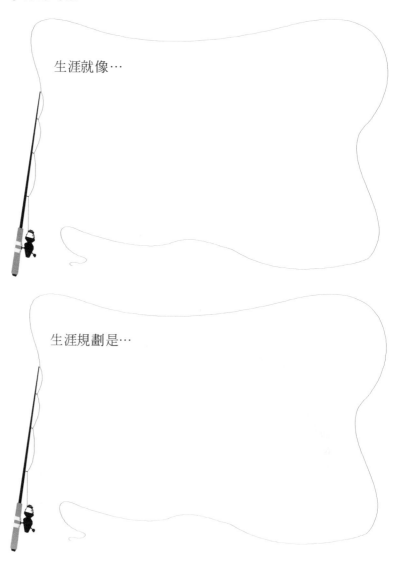

生涯就像…

生涯規劃是…

有人說：

「生涯像一座無盡藏的寶庫，愈是深藏不露的，愈是無價之寶。唯有深入挖掘，破除迷障，歷盡千辛萬苦，才能獲得至高無上的人生眞經。」

有人說：

「生涯像攀爬一座陡峭險峻的高山，起點在山腳下的最低處。峰頂的奇奧壯麗雖然仰望不見，卻始終在心中牽引著向上的堅強意志。路途中處處潛藏著險阻危機，必須手腳並用，才能披荆斬棘；必須克服無數難關，才能登峰造極。」

有人說：

「生涯像是一列駛向不知名終點的火車。每一個停靠站都有起有落，也許是大城、也許是小鎮，閒步當車總能看遍人間風景，匆匆促促則無暇玩味人生。每一次停駐，都是一個新的起點。若能不必掛慮列車抵達終點的時間，過程中玩賞的風景可以更多采多姿，玩賞的心情也將更閒適自在。」

有人說：

「生涯像大海中一艘揚起風帆的船隻。順風時輕快昂揚，逆風時奮力向上，堅定地航向海的對岸那個被稱爲『家』的地方，一個可以讓船隻歇息的避風港。」

有人說：

「生涯像一幅太極圖說，有陰有陽。人有悲歡離合，月有陰晴圓缺，人生的得失成敗、高低起伏，不過是圓融智慧必經的修練。」

結束了今天的最後一堂課之後，你會打算去哪裡？也許是宿舍、也許是餐廳、也許是圖書館、也許是和朋友相約的地方、也許......。這些你可能會去的不同地方，讓你從這裡起身之後，腳步能有跨出去的方向。

你可能無法預測路途中會遇見了久違的朋友或其他，於是必須要改變原訂的計畫，展開另一段意外的旅程。然而，在遭逢意外之前，你仍有著堅定前進的方向。你不會因為路途中的意料之外，而不去你要去的地方。

倘若你不知道要往何處去，你會怎麼辦呢？可能你會暫時呆坐原地，不知所措，直到天色晦暗、日落西山。更可能你會因為不敢獨自停留而盲目地跟隨著其他人的腳步前進，直到繞了一大圈才發現：那並不是你要去的地方。然後，如果你還年輕，可以一切重新來過；或者，你已青春不再，只好無奈地將就現有的安全穩當─雖然那並不是你心中的夢想。

生涯規劃就是為自己找到引領自己堅定前進的方向！

為了找到腳步能夠跨出去的方向，你必須先確定自己現在的狀況。也許你需要準備考試，圖書館可能會是個好地方！也許你需要填飽肚子，那就去餐廳吧！也許你累了一整天，只需要一個可以輕鬆歇息的地方，那就回家吧！如果你最終是要「回家」的，但是你發現天色還早、心情正好，你又會怎麼辦呢？如果你選擇一條最筆直的路，很快地回家，你只能百般無聊地看電視？那麼就迢迢閒適地繞道書店逛逛吧！或者邀約三兩知心好友一起喝咖啡、聊聊彼此的近況！

只要你離開人潮洶湧的大街，彎進清靜幽僻的小巷，你總會偶然發現平日所不曾遇見的風景，讓枯燥的生活憑添一些驚喜和趣味。

生涯規劃更須為自己創造機會，欣賞人生的多樣面貌！

人生有涯—學海無涯

「工作」是什麼？「職業」是什麼？「生涯」又是什麼？是一連串令許多人感到困惑的問題。歸納多位生涯學者的觀點，讓我們試圖來回答這個問題：

● 工作(work)：工作是指體能或心智上的努力，以產生某事或結果。工作佔人類生活中的絕大部分，人類係透過工作以掌握生活。可能獲得經濟上的酬賞；也可能沒有報酬，例如學校工作(schoolwork)、家庭作業(homework)以及家事工作(housework)、志願服務工作(voluntary work)等。

● 工作(job)：工作是指在一個組織機構中，一群類似的、有薪資的職位(positions)，涵蓋為維持機構運作所必須執行的一群職務(tasks)。不同職位的工作者在執行任務之後，會獲得所預期的經濟酬賞。例如：農務（農會幹事）、建築（工地主任）、貿易（業務經理）、教育（人員）、醫護（人員）、公務（人員）等。

● 職業(occupation)：職業是指在許多工商事業或機構中的一群類似的工作(jobs)。職業在經濟社會的歷史上早已存在，與個人無關。例如：農、工、商、教育、醫護、法律、會計等。

● 事業(enterprise)：在華人社會的文化中，事業係指值得個人投注一生心力，以獲得最大實現可能性的生涯目標。在一個事業體中，通常包含較廣泛的職業範疇。例如：教育事業、慈善事業、醫療事業、科技事業、文化事業等。

那麼，「生涯」(career)呢？是生活在這繁華世間的每一個人的「我的這一生」從蹣跚學步到步履維艱，從年幼無知到洞悉天命，最多數十年寒暑的一生。

每個人在這一生中都不斷地扮演著各式各樣的「角色」，每一個角色各有其特定的「任務」。年幼時，我們是父母的「子女」，要學語、學步和學控制尿閥，要聽話、乖巧、不逾越規矩。年齡稍長，進入群體生活的學校，我們是師長的「學生」，要學文、學數、學做人的道理。年齡再長，離開學校生活，進入社會各行各業，擁有了代表自己職業角色的「工作者」身份，更要盡忠職守、力求工作表現，為公司組織創造最大的經濟利益，為自己帶來最高度的成就滿足感。然後，在我們一邊扮演「工作者」角色的同時，我們還會接續成為另一半的「配偶」，生兒育女之後成為「父母」，為社會事務貢獻心力成為善良的「公民」，以及享受優質休閒娛樂的「休閒者」。最後，當年華老去，我們也逐漸從工作崗位上退休下來，如果「退休者」的心力仍在巔峰，還能擔任公益團體的志工，點燃生命最後的餘光，照亮弱勢求助者的旅程。

　　每個人如何在這一生中扮演自己的不同角色並發揮各個角色的功能，是他如何「成為自己」的歷程，表現出他個人獨特的自我風格。

　　所以，知名生涯學者Super（1976）曾將「生涯」定義為：

> 「生涯是生活中各種事件的演進方向與歷程，統合了個人一生中各種職業與生活的角色，由此表現出個人獨特的自我發展組型。生涯是人生自青春期以迄退休之後，一連串有酬或無酬職位的綜合，除了職位之外，尚包括任何和工作有關的角色，如副業、家庭和公民的角色等。」

　　於是，「生涯」不僅止於「工作」或「職業」，還包含了個人的「生活風格」（lifestyle），與個人在一生中所從事的所有活動。

　　Super（1980）曾描繪出一個「生涯彩虹圖」（圖一），具現了人生各個發展階段和所扮演的主要角色。在生涯彩虹圖中，第一個層面代表橫跨一生的「生活廣度」，又稱為「大週期」，包

括生涯發展的主要階段（圖二）—成長期、探索期、建立期、維持期、隱退期。第二個層面代表縱貫上下的「生活空間」，由一組角色和職位所組成，包括兒童、學生、休閒者、公民、工作者、家庭照顧者等主要角色。

在「成長期」（一至十四歲）中，兒童經由和家庭或學校中之重要他人認同，而發展自我概念，需求與幻想為此一時期最主要的特質。隨年齡增長，社會參與及現實考驗逐漸增加，興趣與能力也逐漸重要。此時期的主要生涯發展任務，在於發展自我形象，以及發展對工作世界的正確態度，並瞭解工作的意義。

在「探索期」（十五至二十四歲）中，成長中的青少年需藉由在學校、休閒活動及各種工作經驗中，進行自我檢討、角色試探及職業探索，考慮需要、興趣、能力及機會，做出暫時性的決定，並在想像、討論、課業及工作中加以嘗試。接著，進入就業市場或接受專業訓練，企圖將一般性的選擇轉為特定的選擇，以實現自我概念，並試驗其成為長期職業的可能性。

在「建立期」（二十五至四十四歲）中，發展成熟的工作者，需在某一適當的職業領域中確立其角色職位，並逐步建立穩固的地位。此時大部分人處於最具創造力的顛峰狀態，身負重任、表現優良。

在「維持期」（四十五至六十四歲）中，個人已逐漸在職場上取得相當的地位，擔負相當的責任，具有一定的權威，並致力於維持既有的地位與成就。對自身條件的限制較能坦然接受，但因需面對新進人員的挑戰而不時兢兢業業。

在「隱退期」（六十五歲至晚年）中，個人的身心狀況已逐漸衰退，必須從原有工作退休；開拓新的生活，發展新的角色。有更多時間從事休閒活動或完成自己一直想做而未做的事，可能從事義務或志願服務工作，淡泊名利、與世無爭。

由於在人們的生涯歷程中，「工作」盤據了相當漫長的時光，許多心理學家即認為「工作」是人生的重要核心，能達成多重的目的。生涯學者Herr & Cramer（1996）將工作可能達成的目的，歸納為經濟的、社會的和心理的層面（表一）。

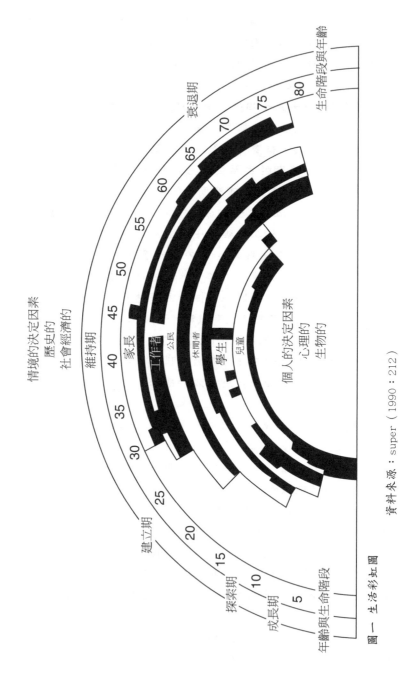

情境的決定因素
歷史的
社會經濟的

維持期

衰退期

家長

工作者

公民

休閒者

學生

兒童

個人的決定因素
心理的
生物的

建立期

探索期

成長期

年齡與生命階段

生命階段與年齡

圖一　生活彩虹圖

資料來源：super（1990：212）

★生涯發展階段與任務

Super（1984）：（1984）：

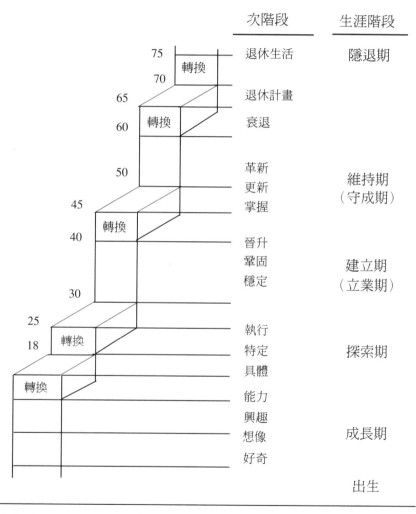

資料來源：Brown & Brooks（1984）

表一　工作可能達成之目的

經濟的	社會的	心理的
物質需求的滿足	一個和人們會面的地方	自我肯定
體能資產的獲得	潛在的友誼	角色認定
對未來發展的安全感	人群關係	秩序感
可用於投資或延宕滿足感的流動資產	工作者和其家庭之社會地位	可信賴感
	受他人重視的感覺	主控或勝任
感購買休閒和自由時間的資產	責任感	自我效能感
購買貨品和服務	受他人需要的感覺	投入感
成功的證據		個人評價

資料來源：Herr & Cramer（1996：70）

　　這些工作所能達成的目的，相當程度反映了心理學家Maslow（1957）的心理需求階層理論（圖三），意即生存需求、安全需求、愛與歸屬需求、尊重需求、及自我實現需求。經濟層面的工作目的，直接地滿足了個人的生存和安全需求。社會層面的工作目的，所滿足的是個人對他人關愛、肯定和團體歸屬感的期待，達成與否的程度取決於他人的評價。心理層面的工作目的，是為了達成個人的自我肯定和自我實現，超脫了經濟「利」益和社會「名」望，只為了讓自己對自己這個人、這一生感到滿意，只為了「自在快樂」、「此生無憾」！

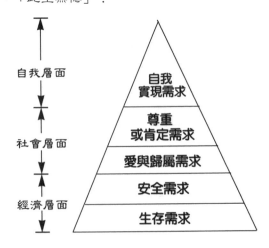

圖三　Maslow心理需求階層論

這麼說來，「工作」最終目的是為了「自我實現」，因此，為自己締造一個能充分自我實現的生涯歷程，即是這一生最重要的發展任務。而一個能充分自我實現的生涯歷程，則起始於我們對自己在周遭環境中的「定位」--即Erikson（1963）所謂的「自我認定」（ego-identity）。

　　Erikson（1963）將人一生的心理社會發展區分為八個階段，各有其主要的發展任務和危機。其中，青少年階段的主要發展任務即是「自我認定」，而其危機則是「認定混淆」。Erikson認為，具有自我認定感的人，會發展出穩定的自我概念，有明確的生活目標，較少受同儕壓力的影響，接納自己，能毫不猶豫地作決定，且具有責任感。然而，由於青少年期是兒童期與成年期之間的一個轉換階段。青少年的生理狀態與社會環境都正在發生變化，與父母分離並成為一獨立的個體，性別角色認定的矛盾衝突亦迅速膨脹。於是各種來自於父母、學校、同儕團體、異性、或整個社會的壓力接踵而至，且常互相矛盾衝突，使得青少年很難找到一種穩定的自我認定感，導致自我認定的困惑混淆，容易迷失了人生的方向。為了建立明確的「自我認定」，青少年時期的我們必須不斷地探索兩個重要的問題：「我是誰？」及「我在哪裡？」。亦即，「我是一個什麼樣的人？」、「我處在什麼樣的環境？」，以及「我能在這裡做些什麼？」、或是「像我這樣的人如何在這個環境中發揮功能？」。

　　「我是誰？」的問題，涉及生理我、心理我、情緒我、社會我等各個層面，也包括了興趣、能力、價值、人格特質等重要內涵。「我在哪裡？」的問題，則涉及個人所處的社會環境、文化群體、工作世界等。因此，青少年進行生涯探索的起點，即是「自我探索」和「環境探索」，以達成一個「資訊統合的生涯選擇」（圖四）。

　　然而，人的一生，隨著經驗事件的推陳出新，我們也不斷地發展和變化，現在的自己迥異於過去的自己，明日的自己亦將或多或少不同於今日自己。奠基於自我探索和環境探索的成果，我們還需放眼未來—

★資訊統合的生涯選擇

Carney & Wells（1995）

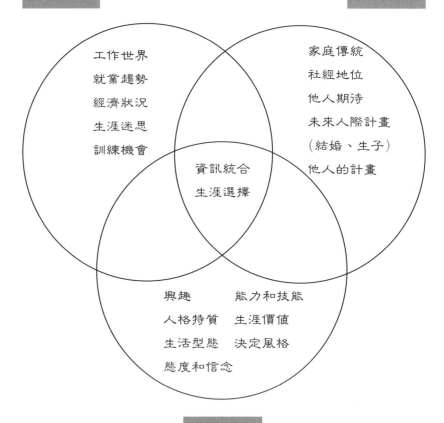

生涯資訊

工作世界
就業趨勢
經濟狀況
生涯迷思
訓練機會

重要他人

家庭傳統
社經地位
他人期待
未來人際計畫
（結婚、生子）
他人的計畫

資訊統合
生涯選擇

興趣　　　能力和技能
人格特質　生涯價值
生活型態　決定風格
態度和信念

自我知識

「我往何處去？」以及「我如何到達？」。「我往何處去？」
的問題，探索的是一個能提升自我肯定和達成自我實現的生涯目
標，引領自己的生涯發展方向。「我如何到達？」的問題，思考
的是如何為自己鋪一條道路、搭一座階梯，通向自己要去的地
方？也就是，規劃具體的行動方案或系列步驟，以逐步達成理想
生涯目標。

　　本書—我的生涯手冊主旨在引領讀者為自己探尋「我是
誰？」、「我在哪裡？」、「我往何處去？」、「我如何到達？」
等問題的答案。這些答案可能在不同時期會變化不同的內容，無
須符合既定的標準，也沒有絕對的真理。因此，生涯發展既是一
個不斷自我實現的歷程，亦是一個不斷自我追尋的旅程。

我的生涯手冊的主要結構

一、自我知識：個人的興趣、能力、人格特質、生涯價值、
　　生活型態、決定風格、生涯信念等。

二、生涯資訊：工作世界、就業趨勢、經濟狀況、訓練機
　　會。

三、家庭期待與溝通：家族職業、家庭價值觀、家人期待、
　　家庭溝通等。

四、生涯選擇與決定：選擇歷程、決定方法、理想生涯。

五、生涯願景與規劃：生涯願景、生涯目標、生涯規劃。

六、生涯準備與行動：求職方法、撰寫履歷自傳、面試技
　　巧、開展職業生涯。

★青少年生涯發展任務

Super（1984）：

成長期（初生至14歲）	探索期（15至24歲）
經與家庭或學校中之重要他人認同，而發展自我概念，需求與幻想為此一時期最主要的特質，隨著年齡增長，社會參與及現實考驗逐漸增加，興趣與能力亦逐漸重要。	在學校、休閒活動及各種工作經驗中，進行自我檢討、角色試探及職業探索。
1.幻想期(4-10) 　以幻想遊戲中的角色扮演為主。 2.興趣期(11-12) 　喜好為其抱負和活動的主要決定因素。 3.能力期(13-14) 　能力逐漸具有重要性，並能考慮工作所需條件（包括訓練）。	1.試探期（15-17） 　考慮需要、興趣、能力及機會，做出暫時性的決定，並在想像、討論、課業及工作中加以嘗試。思考可能的職業領域和工作層級。 2.轉換期（18-21） 　進入就業市場或專業訓練，更重視現實的考慮，並企圖實現自我概念，將一般性的選擇轉為特定的選擇。 3.試驗並稍做承諾期（22-24） 　初步確定職業選擇，並試驗其成為長期職業的可能性。對投入該職業的承諾仍是暫時性的。
任務： 1.發展自我形象。 2.發展對工作世界的正確態度，並瞭解工作的意義。	任務： 1.職業偏好逐漸具體化。 2.職業偏好的特定化。 3.實現職業偏好。 4.發展合於現實的自我概念。 5.學習開創較多的機會。

★青少年生涯發展任務

Super（1984）：

建立期 （25至44歲）	維持期 （45至64歲）	衰退期 （65歲～ ）
確定適當的職業領域，逐步建立穩固的地位。工作職位可能升遷，但職業則不會改變。	逐漸在職場上取得相當地位，並致力於維持現有的地位，較少創意的表現，面對新進人員的挑戰。	身心狀況逐漸衰退，從原有工作退休，發展新的角色，尋求不同方式滿足需求。
1. 試驗—投入和建立期（25~30） 在已選定的職業中尋求穩固安定，可能因尚未感到滿意而做若干調整或變動。 2. 晉升期（31~44） 致力於工作上的穩固與安定大部分人處於最具創造力的顛峰狀態，身負重任表現優異。		1. 衰退期（65~70） 工作速率減緩性質改變，找到兼差工作。 2. 退休期（71以後） 停止原有的工作，轉移至兼差、義務或志願服務工作，從事休閒活動。最具創造力的顛峰狀態，身負重任表現優異。
任務： 1. 找到從事所期望之工作的機會。 2. 學習和他人建立關係。 3. 尋求職業的穩固和升遷。 4. 確立一具備重要性與安全的職位。 5. 維持職業和生活上的固定不變。	任務： 1. 接受自身條件的限制。 2. 找出在工作上新的難題。 3. 發展新技巧。 4. 維持在職業領域中既有的地位與成就。	任務： 1. 找到從事所期望之工作的機會。 2. 學習和他人建立關係。 3. 尋求職業的穩固和升遷。 4. 確立一具備重要性與安全的職位。 5. 維持職業和生活上的固定不變。

我的志願

〜 羅大佑 〜

很小的時候　爸爸曾經問我
你長大後要做什麼？
我一手拿著玩具一手拿著糖果
我長大後要做總統

六年級的時候老師也曾問我
你長大後要做什麼？
愛迪生的故事最讓我佩服
我長大後要做科學家

慢慢慢慢長大以後
認識的人愈來愈多
慢慢慢慢我才知道
總統只能有一個
慢慢慢慢我才知道
科學家也不太多

中學的時候　作文的題目
你的志願是什麼？
耳邊又響起母親的叮嚀
醫生律師都不錯

大學聯考的時候　作文題目
我的志願是什麼？
回想報名時候心裡毫無選擇
志願填了一百多

慢慢慢慢長大以後
認識的人愈來愈多
慢慢慢慢我才知道
每個人都差不多
慢慢慢慢我才知道
我的志願
沒有煩惱沒有憂愁
唱出我心理的歌
告訴我的孩子　每個人都要
平平靜靜的生活

慢慢慢慢長大以後
認識的人愈來愈多
慢慢慢慢你會知道
每個人都差不多
慢慢慢慢你會知道
人生就是這麼過

第 *12* 章

我的多元面向

◆

自我的畫像

◆

相見歡Party

◆

我的青春記事板

「你是一個什麼樣的人？」、「你喜歡什麼？」、「你擅長做些什麼？」可能是你已在許多社團或聯誼活動中，回答過無數次的問題。也許你的答案每次都會增加一些或減少一些，也許你的答案每次都不相同，也許你直到現在還不知道如何回答這些連你自己也找不到答案的問題。但是，這些問題都和人生中最需要思索的課題「我是誰？」息息相關。心理學家Erikson就強調青少年階段的主要發展任務在於「自我認定」的完成，也就是在自身所處的社會環境中明白確定自己所扮演的角色與定位—知道自己是什麼樣的人？處在什麼樣的位置上？能夠做什麼？可以和環境與他人建立什麼樣的關係？未來還可以扮演什麼角色？—這些問題也許從青春期開始就不斷困擾著你，期盼有一天會有一位智者或天使為你指點迷津、解答你的困惑，就像「蘇菲的故事」中的蘇菲，偶然地接到一封信，引領著她展開自我追尋的旅程……

　　然而，每個人的自己，都是多元面向的。每個人都有不同的形狀和顏色。你可能身材高大、體格魁梧，但並不愛打籃球，卻喜歡舞文弄墨，且擅長精密電腦科技。你也可能嬌小玲瓏，但為人古道熱腸，經常積極主動為朋友排難解紛。你必須得花一些時間向內在心中的秘密花園去尋覓，才能將散落花園各處的自我拼圖蒐集齊全，還原一個擁有多元面向但完形統整的自己，包括你的興趣、能力、人格特質、價值觀、決定風格、理想生活型態等。

　　「自我瞭解」可以說是生涯探索的起點；而向其他人描述你自己，是開始思考「自我」的一個好方法。

自我的畫像

　　想像你正寫一封信給網路上認識卻素未謀面筆友，介紹你自己。告訴他（或她）你是什麼樣的人、你最喜愛做的事、你最擅長的活動、以及你的未來計劃等。記得附上一張你的可愛相片，或者是你自己的自畫像。你會怎樣介紹自己？

我的素描

相見歡Party

　　你參加的社團正在舉辦迎新Party，你很高興遇見了許多志同道合的夥伴。趕快邀請他們接受你的採訪吧！別忘了向他們索取親筆簽名喔！同時，你也要接受他們的採訪。你會如何回答這些問題呢？為什麼你會這樣回答？

姓名： 系級： 你最喜歡……	姓名： 系級： 你最擅長……	姓名： 系級： 你最重視……
姓名： 系級： 以顏色形容自己	姓名： 系級： 以形狀形容自己	姓名： 系級： 以質料形容自己
姓名： 系級： 你小時候的志願	姓名： 系級： 你對未來的期望	姓名： 系級： 你最嚮往的生活
姓名： 系級： 如果你有一筆一千萬的意外之財……	姓名： 系級： 如果你已經80歲了，人家會說你……	姓名： 系級： 如果明天是世界末日，你最想完成的心願……

我的青春記事板

青春就是......

要如何才能將「青春」寫真起來?要如何才能讓「青春」永垂不朽?要如何才能為「青春」留下一些值得珍藏的東西?

就將你仔細思過、想過、咀嚼過、分享過的不同面向的「自己」,在你的「青春記事板」上留下記錄吧!

我最喜歡的是…	我最擅長的是…	我最重視的是…
我的顏色是……	我的形狀是……	我的質料是……
我小時候的志願是……	我對未來的期望是……	我最嚮往的生活是……
如果我有一筆一千萬的意外之財……	如果我已80歲了,人家會說我……	如果明天是世界末日,我最想完成的心願……

心的絲路

　　一直相信生活在這世間的每一個人，都擁有多樣化的面貌，面對不同事物、不同情境、不同人群，即變換著不同的面貌，有些是刻意的隱藏，有些是自然地顯現。就如太極，隨著時序流轉，時陰時陽，既陰且陽。

　　學校中循規蹈矩的好學生，在家中可能是唯我獨尊的小霸王；喜歡戶外運動的人，在其他場合可能害羞靦腆；過去曾經桀傲不馴的叛逆小子，也可能反璞歸真悠游山林。這些曾經存在、現在顯像、未來可能發展的「我」，都反映了各個不同面向的自己。即使對大部分的自己感到滿意，仍然年年期待著為自己換上一件嶄新的衣裳──一個新的、更好的自己。

　　我是藍，雙重性格的藍。

　　有時像藍天，晴空無雲，不受有形規矩的框限和羈絆。

　　有時像大海，深陷其中，輾轉掙扎，無法喘息。

　　有時仰天長嘯。

　　有時隨波逐流。

　　我是水，沒有形狀的水。

　　盛裝在不同的容器中，即變化不同的形狀。

　　自在優游，隨遇而安。

　　看似千變萬化。

　　但水仍是水，本質未曾改變。

第 *13* 章

我的生涯故事

◆

我是怎麼長大的？

◆

向上提升與向下沈淪

◆

我的生活角色

心理學家Adler說，人有著與生俱來的「自卑」感，覺得自己總有些地方不如其他的人。所幸，人也潛藏著「超越」的渴望，非常努力地要「向上提升」自己，避免自己「向下沈淪」。

也許當你還在襁褓之中，初次睜開晶亮的雙眼，逐漸看清楚周遭的世界時，你就不得不驚異世界的龐然偉大！而被媽媽強而有力的雙手懷抱著的你，也不得不感覺到自己的渺小與纖弱！

隨著你逐漸地成長與茁壯，你對世界也有了不同於兒時的視野；你不斷伸展自己的雙手去接觸世界，每一次成功的接觸，都有助於建立起對自己能力的信心。然而，成長的路途中總會經歷挫折、遭遇阻礙，或者陷入無能為力的困境僵局，讓你開始對自己產生懷疑......

有些事曾經在你年輕的生命中發生過，有些人曾經在你青春的歲月中駐留過，他們都會對你造成或多或少的影響，讓你逐漸演變成今天的你。

究竟發生了什麼事讓你成為現在的你？曾經有哪些人影響著你成為現在的你？

說說你的生涯故事吧！無論是曲折離奇？高低起伏？或者一路昂揚？或者低迴轉折？都蘊含著無限深意！

我是怎麼長大的？

　　記得你是怎麼長大的嗎？年輕的你，是如何度過你的童年？青春歲月留下哪些鮮明的記憶？試著在下方空白紙片上中，畫下你從小到大的生涯發展和轉變。你可以用寫實或抽象的圖案來呈現你的生涯故事。

　　＊請找一或二位朋友，和他們分享你的生涯故事，並和他們一起討論你為什麼會是現在的你？有哪些人對你的影響深遠？發生哪些事讓你有所改變？你，如何改變？

向上提升與向下沈淪

　　再次回顧你的生涯故事，試著為這些在你生命中發生過的經驗或事件作個初步的分析：哪些經驗或事件對你的影響是正面的呢？哪些經驗或事件對你的影響可能是負面的？

　　將正面影響的經驗列舉在「向上提升」的框框中，將負面影響的事件填寫在「向下沈淪」的框框中，並分別說明它們如何影響你？

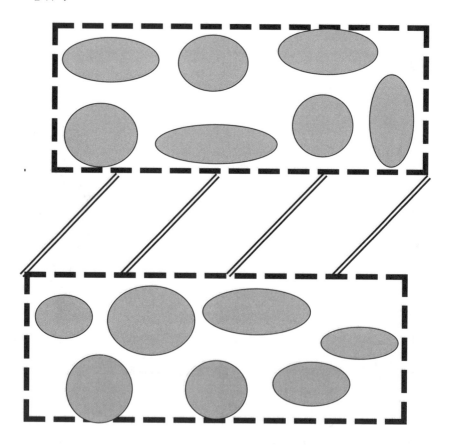

我的生活角色

　　每個人在日常生活中都無可避免地扮演了一些「角色」，例如你是父母的「子女」、是家人的「兄弟」或「姊妹」、是某人的「朋友」、是學校中的「學生」、是打工地方的「工讀生」或正式的「雇員」，你還是這個社會中納稅的「公民」。將來，你還會扮演更多不同的角色，像是「夫或妻」、「父或母」、「連襟或妯娌」、公婆的「子媳」、員工的「上司或主管」，或者人民的「頭家」......等。

　　在這許多不同的角色中，你扮演得最稱職的是什麼角色呢？哪一個角色你會好希望有機會能「卸下來」，好讓自己喘口氣？

　　請仔細想想你目前所扮演的角色中有哪三項是最重要？將他們分別寫在三張空白紙片上。

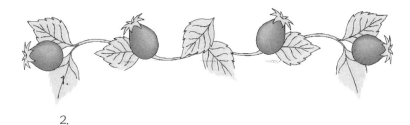

1.

2.

3.

　　現在，如果因為某項人力不可抗拒的因素，你必須「丟掉」一個角色，你會優先選擇丟掉哪一個呢？

剩下來的兩個角色也許都是重要的，但是如果再度因為某項人力不可抗拒的因素，你必須「丟掉」一個角色，你幾經掙扎，最後你會選擇丟掉哪一個呢？

　　和你的朋友們分享並討論下列問題：

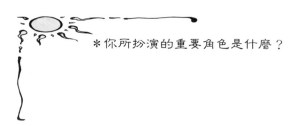

＊你所扮演的重要角色是什麼？

＊你如何決定丟掉哪兩個角色？

＊丟掉角色之後，你的心情如何？

＊哪一個角色你丟不掉？為什麼？

＊你扮演得最稱職的是什麼角色？

心的絲路

　　我最早丟掉了「姊姊」的角色。因為做為「姊姊」，我從小就被教導著凡事要讓弟弟妹妹，因為他們「還不懂事」。但是，我那裡就懂事了呢？為什麼因為是「姊姊」就必須要「被迫」偽裝成熟懂事的模樣？做對了是應該的，做錯了就是「壞榜樣」，真是難以承受之重啊！

　　接著，我丟掉了「女兒」的角色。只是想用另一種方式做「女兒」。不要畢恭畢敬，不要唯唯諾諾，不要總是不敢告訴爸媽我真正想要的是什麼。我希望離開爸媽安全護衛的羽翼，能夠勇敢地做我自己。也許有些不乖，也許有些不守規矩，但是，我會更小心護衛自己不受傷害，會更知道如何肯定自己。

　　最後，我仍然還要做「學生」。學習是一條漫長而無止盡的路，我們在人生的歷程中，無論是扮演好自己的角色，或者是不扮演任何角色而仍能「無入而不自得」，點點滴滴人生智慧的累積都是學習。而我，才不過是走在這條路的開端。放眼未來，人生要學的功課也是浩瀚無涯的，人生之中會遭遇到的許多問題都值得我去深思探究，才能抽絲剝繭，尋找到自己的答案。因此，人生歷程中的任何經驗，都會是我的老師，我會虛心求教，努力學習。

第 *14* 章

我的人格特質

◆

分析我自己

◆

明明白白我的心

◆

比較我自己

◆

人格類型分析

當你向別人介紹自己是一個「活潑」、「開朗」、「熱情」的人，或者當你形容自己是一個「文靜」、「細心」、「友善」的人，你就是在描述你的「人格特質」，或是你的「個性」或「性格」。

人格特質是一個人在生活中對人、對事、對自己、對外在環境所表現出來的一致性因應方式。每個人在其成長歷程中，可能受到生理、遺傳、家庭教養、文化規範、學習經驗等因素的交互作用所影響，而形成自己的獨特個性，在不同情境中表現出特定的氣質。

某些人格特質之間具有相當的關連性，例如「活潑」、「開朗」、「熱情」的人通常也會較為「積極主動」，顯得較為「愛現」，因此也常具備較佳的「溝通能力」。另一方面，「文靜」、「細心」的人常會較為「謹慎」而「內斂」，因此也較重視「秩序」，讓人覺得「可靠」。當然，有許多人格特質是介在兩個極端中間的灰色地帶。透過這些人格特質的分析，我們可以歸納出幾個較為典型的人格組型，也許是A、B、O、AB四型，也許是十二星象為代碼的組型，也許是生涯學者Holland所提出的六邊形，也許是Jung或Myer-Briggs匠心獨具的十六種人格類型。

雖然人格特質的分析，讓「什麼樣的人會選擇什麼樣的工作」變得有跡可尋（就像是「物以類聚」）；但是，作為生活經驗之一環的「工作」，仍會持續不斷地對人格特質的形塑與修正發揮關鍵性的影響力，使得人格特質也逐漸發生轉變。例如，害羞內向的你也許是因為某種因素考上教育科系，而不得不學習當一位老師；經過多年課程教學的磨練之後，你很有可能會發現再也沒有人相信你也曾經有過「害羞內向」的年代了。

所以，多方去瞭解你的人格特質，但不要被目前以為是的人格特質限制了你的生涯發展。

分析我自己

※ 請試著用三句話來描述你自己的特質，填寫在下欄中。

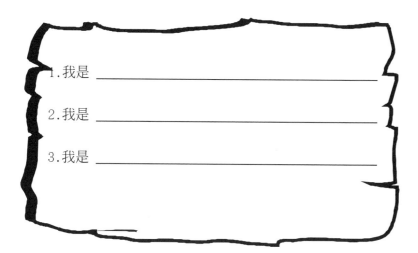

1. 我是 _____

2. 我是 _____

3. 我是 _____

※找一位你的朋友，請他列舉出你的三個特質，並和他一起討論你自己所寫下的特質。看看你的朋友對你的看法與你對自己的看法有些什麼異同。

我的朋友認為我是……

舉例說明……

我的發現是……

明明白白我的心

　　下列是我們常用來形容人格特質的一些字眼，仔細想想看你自己具備了哪些特質？請將這些形容詞提供給你的好朋友參考，也請他圈選出他認為你所具備的特質。比對看看他所形容的你和你所形容的自己，有些什麼異同？為什麼會有這些異同？

R 順從	R 重視物質	R 溫和	R 坦白	R 自然	R 害羞	R 勤奮
R 誠實	R 有恆心	R 穩定	R 謙虛	R 實際	I 分析	I 獨立
I 喜歡解決問題	I 理性	I 內向	I 好奇	I 重視方法	I 冷靜沉著	I 批判
I 具科學精神	I 追根究底	I 深謀遠慮	S 親和力	S 人緣佳	S 喜歡與人接觸	S 樂於助人
S 為他人著想	S 隨和	S 寬宏大量	S 善體人意	S 溫暖	S 合作	C 循規蹈矩
C 喜歡規律	C 缺乏彈性	C 節儉	C 缺乏想像力	C 傳統保守	C 謹慎	C 有條理
C 按部就班	C 負責任	A 複雜善變	A 喜歡變化	A 缺乏條理	A 想像力豐富	A 崇尚理想
A 情緒化	A 直覺的	A 不切實際	A 不喜從眾	A 獨創性	A 較衝動	A 感性
E 富冒險性	E 精力充沛	E 善表達	E 慷慨大方	E 自信	E 有領導能力	E 活潑熱情
E 積極主動	E 喜歡表現	E 說服力強				

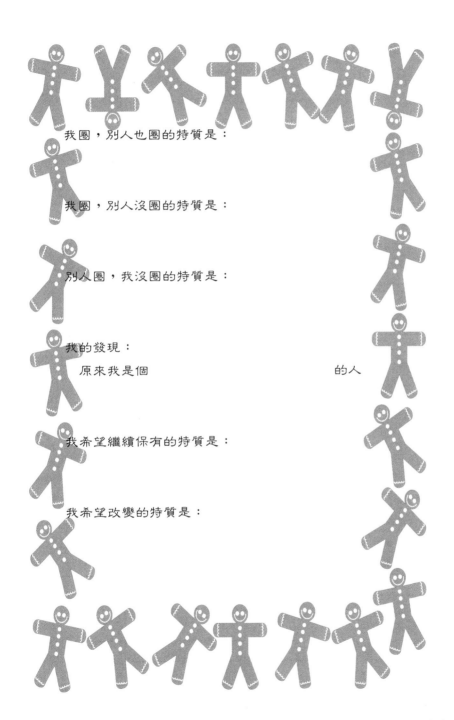

我圈，別人也圈的特質是：

我圈，別人沒圈的特質是：

別人圈，我沒圈的特質是：

我的發現：
　　原來我是個　　　　　　　　　　的人

我希望繼續保有的特質是：

我希望改變的特質是：

比較我自己

也許你很高興地發現你的朋友真是瞭解你，或者你很遺憾地發現你的朋友認識的你早已經是「過去式」了，甚至你真的希望能成為朋友眼中的你！「理想我」（你希望成為的樣子）與「真實我」（你現在實際的樣子）的差距，經常會困擾著許多年輕的朋友。如何縮短理想與現實的鴻溝，讓兩者更趨向一致？是值得你更深入思索的問題，也是通向滿意生涯的一個重要指標。

人格特質描述	我過去的樣子	我現在的樣子	我希望的樣子
樂觀的			
愛整潔的			
小心謹慎的			
守信的			
脾氣溫和的			
彬彬有禮的			
誠實可靠的			
努力勤奮的			
有自信的			
受歡迎的			
獨立自主的			
積極進取的			
有耐心的			
體貼的			
幽默的			
熱心助人的			
重紀律的			
開朗的			
謙虛的			

人格類型分析

　　心理學家Myer-Briggs依據四類偏好向度，建立了十六種人格氣質的典型。這四類偏好向度分別是「外向-內向」、「感官-直觀」、「思考-感覺」、和「判斷-覺察」。你不妨也試著依據這四個向度，來判斷一下自己的人格氣質傾向是什麼？

外向 （E）	□喜歡和他人談話。 □傾聽其他人說話。 □炊煮晚餐，燒煮咖啡。 □以汽車為工作工具。	內向 （I）	□喜歡閱讀書籍。 □思考想說或想做的事。 □覺察自己的感受。 □思考難題，以求瞭解。
感官 （S）	□品嚐食物。 □注意交通號誌的轉變。 □記得一場演講內容。 □按部就班做計畫。	直觀 （N）	□突發奇想（做事的新方法）。 □思考目前行動的未來啟示。 □尋思人們所言所行的底涵意義。 □觀看大幅的圖片。
思考 （T）	□仔細研究一項產品，購買同類型中最好的。 □做「對的事」，無論是否喜歡。 □選擇不買已經有的類似的東西。 □遵循指導原則來完成工作任務。	感覺 （F）	□只因為喜歡就決定購買一些東西。 □壓抑衝動，不告訴某人一些會令他難過的事。 □只因為不喜歡工作環境，就決定不接受某項工作。 □決定搬到離自己所關心的人較近的地方。
判斷 （J）	□將要做的事情列出一張清單。 □預先把事情計畫安排好。 □做出判斷和表達判斷。 □將一個議題結束，以進行下一個。	覺察 （P）	□延宕作決定，評估其他可供考慮的選項。 □立即自發性的行動。 □當下作決定，而不做預先的計畫。 □總要到最後一分鐘才做事。

有一個世界在我們的周遭，有一個世界在我們自己的內心中。如果你傾向於處理外在世界中的事物，你是「外向型」；如果你傾向於處理自己心中的內在世界，你是「內向型」。

我們都需要蒐集足夠的資訊，才能幫助我們作決定。「感官型」的人偏好運用以感官操作的具體方法去蒐集資料；「直觀型」的人偏好從所蒐集的資料中產生抽象的可能性。

當我們需要作出決定時，經常是以思考或感覺為基礎的。如果你是「思考型」的人，你傾向於遵循邏輯和推理來做決定，因此你是理性的、公平公正的、有一套既定的行為準則。如果你是「感覺型」的人，你傾向於因時因地制宜的決定，依據自己內在價值體系做自己認為是「對」的事，因此也常是主觀的。

由於我們具有不同的氣質傾向，我們對外在世界或日常生活的態度也有所不同。「判斷型」的人偏好所接觸的事情都能條理分明、秩序井然，希望凡事都在掌握之中；「覺察型」的人則希望事態保持彈性開放、任其自然發生，而不受限於既定的軌道。

因此，心理學家Keirsey將十六人格類型加以歸納命名，並分別標定該類型的生命主題，例如「守護者」致力於尋求安全穩定，「技藝者」致力於尋求感官刺激，「理論者」致力於尋求理性知識，「理想家」則致力於尋求自我認定。你的人格氣質傾向和生命主題是什麼呢？

十六人格類型命名及生命主題

守護者（SJ）		技藝者（SP）		理論者（NJ）		理想家（NF）	
尋求安全穩定		尋求感官刺激		尋求理性知識		尋求自我認定	
ESTJ	督導者	ESTP	促進者	ENTJ	指揮官	ENFJ	教師
ISTJ	視察者	ISTP	工藝者	INTJ	策劃者	INFJ	諮商師
ESFJ	提供者	ESFP	表演者	ENTP	發明家	ENFP	得勝者
ISFJ	保護者	ISFP	創作者	INTP	建築師	INFP	治療師

心的絲路

　　我是個奇怪的人。有時充滿了知識份子追求學問的熱情，一心精進所學，期望能為社會所用；有時卻懶散得只想學陶淵明隱遁於終南山，不見世人、不聞世事、不思世理。

　　在這個濁世之中，想效淵明之志的可不只是少數人而已，但真正能歸隱山林的卻總是沒有幾個人。所以，人都是奇怪的吧！那麼想做真正的自己，卻又無法拋開現有的舒適、安逸、成就與社會期待。

　　還是，這些心理需求之間原本就充滿了衝突和矛盾？滿足口腹之欲後，既想要安全穩定的生活，也想要追求理性知識，更想要尋求自我實現，這些「想要」並不盡然能在目前的生活中滿意地獲得。在這些「想要」之間如何取捨，不也是一門人生的功課？

　　不同時期的我，會有不同的「想要」，導向不同的生涯選擇。因此，這時期的「生命主題」想必也不同於下一個階段的「生命主題」吧！

　　想到心理學家Freud說起人格的結構。「本我」是所有生物的本能，就像肚子餓了要找吃的，口渴了要找喝的，是需要立即滿足的。「超我」是社會文化的期待和規範，透過父母、師長從小的教導，讓我知道肚子餓了不能「偷」吃，口渴了不能「隨便」喝。兩者都是「我」，衝突時卻也會兩敗俱傷。於是，「自我」就必須因時因地制宜地扮演調停者的角色。既然「因時因地制宜」，就沒什麼應該不應該，沒什麼是固定不能改變的準則。

於是，赫曼.赫賽提醒我們：

不必問我：「我的處世態度對不對？」這類問題沒有答案。每一種態度都對，因為它們是整個人生的一部份。你應該自問：「我是我，我的問題和需要與他人不同，我應當如何安排此生？如何善用此生？」如果你真能確切自省，你的答案當如是：「既然我是我，我不必羨慕，也不必輕視別人，我不必擔心我的存在是否『正確』，我應當把自己的良知和需要當作身體、姓氏、籍貫一樣加以接受，因為良知和需要也都是我生命中無法避免的一部份，即使全世界的人都反對，我也必須承認那就是我。

但求盡其在我、無愧於心，過於掛慮得失好壞反而無法充分表現或發揮自己。

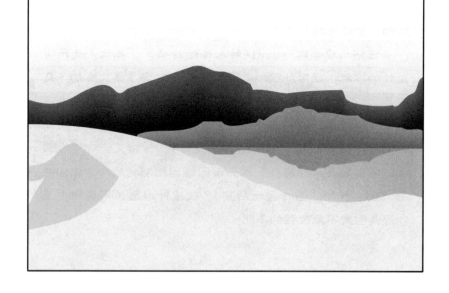

第 *15* 章

我的生涯興趣

◆
愉快的生活經驗

◆
喜歡的日常活動

◆
生涯興趣座標圖

◆
心中的桃花源

◆
呼朋引伴去探險

◆
生涯興趣類型分析1

◆
更認識自己

◆
生涯興趣類型分析2

◆
生涯興趣測驗的結果

在「男主外，女主內」的古老的年代裡，流傳著一句古老的諺語：「男怕入錯行，女怕嫁錯郎」。外出工作的男性如何選擇一個滿意且可終身從事的職業，就像是嫁入婆家當「煮婦」的女性如何選擇一張可靠的「長期飯票」一樣重要。

在這個追求兩性平等的年代，無論男性或女性，選擇「職業」和選擇「伴侶」仍有著極其相似的歷程和結果。想想看，你會選擇什麼樣的伴侶？是你愛的，還是愛你的？是你自己喜歡的，還是要令別人滿意的？當然，如果二者能兼而有之更是完美無缺了！不過，世事總無法盡如人願，因此愈是能弄清楚自己到底喜歡什麼，愈能避免日後的懊悔和遺憾。

那麼，你究竟「喜歡」什麼呢？其實，這並不是一個可以簡單回答的問題。有些人因為缺少較豐富的接觸經驗，單純地不知道自己喜歡什麼，其實可以透過實際從事或接觸嘗試，來試探自己的興趣所在。然而，很多人花了很長一段時間尋尋覓覓，仍無法釐清在「許多個」喜歡之間，究竟哪一個才是「最」喜歡？於是，對未來可能的發展感到茫然困惑，不知所終。

從事自己喜愛的工作，可以帶來較為愉悅的感受，讓自己更有動力積極投入於工作之中，創造更大的成功機會，獲得更高度的成就滿足感，也因此會更為肯定自己的能力表現，對自己更具信心，更能充分發揮自己的潛能，完成自我實現的人生目標。這一連串可以讓你感受到愉悅、投入、成就、滿意、肯定、自我實現的良性循環的起點，就是「生涯興趣」，值得你多花一些時間深入去探索與釐清！

青青子衿，悠悠我心，但為君故，沈吟至今......

愉快的生活經驗

※請回顧你最近一個星期（或一個月）的生活點滴，回味讓你感到愉快的經驗。請舉出一至三個生活事件，在事件發生之時或完成之後讓你感受到相當程度的喜悅或滿意。

最近這一個星期（或一個月）中，讓我感到愉快的經驗

綜合來看，這些讓我感到愉快的生活事件，有些共同特性

※請在下面的線條中標出適當位置：

資料　5　4　3　2　1　0　1　2　3　4　5　思維

人群　5　4　3　2　1　0　1　2　3　4　5　事物

喜歡的日常活動

※當你不必上課或上班時,你通常會從事哪些休閒活動呢?
請列出一至三個你平日所喜歡的休閒活動。

當我不用上課或上班時,我通常喜歡從事的休閒活動

綜合來看,這些我喜歡從事的休閒活動,有些共同特
性

※請在下面的線條中標出適當位置:

資料　5 4 3 2 1 0 1 2 3 4 5　思維

人群　5 4 3 2 1 0 1 2 3 4 5　事物

生涯興趣座標圖

※現在，請你將「愉快的生活經驗」和「喜歡的日常活動」
兩者的特性傾向綜合起來，看看你「生涯興趣座標」會座落在哪
一個象限上？

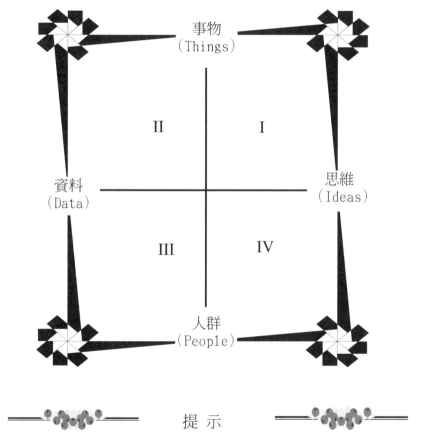

提示

資料：喜歡處理文字或數字資料的記錄、查對、分類、組織等工作。

思維：喜歡創造、發現、解釋抽象的概念，從事知識的開發、統整與傳遞。

事物：喜歡從事與機械、器具有關的工作，並且喜歡處理物理現象的問題。

人群：喜歡從事與人群有關的工作，喜歡處理人際狀況。

心中的桃花源

　　正是桃花盛開的春天，你剛好會有七天的春假，你計畫著前往遠方一處新開發的島嶼群度假。旅行社經理向你大力鼓吹這個旅遊的新據點：「這是我們和當地旅遊業合作開發的新路線，一共有六個各具特色、各有不同風情的島嶼。如果你時間許可，可以安排前往其中的三個島嶼，各停留幾天，保證你能遍覽島上風光，樂不思蜀。」

　　你仔細瀏覽旅遊手冊上記載著這六個島嶼的特色：

　　「A」島：美麗浪漫的島嶼，島上充滿了美術館、音樂館，瀰漫著濃厚的藝術文化氣息。同時，當地的原住民還保留了傳統的舞蹈、音樂與繪畫，許多藝文界的朋友都喜歡來這裡找尋靈感。

　　「S」島：溫暖友善的島嶼，島上居民個性溫和、十分友善、樂於助人，社區均自成一個密切互動的服務網絡，人們多互助合作，重視教育，絃歌不輟，充滿人文氣息。

　　「E」島：顯赫富庶的島嶼，島上的居民熱情豪爽，善於企業經營和貿易。島上的經濟高度發展，處處是高級飯店、俱樂部、高爾夫球場。來往者多是企業家、經理人、政治家、律師等，衣香鬢影，夜夜笙歌。

　　「C」島：現代井然的島嶼，島上建築十分現代化，是進步的都市型態，以完善的戶政管理、地政管理、金融管理見長。島民個性冷靜保守，處事有條不紊，善於組織規劃。

「R」島：自然原始的島嶼，島上保留有熱帶的原始植物林相、自然生態保育甚佳，也有相當規模的動物園、植物園、水族館。島上居民以手工見長，自己種植花果蔬菜、修繕房舍、打造器物、製作工具。

　　「I」島：深思冥想的島嶼，島上人跡較少，建築物多僻處一隅，平疇綠野，適合夜觀星象。島上有多處天文館、科博館，以及科學圖書館等。島上居民喜好沈思、追求眞知，喜歡和來自各地的哲學家、科學家、心理學家等交換心得。

※假如你僅有七天難得的假期，你會考慮到哪三個島嶼度假呢？你的優先選擇是什麼？

> *　我的度假計畫：
> 選擇1：＿＿＿島，因為：＿＿＿＿＿＿＿＿＿＿＿＿＿
> 選擇2：＿＿＿島，因為：＿＿＿＿＿＿＿＿＿＿＿＿＿
> 選擇3：＿＿＿島，因為：＿＿＿＿＿＿＿＿＿＿＿＿＿

※然而，仔細想想，如果你有機會能影響政府施政決策，致力建設台灣，你會期待將台灣建設成哪一個島嶼呢？或者你期待未來能在哪一個島嶼上工作和生活？哪一個島嶼是你心中的桃花源？你有三個優先選擇：

> *　我的生活計畫：
> 選擇1：＿＿＿島，因為：＿＿＿＿＿＿＿＿＿＿＿＿＿
> 選擇2：＿＿＿島，因為：＿＿＿＿＿＿＿＿＿＿＿＿＿
> 選擇3：＿＿＿島，因為：＿＿＿＿＿＿＿＿＿＿＿＿＿

※最後，想像你已年華老去，希望能找到一個最適合你度過退休生活的居所，以安享天年。哪一個島嶼最能吸引你？你有三個優先選擇可以安排你的退休計畫：

> *　我的退休計畫：
> 選擇1：＿＿＿島，因為：＿＿＿＿＿＿＿＿＿＿＿＿＿
> 選擇2：＿＿＿島，因為：＿＿＿＿＿＿＿＿＿＿＿＿＿
> 選擇3：＿＿＿島，因為：＿＿＿＿＿＿＿＿＿＿＿＿＿

呼朋引伴去探險

　　這六個島嶼代表著六種典型的生涯興趣類型，它們的相關位置就像是一個正六邊形。看看你的同學或朋友之中，哪些人和你志同道合，可以呼朋引伴一起去探險？哪些人可以和你一起開創新生活？哪些人可以預約大未來？

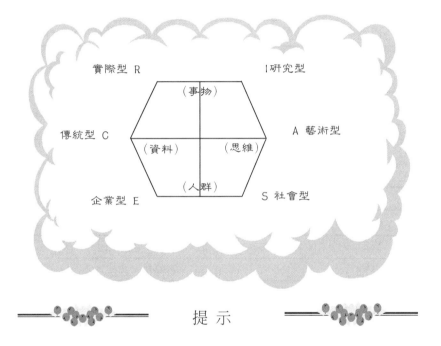

實際型 R　　　　　　　I 研究型
（事物）
傳統型 C　　　　　　　A 藝術型
（資料）　　（思維）
（人群）
企業型 E　　　　　　S 社會型

提　示

實際型（R）：喜歡運用工具、以手操作機械，參與體能運動與戶外活動。

研究型（I）：喜歡學習新知，研究且解決抽象的問題，重視科學。

藝術型（A）：喜歡自由發揮想像力，創作或鑑賞藝術作品。

社會型（S）：喜歡了解他人或與他人溝通，關心他人的福祉。

企業型（E）：喜歡領導他人工作或銷售商品，並以言語說服或影響他人。

傳統型（C）：喜歡以有系統、具體、例行的程序，處理文書或數字資料。

生涯興趣類型分析1

這裡列出了一些有關生涯興趣類型的敘述。想想看它們和你對自己的看法是否符合？請將所有符合你的敘述圈選出來。

R1	與動物有關的工作	R2	善用雙手
R3	與機器有關的工作	R4	用機械的處理方式
R5	建造或修理東西	R6	良好的身體協調
R7	以行動解決問題	R8	準備在任何條件下工作
I1	好奇	I2	要求理性
I3	思考清晰	I4	注意力集中
I5	以思考解決問題	I6	喜歡數學和科學
I7	獨立	I8	不依慣例
A1	良好的觀察力	A2	敏感
A3	良好的自我表達力	A4	有天賦
A5	喜歡處理事情的新方法	A6	喜歡美術/音樂/戲劇/寫作
A7	有想像力與創造力	A8	喜歡變化
E1	喜歡說服和影響別人	E2	可能有抱負的
E3	外向	E4	組織能力好
E5	喜歡有企劃的工作	E6	有天賦
E7	熱誠	E8	精神充沛
S1	喜歡與人有關的工作	S2	支援他人
S3	熱心	S4	靠情感解決問題
S5	責任感	S6	不怕情緒的問題
S7	理解力	S8	喜歡成為團隊的一份子
C1	喜歡與電腦有關的工作	C2	喜歡例行公事
C3	依循程序來解決問題	C4	可信賴
C5	生意眼光	C6	準確
C7	注意細節	C8	喜歡清楚的方向

※將每一類型的圈選數目記在下面的表格中。

實際型（R）的數目 ＿＿＿＿＿＿＿＿

研究型（I）的數目 ＿＿＿＿＿＿＿＿

藝術型（A）的數目 ＿＿＿＿＿＿＿＿

企業型（E）的數目 ＿＿＿＿＿＿＿＿

社會型（S）的數目 ＿＿＿＿＿＿＿＿

傳統型（C）的數目 ＿＿＿＿＿＿＿＿

※根據上述分類的結果，哪個（些）類型最能描述你？（即
分類結果**顯示**什麼？）

※根據「心中桃花源」和「探險」活動的結果，你**感覺**哪個
（些）類型最能描述你？

※你對自己的**感覺**與類型分析所**顯示**的結果相同嗎？有哪些
是相同的？哪些是不同的？

＊相同的是：
＊不同的是：

※寫下你認為對你最合適的類型的描述。（藉助卡片或運用
你自己的感覺。）

更認識自己

當你已釐清了自己的生涯興趣類型之後，也許你會想要更進一步瞭解自己的能力、人格特質等是否也符合你的興趣類型。下列是一些協助你更加認識自己的方式，請一一檢視你有多符合你的生涯興趣類型，以及各類型的人通常會從事的工作。

實際型(R)

如果你是一個「實際型」的人，你可能在下列的敘述中認識自己。

◆ 你擅長並喜歡運用手與手指工作

◆ 你喜歡用工具、物品、機器工作

◆ 你有（或願意培養）手工、機械、電子這些領域的技能

◆ 使用身體技術時你會覺得比語文、思考、或情感的活動快樂

◆ 你可能具備下列一個或一個以上的能力

　　◎身體協調　◎體力　◎敏捷　◎邏輯

◆ 你喜歡在戶外

◆ 你喜歡動物

◆ 你被視為一個「腳踏實地」或「實事求是」型的人

◆ 你喜歡以行動解決問題

【實際型的工作包括：營造師、電機/電子工程師、景觀建築師】

研究型（I）

假如你是「研究型」的人，你可能在下列的敘述中認識自己。

◆ 你喜歡運用理性；思考且好奇、勤學及獨立

◆ 你喜歡思考甚於行動

◆ 你擁有數學、物理科學及生物學方面的技能，並想更加充實

◆ 你有時被描述為知性的；有時被描述為不依循慣例的

◆ 你喜歡以思考來解決問題，且常相信自己的理性和想法甚於其他的人或事

◆ 你可能會喜歡科學或醫學的工作

【研究型的工作包括：化學師、營養師、玻璃工藝師、相機修理師、記者】

藝術型（A）

如果你是「藝術型」的人，你可能在下面的一些敘述中認識自己。

◆ 你喜歡逃離例行公事

◆ 你擁有語言、美術、音樂、戲劇、寫作技能，並想要更加充實

◆ 你可能對事物不信任，但信賴自己的理智、身體和感覺

◆ 你喜歡視覺、聽覺、觸覺上的美與變化，欣賞脫俗有趣的人

◆ 你有時被形容為有點反抗的，或有點反社會的

◆ 你有創意、敏感，並喜歡構思新方法來解決問題

◆ 你喜歡可以盡情發揮你的創意技能和天賦的工作

【藝術型的工作包括：藝術家、廚師、櫥窗設計師、都市計畫者】

社會型（S）

　　如果你是「社會型」的人，你可能在下面的一些敘述中認識自己。

◆ 你喜歡幫助別人，而且你友善、敏銳、樂於助人及有責任感

◆ 你喜歡親近人，並分擔別人的困難

◆ 你從維持團隊良好合作中得到滿足

◆ 你有時被描述為真誠、圓融及善解人意的

◆ 你喜歡別人信賴你的感覺，並觀察別人的感覺來解決問題

◆ 你喜歡從事與人接近的工作

【社會型的工作包括:教師、護士、社工人員、褓姆、旅遊業者】

企業型（E）

　　如果你是一個企業型的人，你可能在下面一些敘述中認識自己。

◆ 你喜歡企劃

◆ 你喜歡領導及影響別人

◆ 你外向、有精力、有自信、熱誠

◆ 你擁有領導、激勵和說服別人的技能，並想要更加充實

◆ 你喜歡組織、管理、變化和地位

◆ 你有時被描述為有抱負以及可能喜歡權力和金錢

◆ 你喜歡有關推銷或管理人的工作

◆ 你喜歡冒險涉入自己及別人的情境以解決問題

【企業型的工作包括:飯店經理、拍賣官、報紙經銷商、示威運動者及貿易商】

傳統型（C）

　　如果你是「傳統型」的人，你可能在下面的一些敘述中充分的認識自己。

◆ 你喜歡組織良好並有清楚的程序

◆ 你很仔細、條理分明、精確並很會注意細節

◆ 你喜歡有紀律、清楚的目標、安全及明確

◆ 你被描述為負責並可信賴的

◆ 你可能有好的基本技能和計算能力，並想加強

◆ 你喜歡組織事情，且可能想在大機構中工作

◆ 你喜歡運用，並依循嘗試、試驗過的程序來解決問題

◆ 你想要有關系統、操作電腦系統、文字處理的工作

【傳統型的工作包括:銀行經理、系統分析師、秘書、個人助理、飯店接待員】

　　※　有一份常用的「生涯興趣量表」就是以這六個生涯興趣類型為基礎編擬的，你可以去學生輔導中心詢問有關這份測驗的施測情形，請生涯諮商師或輔導老師協助你施測並解釋測驗結果。將測驗結果及所提供的適合你從事的職業記錄下來，看看和你自己的分析是否符合。

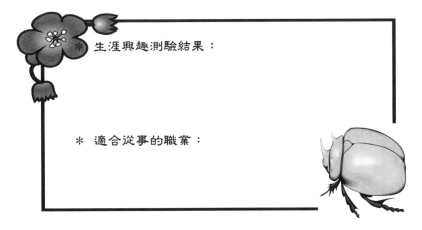

※　生涯興趣測驗結果:

＊　適合從事的職業:

生涯興趣類型分析2

　　接下來，你需要進一步瞭解你的生涯興趣類型之間的適配性、差異性、和一致性。「**適配性**」係指你的人格特質和你所喜歡的職業活動之間的符合程度，如具有社會型特質的人愈是喜歡從事社會型的工作。「**差異性**」是指你所喜歡的類型之間能顯現出較大的差異，如你的社會型和藝術型的表現或分數可能明顯高於其他類型。「**一致性**」是指你在六個生涯興趣類型中表現較高的前三個類型波此之間的相似程度，如社會型與藝術型因在六邊形的相鄰兩邊，表示這兩個類型的一致性較高；而處在對角線上的社會型與實際型則相當不一致。這是因為社會型的人喜歡幫助別人，在團體中工作，著重人際間的互動；但實際型的人則偏好用機器來工作，而不喜歡以人群為工作的對象。現在，請你將「生涯興趣類型分析1」及「更認識自己」所表現出的最高三項生涯興趣類型記錄下來，並逐一檢視生涯興趣類型的適配性、差異性和一致性。

我的生涯興趣類型：

* 適配性

* 差異性

* 一致性

* 依據我的生涯興趣類型，我適合從事的工作有：

生涯興趣測驗的結果

※下列是目前一般學校中所實施的主要興趣測驗及所評量的項目。請你的生涯諮商師或學校輔導老師協助你進行幾個生涯興趣測驗，並將測驗得分填寫在下表中。

庫德偏好記錄		史東基本興趣量表		加州職業偏好調查	
測驗項目	得分	測驗項目	得分	測驗項目	得分
室外活動		農業		消費經濟	
機械活動		應用美術		室外	
電腦活動		藝術		文書	
科學活動		運動		溝通	
說服活動		電腦活動		科學-專業	
藝術活動		法律/政治		科學-技術	
文學活動		數學		工業技術-專業	
音樂活動		機械活動		工業技術-技術	
社會服務		醫藥科學		商業-專業	
文書活動		醫藥服務		商業-技術	
		買賣貿易		藝術-專業	
		軍事服務		藝術-技術	
		音樂/戲劇		服務-專業	
		自然		服務-技術	
		辦公室服務			
		組織管理			
		公眾演說			
		宗教服務			
		銷售			
		科學			
		社會服務			
		教學			
		寫作			

心的絲路

「只要我喜歡，有什麼不可以」曾經是許多自認為「獨立自主」的年輕朋友經常掛在嘴邊的「說法」。「喜歡」幾乎成了百毒不侵的金鐘罩，隔絕了來自他人的批評和不以為然。只是，如果再仔細深究：「為了什麼而喜歡？」恐怕許多人半天支吾其詞，仍答不出所以然來。

相傳古代有一個人叫做葉公，宣稱他非常喜愛「龍」。欣賞龍的繪畫、雕刻，穿著繪著龍紋的衣裳，配帶著龍形的玉珮，使用的器物無一不雕著栩栩如生的龍。天上的龍聽說了葉公如此好龍，大為感動，有一天特地降臨凡世來到葉公面前，想和他交個朋友。沒想到葉公見到了真正的龍卻甚為恐懼驚慌，四處逃竄哀嚎。龍明白了葉公喜愛的只是社會所稱羨的龍圖騰，而非真正的龍，只能失望而歸。

我們可能都有類似的經驗，一直以為是自己「喜歡」的，沒想到實際接觸、深入瞭解之後，才驚然發現過去所喜歡的只是一個被社會大眾口耳相傳所建構出來的「假象」，自己面對該經驗的最真實感受恐怕離喜歡甚為遙遠，卻常困於社會的偏好價值而逃脫不出假象的樊籠。

因此，我們喜歡的人事物經常必須等到親身體驗或相處接觸之後，細細品味體會自己真實的「感覺」，才能判斷「喜歡」的深淺。至於，尚無緣接觸的人事物是很難判斷喜歡與否的。輕率作出喜歡與否的判斷，所依循的常只是社會的偏好價值，所判斷的也只是假象而已。

第 *16* 章

我的生涯技能

◆

可轉換於工作的技能

◆

生涯技能檢定

◆

生涯興趣類型的能力特性

◆

其他性向測驗結果

除了你自己的人格特質和興趣之外，對你的生涯選擇也同樣具有影響力的就是你的「能力」了。有時，能力不足會讓你裹足不前，沒有勇氣去做你喜歡的事。例如，你也許和大多數人一樣，很喜歡整天坐在電腦前玩電腦遊戲，但可能還不具備電腦遊戲的程式設計能力，而無法成為軟體工程師。你也可能夢想著行遍天涯、深入蠻荒，卻抱憾於自己的語言表達及溝通能力而難以圓夢。甚至，你可能夢想成為眾人欣羨追逐的影歌紅星，卻始終遺憾沒有人欣賞你的歌聲或演技。

　　有能力完成一些想做的事，會讓你對自己更具有信心。然而，某些你很擅長的工作任務，卻可能無法吸引你投入的興趣。就像有人可以當很好的醫生，但他寧可從事喜歡的表演或創作；你可能具有成為優秀運動員的天分，但你卻喜歡較為靜態的室內設計。此時，令人困惑的問題經常是你是否具備了你所喜歡的工作所要求的能力？或者，你要如何培養你自己，才能具備你所需要的能力？

　　有些事你不會做，並不真的是因為你沒有能力，而是因為你從來不曾「學」過，或者是你不曾給自己機會充分地學習。例如，你不會修理電器，可能只是因為從來沒有人教過你如何修理電器。如果你真的希望有朝一日能成為專業攝影師，唯一的方法是去學習攝影技術；加入攝影社將是一個適當的學習起點。培養自己的能力，的確需要投資時間、金錢或心力，但是如果完全不願意投資於自己，那麼你可能永遠成為不了專業攝影師。

　　你不妨仔細思量在未來的生涯歷程中，你需要什麼樣的能力？然後，從現在開始好好栽培自己！

可轉換於工作的技能

可轉換於工作的技能，是指可以使用在一個以上的情況中、或是可以從學校轉換至工作中的技能。這些技能是確保未來良好工作表現所必須的。請仔細閱讀作業單中所列出的可轉換技能，將之剪成卡片。

1. 請拿出四張卡片，依下面的指示，放在適當的地方。

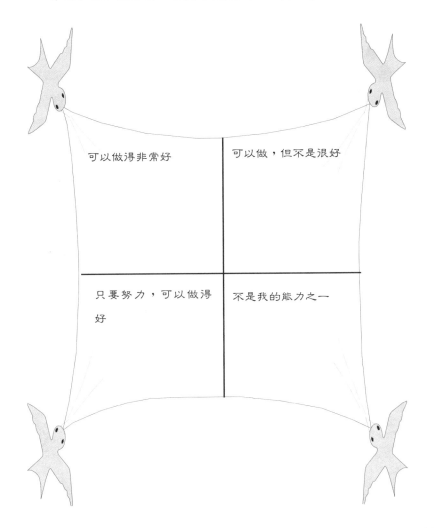

可以做得非常好

可以做，但不是很好

只要努力，可以做得好

不是我的能力之一

2. 仔細閱讀這些技能卡，並根據所描述的技能，判斷自己的感覺，將每張卡片放在前面那些卡片的上面。

3 拿起在**可以做得非常好**上的那堆卡片，然後根據你可以做得最好的順序排列。

1 _____

2 _____

3 _____

4 _____

5 _____

6 _____

7 _____

8 _____

9 _____

1 0 _____

4. 從**不是我的能力之一**的那堆卡片上挑出一張，告訴自己你要設法改善它，並且擬定計畫去做。

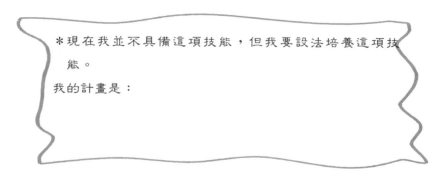

＊現在我並不具備這項技能，但我要設法培養這項技能。

我的計畫是：

★保持身體強健

★改造及裝配東西

★精準快速地處理事物

★把小片塊放在一起—組合東西

★使用工具—例如：鎚子、螺絲、起子、廚具

★研究東西如何運作

★手和眼睛的協調

★從事困難的體力勞動

★靈巧地使用雙手

★開車、騎腳踏車或機車

★修理東西

★身體反應迅速

★顯現身體活動的協調

★研究和蒐集資訊

★使用機器工具、打字機、縫紉機、電鑽及其
　他的工具

★復習及評估已發生的事

★注意細節及精密度

★遵循說明及圖表

★以清楚的書寫互傳資訊

★從書籍、電視、收音機等等，找尋資訊

★分析資料及事實

★保存並更新資料

★將資料分類、歸檔

★統計資料

★設計事物、事件及活動

★理財及作預算

★提出新構想

★記住數字或 包含數字的事物

★正確地心算

★參考許多不同的問題解決方法

★分類並篩選資訊

★使用自己的感覺解決問題

★作曲

★透過身體、臉部表情及聲音傳達情感或想法

★有創意地使用顏色、形狀或空間

★想出解決問題的方法

★迅速、準確地判斷人、事、物

★接受別人的構想並且發揚光大

★助人

★使用資訊來形成構想

★領導並指揮別人

★創意的寫作—故事或詩

★讚美把事情做好的人

★與人聊天

★主動與初次見面者打交道

★組織人群

★說服別人接受一個構想或賣給他們某些東西

★傾聽並且察看別人的觀點

★對別人解釋如何做事

★激勵人們並且讓他們想做一些事

★關心別人感覺

★改造、製造東西：善用身邊的東西：當場製作

★使人覺得受歡迎並且被接受

★透過圖畫及音樂傳達情感或想法

★在團體中、公開的場合表演

生涯技能檢定

※下列是一項描述「技能」的量表，請依據你平常的行為表現，對自己目前所擁有的生涯技能做出最真實的判斷。看看你所擅長的生涯技能較傾向於處理資料、接觸人群、還是處理事物方面？

符合/普通/不符合

處理資料方面				
D1.綜合能力：	能統整和解釋已分析的資料，發現事實或知識。	☐	☐	☐
D2.協同能力：	能運用已分析的資料規劃行動方案。	☐	☐	☐
D3.分析能力：	能檢視、評估和分析資料間的關係。	☐	☐	☐
D4.彙整能力：	能蒐集、整理資料，或將資料分門別類。	☐	☐	☐
D5.電腦能力：	能以電腦進行資料的運算和操作。	☐	☐	☐
D6.拷貝能力：	能將資料輸入電腦，或以其他方式轉錄資料。	☐	☐	☐
D7.比較能力：	能觀察資料、人們和事物，以做出適當的判斷。	☐	☐	☐

接觸人群方面				
P1.顧問能力：	能對他人提供指導、忠告、諮詢或建議。	☐	☐	☐
P2.磋商能力：	能和他人交換看法、資訊和意見，以作決定或解決問題。	☐	☐	☐
P3.教學能力：	能藉說明、示範、或練習等指導或訓練他人。	☐	☐	☐
P4.督導能力：	能為他人分派工作或責任，並能與其維持和諧關係，提昇工作效率。	☐	☐	☐
P5.娛樂能力：	能藉媒體或其他方式來娛樂他人，帶來歡愉情緒。	☐	☐	☐
P6.說服能力：	能影響他人的觀點、想法或作法。	☐	☐	☐
P7.指示能力：	能與他人談話或指示他人，以傳達或交換資訊。	☐	☐	☐
P8.服務能力：	能注意他人的需求，並提供立即的回應。	☐	☐	☐
P9.聽從能力：	能遵循管理者的指示、教導或命令。	☐	☐	☐

處理事物方面			
T1.設定能力： 能設計、規劃和安裝儀器設備，以利他人操作。	☐	☐	☐
T2.精密能力： 能精確地運用判斷力選擇或調整儀器或設備。	☐	☐	☐
T3.操控能力： 能啓動、停止、控制或調整儀器或設備。	☐	☐	☐
T4.駕駛能力： 能駕駛機器或爲機器導航，決定速度、評估距離。	☐	☐	☐
T5.操縱能力： 能選取或移動儀器、設備或工具。	☐	☐	☐
T6.照料能力： 能啓動、停止、和觀察儀器或設備。	☐	☐	☐
T7.供輸能力： 能添加原料，或將原料從儀器中取出或更換。	☐	☐	☐
T8.交付能力： 能移動或攜帶他人所指示之儀器或工具。	☐	☐	☐

　　檢核過你所需具備的基本生涯技能，你是否對自己更有信心了呢？原來，你其實是很有潛力的！現在，「年輕」是你最雄厚的資本，值得你更積極投資於開發自己的潛能，培養更優越或更高階的生涯技能，才能在不同生涯領域之間游刃有餘。

生涯興趣類型的能力特性

生涯學者Holland所提出的生涯興趣類型中，各類型均有其相對應的能力特性，你不妨再次檢核自己的生涯技能是否與自己的生涯興趣相符合？如果符合，該類型可能就是最適合你發展的生涯方向。如果不盡然符合，你可以考慮在你有興趣的領域中好好培養你的能力；或者在你所擅長的領域中培養你的興趣。

A 藝術型：能夠執行需要藝術、創意、表達和直覺等技能的活動，以利用文字、動作、聲音、顏色或具體的方式來傳遞美感、思想和情感。

S社會型：能夠執行需要和人群一起工作的活動，以便告知、啟迪、協助、訓練、發展，或治療他們。

E企業型：能夠執行需要說服、管理、監督和領導等技能的活動，以便獲取某一機構的、政治的社會的，或經濟的利益。

C傳統型：能夠執行需要注意細節、精確度和一些文書技能的活動，以便記錄、編檔，及根據特別指示的程序來組織數字和語文的資料。

R實際型：能夠執行在處理物體、機械、工具、運動配備、植物或動物等方面需要機械能力、體力或協調力的活動。

I研究型：能夠執行需要觀察、評估、評量和理論劃之理智或分析技能的活動，以便解決問題

其他性向測驗結果

※下列是目前一般學校中所實施的主要性向測驗及其評量項
目。請你的生涯諮商師或輔導老師協助你進行生涯性向測驗,並
將測驗得分填寫在下表中。

學術性向測驗		區分性向測驗		通用性向測驗	
測驗項目	得分	測驗項目	得分	測驗項目	得分
英文用法		普通學習		普通學習	
數學用法		語文推理		語文	
社會閱讀		數字能力		數字	
自然閱讀		抽象推理		空間關係	
		文書速度及正確性		形式知覺	
		機械推理		文書知覺	
		空間關係		手眼協調	
		拼字		手指靈巧	
		語言用法		手工藝	

心的絲路

　　心理學家Bandura曾將一個人對自己行動能力的信心，以及對完成特定行動目標或成就表現的信心，稱為「自我效能」。自我效能感很低的人在面對較為困難的任務時，經常會認為自己沒有足夠的能力將事情做好，而頹然放棄，無法堅持下去。

　　我們常會從過去的學習經驗中學到對特定行為結果的期待，而影響到對自己能力表現的信心。經驗是成功的，會對自己再度遭遇類似經驗時的能力表現較具信心，於是也更能全力以赴；經驗是挫敗的，則很難培養起對自己能力表現的信心，甚至會試圖逃避再度經歷類似的情境，而阻斷了自己再度學習的機會。因此，我們為自己設定的生涯目標，常只是反映了我們對自己在某方面能力表現的信心，不見得是自己真正擁有的能力或實際的表現水準。如果我一直不斷地「告訴」自己：我缺乏在公眾場合精彩演說的能力，那麼一遇到公眾場合我就會緊張焦慮，眼神閃爍、聲音顫抖，大概就沒有機會成為知名的演說家了。

　　如果我「告訴」自己：我「有能力」作精彩的演說，只要我做好充分的準備；如果我尚未出現水準的表現，只是因為對陌生的環境仍有些許不適應，或尚未做好充分的準備。那麼，我仍然會願意投注心力去學習如何做一場能贏得滿堂彩的演說。

　　思考自己的能力時，不妨以正向的眼光看待自己尚未被完全開發的潛能和資產，相信自己有能力做一些正向的改變，相信未來不只是不切實際的「夢想」，而是我們有能力去逐步達成的「理想」。

第 *17* 章

我的生涯價值

◆

生涯價值觀問卷

◆

我的理想工作

◆

我的工作目的

◆

我偏好的生活型態

◆

理想的職業生活

二十年前的年輕人談到生涯大夢，不外乎是「五子登科」——擁有銀子、房子、車子、妻子、兒子。現在，隨著經濟的發展、社會的變遷，對年輕人而言，有些「子」已可以提前獲得（如車子），有些「子」已不再像從前受到普遍的重視（如兒子）。

　　那麼，現在的年輕人流行什麼生涯大夢呢？每回問起，總有許多人會說：「錢多、事少、離家近」、「位高、權重、責任輕」、「睡覺睡到自然醒」——一個只應天上有，不似在人間的趨完美夢想，除了「老闆」之外並不存在的職務。於是，任你在人間尋尋覓覓、蹉跎青春，也很難找尋到這麼美好的差事。因為，一份待遇甚佳的工作，通常也會要求投入較多的工作時間，所擔負的責任較重，而工作壓力也會較大，是絕對不可能「睡覺睡到自然醒」的。所以，當你面臨工作、職業或生活型態的選擇時，你須明確釐清自己最重視的究竟是什麼？

　　生涯學者Bordin主張工作可提供個人內在需求的滿足，個人是透過工作上的表現來尋求個人的意義和價值，也在工作中致力於達成自我的實現。因此，工作世界中可以提供你滿足心理需求的標的物，在你選擇工作或職業時會顯得相當重要，這就形成了你的「生涯價值」。然而，個人所看重的價值，是從與社會環境的接觸經驗中學習得來的，因此你的生涯價值也反映了你所處的社會次文化團體生涯價值體系。Super認為一般人的生涯價值多與工作的特定層面有關，如收入、工作時間、升遷、助人機會、獨立性、變異性、管理等。從事一個和生涯價值相符合的工作或職業，是達成滿意生涯的必要條件。

　　現在，就讓我們一起來探索你的生涯價值。

生涯價值觀問卷

　　這裡提供你一個評量生涯價值觀的工具。請將下列每一組群中的項目，依你選擇職業或工作時會考慮的重要性，在最右邊的欄位中，填入 1 － 5 的數字。

A

我很快能賺大錢	★
即使在我個人的時間，我也願意做這份工作	●
我將爲一家好公司及一位好老闆工作	■
我的工作對別人而言，將會眞的有幫助	◆
我能以自己的步調，做我自己的工作	▲

B

我會盼望每天去上班	★
我會知道我該做什麼，並且做得很輕鬆	●
我會在我的工作崗位，成爲一位眞正的專家	■
我不會被佔用太多時間	◆
如果認眞工作，我可以獲得加薪	▲

C

我可以在一家非常大的公司裡獲得一個固定的職位	★
我可以看見自己工作的成果	●
我工作時，不會有來自任何人的干擾	■
如果我認眞工作，我能夠晉升到高薪的職位	◆
即使我這份工作的薪水不是很高，我還是會做，因爲我喜歡	▲

D

如果我工作做得完美，我會獲得讚賞及認同	★
我可以當自己的主人	●
我會變得富有	■
我大部分的時間可以做有趣的事	◆
我有一筆優沃的退休金	▲

E

每一天我都可以決定自己要做什麼	★
我做額外的工作，可以獲得額外的報酬	●
我可以做我最想做的事	■
我會擁有良好的工作環境及公平公正的雇主	◆
我會覺得把工作做得越來越好，是一種挑戰	▲

F

如果薪水高，我不喜歡的工作也會去做	★
我的工作對我而言，會是一種嗜好	●
我會受到完善的職前訓練	■
我會在我的工作方面，成為傑出的權威	◆
工作時，我可以自由地來來去去	▲

G

工作的樂趣會讓我忘記了時間	★
我不可能成為一名冗員	●
許多人會看到我工作的成果	■
我可以自己決定工作的內容和進度	◆
我可以享有高消費水準	▲

H

不管是生病或發生意外事件，我都可以獲得補助		★
我可以充份地發揮自己的天賦		●
我可以自己決定每天該做的工作量		■
如果加班，我的薪水可以增加		◆
在這公司裡，我可以調職至其他有趣的部門		▲

J

我的工作對國家而言是寶貴的		★
我可以自行決定與誰一起工作		●
這家公司的利潤，我可以分紅		■
我會遇見與我興趣類似的人		◆
我的工作中不需要克服任何困難		▲

K

我工作的成效會受到應有的評價，但不會受到監督		★
工作傑出時，可獲得獎金		●
這工作不會令人厭煩或只是例行公事		■
我會相信同事之間的友誼		◆
我會升到一個令人尊敬的職位		▲

 計 分

1 ─ 將你每一組群所寫的數字填入下面的框欄。數字必須與
每一框欄的圖形配合。如▲中的數字填入▲的框欄，●
中的數字填入●的框欄等。

2 ─ 將每一列的數字加起來，結果填在後面總和那一欄。

3 ─ 將你的總和排名次，最低分為第一，次低分為第二，依
此類推。

4 —排第一的是你認為在你的工作生涯中最重要的事。

A	B	C	D	E	F	G	H	J	K	總和	排名	
★	▲	◆	■	●	★	▲	◆	■	●			M
●	★	▲	◆	■	●	★	▲	◆	■			I
■	●	★	▲	◆	■	●	★	▲	◆			S
◆	■	●	★	▲	◆	■	●	★	▲			R
	◆	■	●	★	▲	◆	■	●	★			A

解 釋

M 金錢—從事工作時,你優先考慮的是金錢,這是最重要的因素。

I 興趣—從事工作時,你優先考慮的是興趣。

S 穩定—從事工作時,你優先考慮的是工作及未來的穩定。

R 自豪—你要一份能夠充份發揮你能力的工作。

A 獨立—你要一份能給予最充分獨立自主的工作。

※ 現在,請你和朋友們分享和討論你的生涯價值觀。

＊我最為重視的生涯價值是………

因為………

＊我最不重視的生涯價值是………

因為………

我的理想工作

　　如果能夠找到一份完全符合你的理想的工作，無疑是一件令人興奮的事。即使完全符合理想的機率並不太高，但愈是清楚明白自己所追尋的理想，愈能對自己的生涯選擇感到滿意。

　　仔細閱讀次頁所提供的卡片上的敘述，勾選出九張你覺得較符合你理想工作的卡片。你也可以在空白的卡片上，填寫你自己的理想。接著，請你判斷這九張卡片的相對重要性，依下圖排列順序。將你覺得最重要的排在第一個方格，最不重要的排在第九個方格。

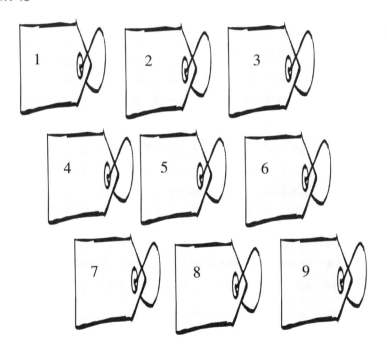

　　※　現在，請你和朋友們分享和討論你對理想工作的期待是什麼？為什麼？

自豪　你想做令你驕傲的工作

安定　你要一份穩定的工作，它不易使你成為冗員

步調　你要一份可自己決定進度（可快、可慢）的工作

例行公事　你要一份大多數時間裡做相同事情的工作

體力　你要一份需要體力的工作

團隊　你要一份工作，在這工作中，你是團隊的一份子

酬賞　你要人們欣賞你的工作

刺激　你要一份充滿刺激的工作

單獨　你寧可獨自一人工作

金錢　你想要賺一大筆錢

冒險　你想要一份可冒險的工作

藝術　你喜愛包含繪畫、設計、音樂、模型設計等的工作

興趣　你要一份有趣的工作

溝通　你要一份可使用文字或言語來表達構想的工作

環境　你要一份環境很好的工作

挑戰　你喜歡有壓力、有新的難度的工作

自由　你要自行決定工作時間，而不願在固定的時間工作

升遷　你要一份有良好升遷管道的工作

創意　你要一份可以構思新觀念.方法來處理事情的工作

平順　你比較喜歡一份沒什麼壓力或不愉快要求的工作

變化　你想要做許多不同的事

地位　你要一份別人尊敬的工作

活力　你要一份活躍而不是整天枯坐的工作

助人　你要一份幫助人群的工作

我的工作目的

　　下列是十五項一般人選擇工作時所秉持的價值觀，反映了工作的目的和意義。在這些工作目的或意義之中，你最看重的是什麼呢？請選出五項你認為最重要的工作目的，劃上「○」號，並加以排出優先順序。接著，再選出三項你認為最不重要的工作目的，並劃上「×」號。

	生涯價值內涵	生涯價值
01.	工作的目的或意義在於提供機會讓個人為社會大眾的福利盡一份心力，為大眾謀福利。	利他主義
02.	工作的目的或意義在於致力使這個世界更美好，增加藝術的氣氛。	美的追求
03.	工作的目的或意義在於能讓個人發明新事物，設計新產品，或發展新觀念。	創造發明
04.	工作的目的或意義在於提供了獨立思考，學習與分析事理的機會。	智性激發
05.	工作的目的或意義在於能允許個人以自己的方式或步調來進行，不受太多限制。	獨立自主
06.	工作的目的或意義在於能看到自己努力工作的具體成果，並因此獲得精神上的滿足。	成就滿足
07.	工作的目的或意義在於能提高個人身分或名望，受到他人的推崇和尊重。	聲望地位
08.	工作的目的或意義在於能賦予個人權力來策劃工作、分配工作且管理屬下。	管理權力
09.	工作的目的或意義在於能獲得優厚的報酬收入，使個人有能力購置他所想要的東西。	經濟報酬
10.	工作的目的或意義在於能提供安定生活的保障，即使經濟不景氣時也不受影響。	安全穩定
11.	工作要能在不冷、不熱、不吵、不髒的良好舒適環境下進行。	工作環境
12.	工作的目的或意義在於能與主管平等且融洽相處，獲得賞識。	上司關係
13.	工作的目的或意義在於能與志同道合的夥伴一起愉快地工作。	同事關係
14.	工作的目的或意義在於多采多姿富有變化，能嘗試不同的工作內容。	多樣變化
15.	工作的目的或意義在於能選擇自己的生活方式，並實現自己的理想。	生活方式

※ 現在，請你和朋友們分享和討論你的生涯價值觀。

＊我最爲重視的工作目的或意義是．．．．．．．．

因爲．．．．．．．．

＊我最不重視的工作目的或意義是．．．．．．．．

因爲．．．．．．．．

我偏好的生活型態

　　每個人在工作的餘暇時間，都有他所偏好的生活型態或方式，和工作的性質、時間、收入、社會地位與交往對象等息息相關。請仔細判斷下列各項有關生活型態的敘述對你的重要性，並請在適當的空格上打「○」。想想看，你所偏好的生活型態，和你的生涯價值有些什麼關係？什麼樣的工作或職業，可以讓你擁有你所偏好的生活型態？

生活型態選項	非常重要	普通重要	不重要
01. 和父母同住家中			
02. 住在郊區			
03. 住在休閒活動中心附近			
04. 住在文化中心附近			
05. 住在工作地點附近			
06. 住在穩定安全的環境中			
07. 工作即生活			
08. 常可以花錢購物			
09. 經常出國旅行			
10. 擁有許多不動產			
11. 擁有許多錢或股票			
12. 擁有名牌汽車和衣飾			
13. 參與政治活動			
14. 參與社區或公益活動			
15. 常有時間獨處			
16. 有時間陪伴家人			
17. 有時間休閒娛樂			
18. 經常和朋友聚會			
19. 常有夜間的娛樂活動			
20. 常有進修機會			

理想的職業生活

在你探索過自己的生涯價值觀和理想的生活型態之後，現在要請你將這些有用的資訊整理起來，看看你的生涯大夢裡有著什麼樣的內涵？

—你想做什麼性質的工作？

—在什麼地方工作？

—和什麼人一起工作？

—每天工作的時間如何分配？

—每天的工作內容如何規劃？

—收入如何？--社會地位如何？-

—能提供你些什麼你所需要的東西？

—工作的發展性與前景如何？

※請用150~200個字描述你理想中的職業生活。

心的絲路

　　曾經在一次生涯價值的自我剖析中，詫異地發現：我考慮可能從事的職業，大多是收入穩定、有良好社會地位、能獨立掌握工作進度、具挑戰性、有較多學習成長機會的職業。這意味著什麼呢？

　　在不斷地自我詢問之後，我恍然大悟：收入穩定的職業保障了最起碼的生存需求，提供我較充分的經濟安全感；良好社會地位的職業，能受到他人的敬重和肯定，亦顯現自己對社會有大用；獨立自主的工作，較能不受他人的約束限制，不必聽從權威人物的指示；挑戰性高的工作，較能顯現自己卓越的能力，帶給自己較大的成就感；有學習成長機會的職業，能促使自己不斷進步、超越自己，於是更肯定自己的潛能，進而實現自己的潛能。

　　原來，我最為重視的生涯價值，一一反映了我內在的心理需求，而這些心理需求似乎與人本心理學家Maslow所提出「生存、安全、愛與歸屬、尊重肯定、自我實現」等心理需求階層不謀而合。這些心理需求同時反映在我對職業或工作的選擇上。這麼說來，我們對工作的薪資期待，是因為在現代社會中唯有金錢能夠購買足夠的生活所需物品，建造不受天災人禍威脅的安全的生活環境；我們對社會讚許或地位的期待，因為我們無論何時何地都需要來自他人的關愛和肯定；當這些需求充分獲得了滿足，然後，我們才能透過工作表現來肯定自己，致力於發揮自己最大的潛能。

如果另一位人本心理學家Rogers的觀察是對的：自我實現是一個連續不斷的歷程，那麼，我就不必勉強要求自己在一時一地都要表現最好。我只需充分準備，認真踏實地工作與學習，然後堅定期待：明天的自己會比今天的自己更好！具有更廣博的知識與豐富的內涵！我相信：能時時體察到今日的自己比昨日的自己更進步，是人生最大的福氣！

第 *18* 章

我的決定風格

◆

決定的難題

◆

選擇的藝術

◆

決定的風格評量

◆

決定的風格

作決定是人類成長的重要里程碑之一。隨著年齡漸增，我們需學會安排自己的生活，並為一生中的一些重大事件作決定，例如：交友、考試、升學、就業、婚姻、政治、宗教，以及其他許多重要事件等。甚至，我們每天也都須為一些日常生活瑣事作決定，例如，穿衣、吃飯、看書、看電視或電影、度假旅遊，以及其他休閒娛樂活動的選擇等。

　　根據生涯學者Harren的觀察，大部分人的決定風格可歸納為理性型、直覺型、依賴型等三類。「理性型」通常會有系統地蒐集充分的生涯相關資訊，且邏輯地檢視各個可能選項的利弊得失，以作成最滿意的決定。「直覺型」通常較關注個人在特定情境中的情緒感受，作決定全憑感覺，較為衝動，很少能有系統地蒐集相關資訊。「依賴型」傾向於等待或依賴他人為他蒐集資訊且作決定，較為被動而順從，亟需獲得他人的讚許，對自己的決定能力和結果缺乏信心。Dinklage 則進一步歸納了八種作決定的類型：衝動型、宿命型、順從型、延宕型、直覺型、麻痺型、猶豫型、計畫型等。

　　你不妨先行自我評估一下，你作決定時，通常是屬於哪一型？對於日常生活瑣事的決定風格，是否不同於重大事件的決定風格？為什麼會有所不同？你滿意自己的決定風格嗎？如果不滿意，你會希望如何改變呢？

　　接下來，就讓我們一起來探索你的決定風格！

決定的難題

下列是一些你在日常生活中可能會遭遇的選擇，請在每一組所提供的兩個選項間勾選出你比較喜愛的項目，在後面的空格上打「ˇ」。並在每一待選主題的最後空欄中填入指示的字母之一：「E」表示容易做的選擇，「D」表示困難做的選擇。

主題	選項A		選項B		E／D
早餐	火腿／蛋		麥片粥／土司		
晚餐	豬排		乳酪蛋捲		
運動	足球		橄欖球		
旅行	火車		遊覽車		
顏色	綠色		藍色		
運動	網球		棒球		
甜點	巧克力		薄荷糖		
休閒	溜冰		迪斯可		
鞋子	馬靴		短靴		
音樂	古典音樂		搖滾樂		
電影	鐵達尼號		不可能的任務		
度假	巴里島		新加坡		
放學後	學術課程		職業訓練		
畢業後	升學		就業		
汽車	雷諾		福特		
住所	獨棟房子		公寓		
投資	基金		活期存款		
理財	支票		信用卡		
酒	白葡萄酒		紅葡萄酒		
政治	國民黨		民進黨		
交友					
婚姻					
職業					

※注意那些有「E」記號的答案，並且解釋為何那些答案對你而言容易作決定。

※ 注意那些有「D」記號的答案，並且解釋為何那些答案對你而言難以作決定。

※ 當面對一個選擇時，你是如何決定該做什麼的？

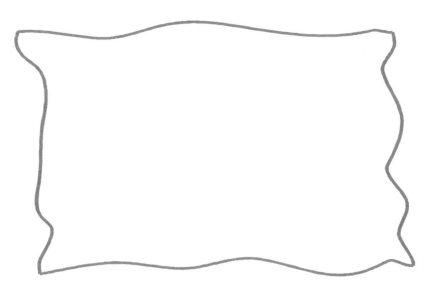

選擇的藝術

請先閱讀下面的「劇情」——

時間：最近的未來——2005

地點：海圖上未載明的島嶼

情況：有一架飛機墜落在這個島嶼上，僅知僥倖存

活的旅客中有下列八個人

一位諾貝爾和平獎得主　　一位醫生

一位社會學家　　　　　　一位神父（或牧師）

一位懷孕八個月的婦女　　一位詩人

一位總統（政治家）　　　一位核子物理學家

任務 1 —

如果你是一架小飛機的駕駛，正好發現了這些僥倖存者。但是你只
能載一個乘客，只有幾秒鐘讓你做決定，你要選哪一個？

任務 2 —

現在再讀一次劇情，這一次你的任務是將你認為社會最需要的人
載離這個島嶼。你會載走誰？

任務 3 —

現在你的任務是決定那八個人要留在這個島嶼上建立一個嶄新的
社會。這一群中不需要包含哪一個人？

※ 在任務 1 中，你選了那一個孕婦嗎？

　如果「是」，你的理由是什麼？

很可能你和大多數的人一樣，做了相同的選擇。這個決定可以稱
為「情感的」決定。你想為什麼會這樣？

※ 在任務 2 中，你選擇現今社會上最需要的人是誰？

　對於這個選擇，你有什麼理由？

※ 在任務 3 中，你認為建立新社會最不需要的人是誰？

　對於這個選擇，你有什麼理由？

※你在任務 1、2、3中的答案是相同的嗎？
　為什麼會不同？

※你不可能發現自己處在如這個「劇情」所描述的那種情況，而
　且在你們的討論中，你可能會發現自己不能立刻作出很好的決
　定。試著解釋為什麼不能。

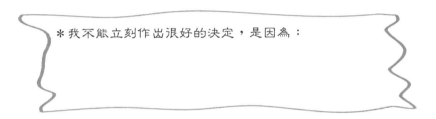

＊我不能立刻作出很好的決定，是因為：

※你對這個問題的答案應該會幫助你確認作決定過程的一個重要
　部分。考慮下列的議題—

　　◆　你被要求決定什麼？
　　◆　你有什麼選擇？

※　這裡還有一些線索可以幫助你作決定—

　　◆　哪一科醫生？　什麼樣的醫生？
　　◆　它是哪一種島嶼？　金銀島？
　　◆　島上還有沒有其他人？　野人？

※你還需要知道什麼「劇情」中沒有提到的事？

※那麼，你認為作出一個理性決定的過程中，最基本的要素是什麼？

決定風格評量

　　以下所列的各項陳述句，是一般人在處理日常事務及生涯決定時的態度、習慣及行為方式。請評量每一陳述句與你實際情形的符合程度。

		符合	不符合	
01.	我常匆促做草率的判斷。	☐	☐	★
02.	我常憑一時衝動行事。	☐	☐	★
03.	我經常改變我所作的決定。	☐	☐	★
04.	作決定之前，我從未做任何準備，也未分析可能結果。	☐	☐	★
05.	我常不經慎重思考就作決定。	☐	☐	★
06.	我喜歡憑直覺做事。	☐	☐	★
07.	我做事時不喜歡自己出主意。	☐	☐	●
08.	做事時，我喜歡有人在旁邊，以隨時商量。	☐	☐	●
09.	發現別人的看法與我不同，我便不知該怎麼辦。	☐	☐	●
10.	我很容易受別人意見的影響。	☐	☐	●
11.	在父母、師長或親友催促我作決定之前，我並不打算作任何決定。	☐	☐	●
12.	我常讓父母、師長或親友來為我作決定。	☐	☐	●
13.	碰到難作決定的事情，我就把它擺在一邊。	☐	☐	▲
14.	遇到需要作決定時，我就緊張不安。	☐	☐	▲
15.	我做事總是東想西想，下不了決心。	☐	☐	▲
16.	我覺得作決定是一件痛苦的事。	☐	☐	▲

		符合	不符合	
17.	為了避免作決定的痛苦，我現在不想作決定。	☐	☐	▲
18.	我處理事情經常會猶豫不決。	☐	☐	▲
19.	我會多方蒐集作決定所必須的一些個人及環境的資料。	☐	☐	■
20.	我會將蒐集到的資料加以比較分析，列出可選擇的方案。	☐	☐	■
21.	我會權衡各項可選擇方案的利弊得失，判斷出此時此地最好的選擇。	☐	☐	■
22.	我會參考其他人的意見，再斟酌自己的情況，來作出最適合自己的決定。	☐	☐	■
23.	經過深思熟慮之後，我會明確決定一項最佳的方案。	☐	☐	■
24.	當已經決定了所選擇的方案，我會展開必要的準備行動，並全力以赴做好它。	☐	☐	■

★ 衝動直覺型

● 依賴型

▲ 逃避猶豫型

■ 理性型

決定的風格

　　如你所知道的，「取得資訊」和「蒐集事實」是理性決定過程中的基本要素。當面臨必須作出決定的任務時，我們需要先蒐集充分的資訊，包括情境、條件、對象、結果等，始能作出較為理性而明智的決定。因此，就如荒島上的飛機駕駛員，當考慮的條件或情境改變時，所作出的決定也會有所不同。而考慮各項條件或情境的理性決定之結果，也必然不同於未充分考慮任何條件或情境之下的衝動性決定（如任務一）。

　　你通常是如何作決定的呢？請舉出最近生活中二至三個作決定的實例，試著歸納出這些決定的共通特性，綜合說明你的決定風格。

＊最近生活中作決定的實例有：

1.

2.

3.

＊綜合來看，這三個作決定的實例，有些共同特性：

※ Harren分析一般人的決定風格有下列三大類型：

決定類型	說明
理性型	有系統地蒐集充分的生涯相關資訊，且邏輯地檢視各個可能選項的利弊得失，以作成最滿意的決定。
直覺型	較關注個人在特定情境中的情緒感受，作決定全憑感覺，較為衝動，很少能有系統地蒐集相關資訊。
依賴型	等待或依賴他人為他蒐集資訊且作決定，較為被動而順從，亟需獲得他人的讚許，對自己的決定能力和結果缺乏信心。

※ Dinklage 則將人們作決定的風格歸納為八個類型：

決定類型	說明	行為特徵	好處
1. 衝動型	決定的過程基於衝動，決定者選擇第一個遇上的選擇方案，立即反應。	先做了再說，以後再想後果。	不必花時間蒐集資料。
2. 宿命型	決定者知道作決定的需要，但自己不願作決定，把決定的權力交給命運或別人，因此認為做什麼選擇都是一樣的。	船到橋頭自然直。天塌下來會有大個子頂著。反正時也、運也、命也。	不必自己負責任。減少衝突。
3. 順從型	自己想作決定，但是無法堅持己見，常會屈服於權威者的指示和決定。	如果你說O.K.，我就O.K.。	維持表面和諧。
4. 延宕型	知道問題所在，但經常遲遲不作決定，或者到最後一刻才作決定。	急什麼？明天再說吧！	延長作決定的時間。
5. 直覺型	根據感覺而非思考來作決定。只考慮自己想要的，不在乎外在的因素。	嗯，感覺還不錯，就這麼決定了。	比較簡單省事。
6. 麻痺型	害怕作決定的結果，也不願負責，選擇麻痺自己來逃避作決定。	我知道該怎麼做，可是我辦不到。	可以暫時不作決定。
7. 猶豫型	選擇的項目太多，無法從中做出取捨，經常處於掙扎的狀態，下不了決定。	我絕不能輕易決定，萬一選錯了，那就慘了。	蒐集充分完整的資料。
8. 計畫型	作決定時會傾聽自己內在的聲音，也考慮外在環境的要求，以做出適當且明智的抉擇。	一切操之在我。我是命運的主宰，是自己的主人。	主動積極，面對問題，解決問題。

※ 請試著判斷你自己的決定風格是屬於哪一型？

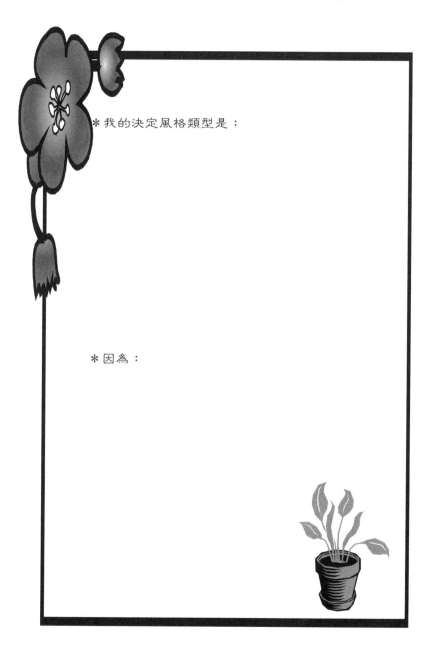

✻我的決定風格類型是：

✻因為：

心的絲路

　　有一天的中午時分，我正在公車站牌等候公車，一個開車經過的朋友見到我，停了下來。因為去處的方向不同，他不能載我一程，但是仍然好心地拿出兩個他剛從超級市場買來的三明治，說他吃不了兩個，要我一定要拿著一個當作午餐。我望著那兩個新鮮、誘人的三明治—一個夾著鮪魚、一個夾著培根肉片—不知該如何選擇？於是，我請他先選出一個他最喜歡吃的留下來，我就理所當然「選」另一個。結果，他還是堅持要我先選擇一個，因為他說任何一個他都喜歡。

　　這時，我倒遲疑了，擔心其中一個三明治可能是他的晚餐，若是被我拿走了，他晚餐豈不是沒了著落？聽說了我的擔心，他笑得燦爛。他坦承晚餐已和朋友有約，之所以一口氣買了兩個三明治，只是因為他已經站在三明治櫃前端詳許久，仍無法決定要買哪一個，只好兩個全要了。遇見我，像是遇見了從天而降幫他解圍的救星。

　　魚與熊掌兼得，是許多凡夫俗子對幸福的期盼。然而，世事總難如此美好。不是取了熊掌，顧不了魚兒；就是擁有二者，恐怕自己也無福消受。當所獲得的多於所需求的，取捨之間好過傷腦（筋，）如何抉擇，反而才是決定幸福與否的關鍵。

　　衝動決定，常會讓自己後悔莫及。

　　等待奇蹟、依賴他人，則只能解決暫時的問題，問題仍然存在。累積的決定壓力，會讓自己更感到焦慮不安、張惶失措，於是也更進退失據、猶豫不決。

而猶豫不決又對自己造成莫大的壓力，只好等待神蹟、依賴上帝。

　　其實，當面臨選擇時，眼前的任何選項必然有得有失、有優有缺（優缺差距過於懸殊，就不需要選擇了）。若能理智地認清世事皆無十全十美的事實，只須權衡輕重得失，當能漸增自己理性決定的功力，逐漸培養出理性決定的風格。

　　理性決定，即是慎思、明辨、篤行的決定。仔細思考分析各個選項的優缺得失，辨認出對自己最具有重要性的優點，選擇擁有該項優點最大比例的選項，並接納該選項可能會有的缺失，最後堅持不懈地付諸行動。

　　選擇，不只是風格問題。更是一項亟待培養的能力。

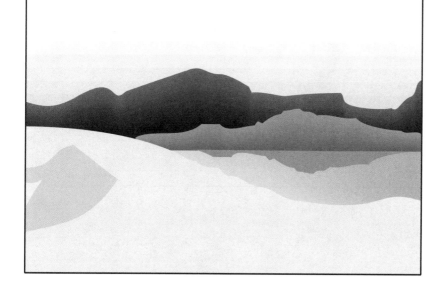

第 *19* 章

我的生涯信念

◆

生涯決定的故事

◆

不適應生涯信念

◆

我的生涯信念驗證

每個人都有參加聯考的經驗吧？假使落榜了，會怎麼樣呢？如果你的看法是：「落榜了將來一定找不到好工作」、「落榜證明我很笨」、「我的未來沒有希望」、「人家會瞧不起我」………你把落榜看成一個致命傷，以為自己完蛋了，整個人生都變成悲劇，那麼，你可能會非常沮喪、憂愁，再也提不起奮鬥的勇氣。但是，落榜真的會找不到好工作、未來沒有希望、被人瞧不起嗎？可能你會發現並不是真的如此，這只是你的假設、你的想像罷了，而這個想像是誇大、不正確的、使自己適應不良的，甚至是個迷信。

　　事實上，聯考落榜只是表示你的準備不周、不夠用心，或是你的能力不在這個方面，你仍然可以記取教訓全力以赴或嘗試從其他方面發展，相信終於能找到合適的生涯崗位，成就一番事業，未來仍然充滿著希望！如果你把落榜看成一次考驗、一次轉機，那麼也才能以愉快的心情，勇敢向未來挑戰。

　　「勝敗乃兵家常事」是現實世界中存在的事實，我們每個人都帶著自己的眼鏡來看待勝與敗的局面，於是勝敗就有了不同的意義。這副眼鏡就是我們的看法或想法。

　　塞翁失馬，焉知非福呢？最妨礙自己的，與其說是原來的不幸事件，倒不如說是對於這個不幸事件的想法，擾亂了生活、妨礙了成長、破壞了心理上的寧靜，才終於使我們裹足不前，提不起行動的勇氣。

　　譬如，當我們坐在公車上時，看到一位年邁老人走上公車，站在自己身邊，你可能會在腦海中閃過許多想法：「這麼老了，恐怕站不穩吧？我讓位給他好了。」、「可是我也站好久哩！才剛坐下，腳還酸得很，坐一會兒吧！」、「讓位給老弱殘障是應該的，如果我不讓位，就太不應該了！」、「也許有別人會讓位，我還是坐吧！」你瞧，讓與不讓之間，腦電波就已經千迴百折了。即使最後決定讓位，選擇「同情」的，可能毅然決然，心中充滿

助人為快樂之本的喜悅；選擇「應該」的，可就不情不願，自認
倒楣，也許一整天還為此懊惱不已哩！至於決定不讓位的，也有
「莫不在乎型」和「天人交戰型」，當然二者的心情也會差之千里
了。

　　想法真是一副奇妙的眼鏡，通過鏡片上的凸透鏡或凹透鏡，
我們所看到的現實世界，就變幻著許多面貌。

　　美國文豪愛默生（Emerson, R.W.）說：「一個人便是他整天
想著要做的那一種人。」看似拗口，實則充滿令人玩味的深意。
可不是嗎？如果你整天告訴自己「我要成為成功的企業家」，你一
定會找到克服艱難阻礙的方法；如果你整天以否定、消極的信念
向自己催眠「我口才不好、容易臉紅……」，就沒有多餘的思考空
間好來改變現狀了。

　　現在就讓我們一起深入來探索，當面臨生涯決定的問題時，
你會有哪些影響你作決定的想法呢？這些想法如何影響你的決
定？

生涯決定的故事

請仔細閱讀兩則生涯決定的故事，並和你的朋友們一起討論，故事中的主人翁有哪些不適應的生涯想法？

故事（一）苦惱的志堅

一位徘徊於大學窄門外的青年志堅，非常地沮喪、懊惱！因為他是家中長子，父母望子成龍的心情極為殷切，對他的期望甚高，而他一直以優異的表現不讓父母失望。直到高二選組時，情形有了些許的改變。父親原希望他就讀自然組，好繼承衣缽，於是他只好在不願拂逆父親心意的情形下，選擇了既無興趣、基礎也不佳的自然類組。結果經過一年焚膏繼晷的苦熬，仍然在聯考關卡上敗陣下來，使他初嚐落榜的挫敗滋味。

他對於自己竟然在求學過程中最重要的一次考試上名落孫山，心中惶愧至極，但是他可不願如此輕易地認輸，他下定決心翌年捲土重來，好湔雪前恥。然而他非常猶豫，到底是繼續報考自然類組，或是改考社會類組呢？

他想，未來如果再花一年時間好好準備自然類組的科目，相信第二年可以考取，但不一定考得上心目中理想的學校及科系，且就讀後恐怕也無法施展其性向特長，很可能繼續飽嚐事倍功半之苦。另一方面，他自小即非常欽仰一些出類拔萃的外交官，夢想自己有朝一日也能成為外交界的尖兵，在談判桌上縱橫捭闔。然而，他擔心自己的資質不高，性情不活躍、羞澀、木訥，口才不佳，反應也不夠靈敏，與一般人心中的外交官形象差距甚遠，所以，他也很難判斷改考社會類組是否合適。究竟他應如何抉擇呢？這困境實在令他感到十分地苦惱焦慮。

故事（二）沮喪的素娟

　　有一位年輕女孩素娟，國中畢業後為了負擔家計已在社會上工作了十年。直到最近，她看見許多和她一般年紀的青年，無論是學業或事業都有相當的成就，於是，她愈來愈感到自己學歷太低，升遷無望，對於自己似乎永遠無所作為的現狀覺得相當沮喪。

　　但是，不願向命運低頭的想法正像是潛伏在心中的洪流一般，日漸蠢動，她好希望掙脫學歷帶給她的枷鎖，有朝一日也像那些碩士、博士般揚眉吐氣，受到別人的重視。這念頭反覆在她心中翻騰好久，總是沒有任何行動。

　　她擔心自己的程度太低了，英文、數學都一竅不通，根本考不取大專學校；而且，她實在太久沒念書了，恐怕沒辦法適應學校生活；何況，家計仍是一個沉重的負擔，如果她全心念書，恐怕經濟上會後繼無力；她也怕別人會笑她癡心妄想、做白日夢，所以她始終不敢和別人商量這件事。

　　好幾次她都決定要放棄了繼續升學的念頭，覺得自己簡直是癡人說夢，可是，她仍是不甘心的，難道這一輩子都翻不了身了嗎？

※你能辨認出故事（一）中的志堅，有哪些不適應的生涯想法
　嗎？請寫下來，和你的朋友一起分享和討論。

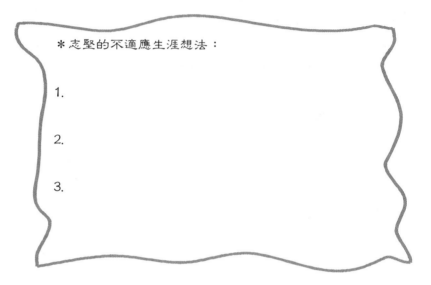

＊志堅的不適應生涯想法：

1.

2.

3.

※你能辨認出故事（二）中的素娟，有哪些不適應的生涯想法
　嗎？請寫下來，和你的朋友一起分享和討論。

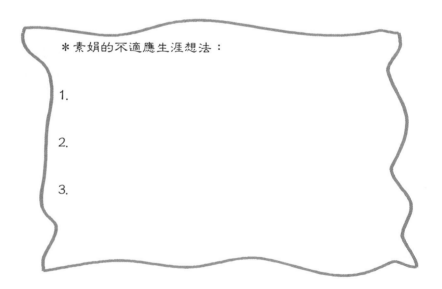

＊素娟的不適應生涯想法：

1.

2.

3.

不適應生涯信念

　　有位即將從學校畢業的青年，在他所學的商業經營科目上獲得很優異的成績，他很希望畢業後能接觸實際的商業經營事務，但是他非常害怕在陌生人面前開口說話，因為他認為自己的口才太差，容易臉紅，而且沒有引人注意的相貌。他相當憂慮自己無法在商業經營實務上有傑出的表現，甚至懷疑自己是否應該從商。於是，他像迷途的羔羊般迷失在生涯的十字路口。

　　你知道是什麼原因使這位成績優異的年輕人在生涯路上舉足不定嗎？是他不斷向自己重覆、努力使自己相信的一些生涯信念──「口才不佳、沒有引人注目的外表，就無法在商業上有所成就。」反過來說，也就是「只有辯才無礙、相貌堂堂的人才是傑出的商業人才。」而他「口才不好、容易臉紅、相貌平平」，所以無法有傑出表現。他為工作設定了一個必要條件，又以自己沒有足夠的條件而裹足不前。這些阻礙自己進行有效生涯決定的信念，就稱為「不適應生涯決定信念」。

　　事實上，我們多在某種程度上受到潛藏於內心深處的否定或不適應信念的催眠，使自己終於相信這些信念是真實的。這些否定信念對我們情緒與行為所產生的影響，就像催眠師加給被催眠者心中的否定暗示作用一樣。譬如，當一位舉重選手聽到催眠師說：「現在你不能從桌上舉起一支鉛筆」時，儘管他平時總能很輕易地將數百磅的重量高舉過頭，現在卻真的連一支鉛筆都舉不起來了。否定的暗示使他打敗了自己，以致無法發揮出他原有的力量。

　　那麼，究竟那些不適應生涯決定信念經常向我們催眠、給予我們否定的暗示，使我們無法有效或適應良好地決定自己的生涯方向呢？根據生涯決定學家 Krumboltz及Mitchell（1980）的歸納，共包括四類個人認知系統的「以偏概全」情況：

一、自我觀察方面

　　1. 有關個人價值

　　　　如：「我必須要受人尊重。」

　　　　　　「我應該要讓其他人感到滿意。」

　　2. 有關興趣

　　　　如：「我討厭看到血，所以我不會是個好醫生。」

　　3. 有關工作能力的信心

　　　　如：「因為我沒有足夠的聰明才智，不能從事專業性的工作。」

二、世界觀方面

　　1. 有關工作的性質

　　　　如：「會計是一種單調乏味的工作。」

　　2. 有關工作的條件

　　　　如：「所有擔任律師工作的人，都是自信且自我肯定的。」

三、決定的方法與結果方面

　　1. 方法

　　　　如：「總有人可以了解我，然後幫我作更好的決定。」

　　2. 結果

　　　　如：「一旦我選擇了某項職業，我就必須永遠固守崗位。」

四、滿意的生涯所需條件方面

　　1. 他人的期待

　　　　如：「如果我在事業上沒有闖出一番成就，我的父母將會
　　　　　　非常失望。」

　　2. 自己的標準

　　　　如：「我必須成為某職業領域中的專家
　　　　　　或領導者，才算是成功的生涯。」

想想看，你是否也有類似的一些以偏概全的想法？你正受到那些不適應生涯決定信念的催眠呢？如果你的生涯觀真是以偏概全或適應不良，會導致什麼樣的禍果呢？試著回想你面對生涯決定問題時的一些想法，將可能會帶給你苦惱、挫折的不適應生涯信念記錄下來。

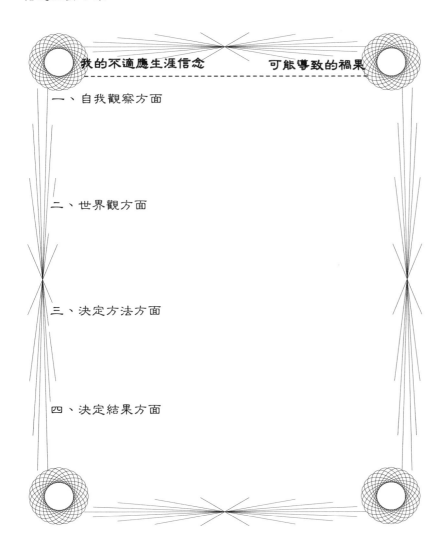

我的不適應生涯信念　　　　　　　可能導致的禍果

一、自我觀察方面

二、世界觀方面

三、決定方法方面

四、決定結果方面

我的生涯信念驗證

你是否希望做某件事、希望自己在某方面有傑出的表現，卻又常常浮現一些不適應的想法：「我做不到」、「那是不可能的」、「我沒辦法……」，使你的心情消極頹喪，以致畏縮不前？如果你很想根除這些對你的行為、心情產生不良影響的想法，那麼，學習問一問自己：這是「什麼？」、「怎麼會這樣想？」、「為什麼？」

「為什麼認為自己做不到？」
「為什麼認為不可能？」
「為什麼我會有這個想法？」

然後，再問一問自己下列幾個問題：

1. 這個想法是以事實為根據，還是以假設或錯誤結論為根據呢？它是真的嗎？
2. 這個想法是否有合理的證據？
3. 這個想法是否導致自己犯下某些錯誤？
4. 在同樣情況下，他人的想法是否與我相同？
5. 如果沒有理由相信它，為甚麼我還要繼續這樣想？
6. 是否有其他較合理性的想法？
7. 這些較合理性的想法是什麼？

你得動一動腦筋，用心思考，為自己找出一些合理的答案來。這樣，才不至於受不適應想法所矇騙，使自己因為信以為真而錯估了自己，貶低了自己，行動也受到束縛。

　　請依據下表中所提供的問題，設法逐一驗證你的不適應生涯信念，並試著提出較理性且符合實際情況的想法。

1. 我所要驗證的想法是......

2. 我如何找證據來驗證我的想法？

3. 支持我想法的證據是......

4. 不能支持我想法的證據是......

5. 我可以有較理性且符合實際情況的替代想法是

6. 如果我能以較合理性的想法來思考，我會......

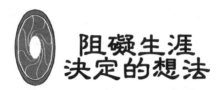

阻礙生涯
決定的想法

故事（一）

阻礙生涯決定的想法	假設－驗證	合理性想法
1. 只有依照父母的心意去做，才不會讓父母失望。（我的生涯決定必須讓父母感到滿意。）真是這樣嗎？	真有這麼嚴重嗎？	父母的心意有時並不適合自己的興趣、能力，很難讓父母及自己都滿意。
2. 落榜是一件極不榮譽的恥辱。	真是這樣嗎？	勝敗乃兵家常事，並非恥辱。
3. 一定要考上理想的學校、科系，才令人滿意。	理想的就一定會滿意嗎？	即使不理想，仍可以努力獲取一番成就。
4. 即使再花一年時間好好準備自然類組科目，也不見得能考取理想學校。	真的嗎？	只要願意全力以赴，仍有機會考取理想學校。
5. 理想的科系必須能施展性向特長，否則一定事倍功半。	如何施展性向特長？	宜考慮自己的性向、特長，但仍可在其他方面有所發揮。
6. 外交官應該要性情活躍、口才便給、反應靈敏，而我羞澀木訥、口才不佳、反應遲鈍，所以不適合當外交官。	一定要有這些條件嗎？可以訓練嗎？	有些外交官並不全符合這些條件，何況我可以藉由學習、訓練改進缺失。

故事（二）

阻礙生涯決定的想法	假設－驗證	合理性想法
1. 學歷太低升遷無望，似乎永遠無所作為。	學歷低就不會有成就嗎？	行行出狀元，可在其他方面贏得成就。
2. 如果安於現狀就永無翻身之日。	現狀真的不可能改善嗎？	現狀不會維持到永遠。
3. 只有碩士、博士才能揚眉吐氣、受人尊重。	沒有高學歷就不會受人尊重嗎？	實力比學歷更加受人尊重。
4. 英文、數學一竅不通，不可能考上大學。	英數沒辦法補救嗎？	英數可藉加倍努力來增強實力。
5. 太久沒念書，就不能適應讀書生活。	習慣無法改變嗎？	任何一種生活都需要慢慢去適應。
6. 如果念書，經濟上就會有困難。	實際上是如此嗎？	念書並不表示將工作全盤放棄。
7. 別人一定會笑我癡心妄想。	別人一定會笑你嗎？	或許有人會笑我，但也一定會有人肯定我的努力。

心靈程式設計師

　　有一位老婆婆經常哭泣,她不但下雨時哭,晴天她也哭,左鄰右舍都喚她「哭婆」。有一天來了一位老和尚,忍不住好奇地問她:「老婆婆,妳為什麼哭呢?」老婆婆含著眼淚,傷心地說:「因為我有兩個女兒,大女兒嫁給賣雨傘的,小女兒嫁給賣麵條的。天氣好的日子,我就想到大女兒的雨傘一定賣不出去。下雨了,我就想到小女兒店裡做的麵條沒有陽光曝曬,我總是非常擔心啊!」老和尚聽後笑著說:「妳其實只要把想法改一改就可以不必哭泣了。晴天時,妳應想到小女兒的麵店會生意興隆;雨天時,妳可以想大女兒的雨傘一定賣得很好。這不是很令人愉快的事嗎?」老婆婆聽了恍然大悟,從此好哭的婆婆再也不哭了,無論晴天、雨天總是笑嘻嘻的,人家也就改口喊她「笑婆」了!

　　你是哭婆還是笑婆呢?天雨或天晴並不是老婆婆可以左右的,但是她卻可以有不同的想法,因而心情感受也就由哭變笑。

　　聽過非洲賣鞋的故事吧?兩位經營鞋業的商人計畫到非洲去發展市場,於是兩人相約先到非洲部落去作商務考察,結果發現非洲人竟然是不穿鞋的。甲商人見到這種情形感到相當沮喪,心想:「這地方大家都不穿鞋,不可能會有生意的。」於是他急急地收拾行李打道回府。乙商人卻覺得相當興奮,因為他想:「這是一塊正待開發的處女地呀!只要有計畫的教育、推廣,一定可以大展鴻圖的!」

於是他果真花了幾年功夫努力開發當地的鞋業市場，成為最受人敬重的大富翁。

你瞧！一個樂觀、積極而理性的想法，可以使人將沮喪的心情換為愉快的，從而精神抖擻、勇往直前。

甲乙二人都因車禍而致身體殘障，甲一天到晚憂鬱、自卑、牢騷滿腹，相信自己殘障的模樣會受人的輕視，沒有人會喜歡他，也找不到好的工作，因此，他只好躲在家裡怨天尤人、憤世嫉俗。乙也曾經沮喪過，但有一天他想通了，雖然失去了肢體上的某一種能力非常可惜，但是他知道自己身上本來不只有這種能力，另外還有許許多多的能力等著他去發揮，如果因為肢體上的缺陷而完全埋沒了自己，就因小失大，浪費了一生。於是他振作起來，接納自己，使危機變成他成長的機會，終於他在另一方面發展了他的長才，獲得令人刮目相看的成就，而別人也相當尊重他，生活仍然多姿多彩。

甲乙二人遭遇了同一種情境，但由於他們對情境的看法不同，判斷不同，所以導致完全兩樣的情緒，採取迥異的行動，結果也就大相逕庭了。

曾有攀爬荒山的經驗嗎？如果遠遠瞥見一條粗大蟒蛇吐信而來，會有什麼反應呢？生理上可能心臟跳動加速、呼吸急促，情緒上則恐懼、緊張、害怕等全都排山倒海湧上心頭。於是，有的人嚇得手腳發軟，有的人拔足狂奔。是什麼決定了我們的行為反應方式呢？很多人認為這些行為反應要歸因於「情緒」。

然而，激發情緒反應的又是什麼呢？是「想法」——由外界收集訊息、鑑別、決定輸出反應的「認知系統」；情緒只是一個結果。

也就是說，我們只是根據自己「認為」、「相信」、「假設」或「想像」的環境真相做出反應；即使事實只是一條粗草繩而已，如果我們「相信」是蟒蛇，則相對應的情緒及行為反應必接踵而至。

倘若將人腦比喻成電腦，我們每個人就是操作電腦的程式設計師，認知系統以它特殊的程式選取外界環境中的許多訊息，輸入電腦；再以它特殊的程式操作資訊，形成結論或解釋；最後再輸出成反應——情緒反應或行為反應。

事件或	←	想法、信念	→	情緒
現象		假設、解釋		行為

我們的認知系統通常是先知覺到一種刺激情境，然後以自認為真實的情況，為心靈設計程式。這一點決定了我們的心靈歷程以及我們的行為，而心靈歷程及行為又決定認知系統如何知覺下一個情境。如此環環相行下來，我們植入腦中的程式，常常只是「自認為」真實，卻已和現實有了一段距離。

所以，我們的行動和感覺並不依循事物本來的面貌，而是依照我們對這些事物所抱持的想法和信念；我們對於自己、現實世界和周遭的人，都會產生特定的想法或信念，一切表現也以自認為的真相和現實為依據，而非以事物本身所代表的現實為依據。

想法不同，經驗或感受便隨之改變。如果我們對自己或外在環境的觀念和意象是扭曲的、不真實的，那麼我們的一切反應也隨之扭曲。

譬如，假如我們認為自己的遭遇真是倒楣不幸，我們的心情也會痛苦、憂鬱甚至感到人生乏味。

於是所有的行為也都朝向一個悲劇性的結果所以一切困擾、煩惱、痛苦，事實上並非來自於事件或環境本身，而是來自於我們對環境的看法、對事件所採取的想法。就像是塞翁失馬，幸與不幸全在一念之間。

　　由於人具有主動觀察、選取及反應外界訊息的能力，所以心理學者Kelly 和Beck都認為，每個人都可以成為一位熟練的科學家，他會對他所接觸到的許多現象或事物進行觀察，形成假設，這個假設就是我們的想法。想法既然是假設性的，就有必要從多方面尋找客觀證據來驗證其是否合於現實、是不是真的。如果很多證據都顯示假設是正確的，我們才能肯定它的真實性；否則，我們就應以驗證的結果來修正假設，甚至放棄原來錯誤的假設，提出另一個較為合理的假設，再加以驗證；最後才能獲致有效的結論。

事件或現象 ⟶ 提出假設 ⟶ 驗證 ⟶ 修正假設 ⟶ 結論

　　經過此一科學驗證的歷程，我們才能以新的、客觀的心靈程式來處理環境中的訊息，減少許多不必要的錯誤與困擾。我們經常在證據不足的情形下，作主觀的判斷，就好比摸象的瞎子一般，如果我們的心是盲的，即使我們「看」到，也只不過是象的鼻子、耳朵、牙、腳、尾巴等片面的部份，而我們卻很輕易地以為那就是象，於是產生種種的誤解──看到象牙的，也許被它銳利的模樣嚇得半死，以為象一定非常兇狠，再也不敢接近象了。當我們只從一個偏差的角度去看某件事情時，就很容易「鑽牛角尖」、「想不開」，或是像哭婆一樣抑鬱寡歡，或是像甲一樣裹足不前。

所以我們必須效法科學家一般使心與腦保持源頭活水的靈動，從更寬廣的角度去找尋客觀的事實證據，讓思想翱翔於開闊的空間，而不是侷限在舊有的框框中。

　　有一次，坦山和尚與道友走上一條泥漿路，此時天上仍下著大雨。他倆在拐彎處遇到一位漂亮的女郎，因為身著綢布衣裳和絲質衣帶而無法渡過那條泥路。坦山見了，就毫不猶豫地抱起女郎跨過泥路，然後女郎就道謝離開了。道友一直滿腹狐疑卻悶聲不響，直到天黑掛單寄宿才按捺不住地詢問坦山：「我們出家人應不近女色，特別是年輕貌美的女子，你為什麼那樣做呢？」坦山答道：「你說那個女子呀！我早就把他放下了，你還抱著嗎？」

　　女子原只是女子罷了，換一種角度來看，她就不是阻礙和尚修行的孽障，反而是心中時刻記掛女子的人才會使思想陷溺在牢籠中。

　　思想，它有翅膀啊！乘著思想的翅膀，海闊天空任你到處翱翔！於是，從一朵花中可以觀看世界，從一粒砂中可以想見天堂。

第 *20* 章

工作世界探索

◆
台灣社會特有的行職業

◆
台灣社會的十大熱門行業

◆
蒐集職業資訊的方法

◆
評估職業的方式

◆
蒐集職業資訊—職業簡介

◆
蒐集職業資訊—求才廣告大搜索

◆
蒐集職業資訊—網路資源

◆
蒐集職業資訊—生涯人物訪談

◆
生涯人物專訪報告

◆
蒐集職業資訊—實際接觸

俗話說「三百六十行，行行出狀元」，浩瀚的工作世界包羅萬象，各類不同的行業有不同的工作內容和工作方式；即使是同一類職業中，也因工作層次與責任的高低之分，使得所要求的條件資格有甚大的差異。

在我國行政院勞工委員會職業訓練局所出版的「行職業展望」中，「行業」一詞係指經濟活動部門之種類，而「職業」係指工作者個人本身所擔任的職務或工作。例如工、商、農林漁牧、公教、軍警等是「行業」，而「會計師」或「會計人員」的「職業」則可能分佈於各種不同的行業中。

有關工作世界和職業的資訊，一般而言包括三個層面：(1)資訊的類型，如對職業的描述、工作條件、或薪水等，(2)職業分類系統，以某種分類系統歸納千萬種職業，(3)職業所要求的特質和條件。

在職業資訊方面，個人應蒐集許多不同發行來源的職業資訊，包括政府單位如職訓局或青輔會所出版的職業簡介等官方文件，專業職業組織或出版社所出版的手冊、書籍、職業百科等，以及以視聽媒體或先進科技形式出版的職業資訊，如錄音帶、錄影帶、微縮片、電腦輔助資訊系統等。

在職業分類方面，我國勞委會職訓局所出版的「職業簡介」中提供兩種分類方式，以利搜尋工作者進行職業之檢索。一為「標準分類」，係按個人從事之有酬工作，將其性質相似或相近者分別歸類，並做有系統之排列；一為「通俗分類」，則依國人所熟悉且通用的原則分類。所列舉的各項職業之簡介，均包括了下列內容：概說、工作環境、工作時間及待遇、所需資格條件、教育與訓練、未來展望等。

由美國學院測驗計畫(American College Testing Program, ACT)於1985年所發展出來的「工作世界地圖」(World-of-Work Map)，近年來普遍被應用於生涯選擇的輔導工作中。其分類的雙

主軸是「資料－思維」和「事物－人群」，由此區分出四個主要的分類象限，歸納十二個工作族群：

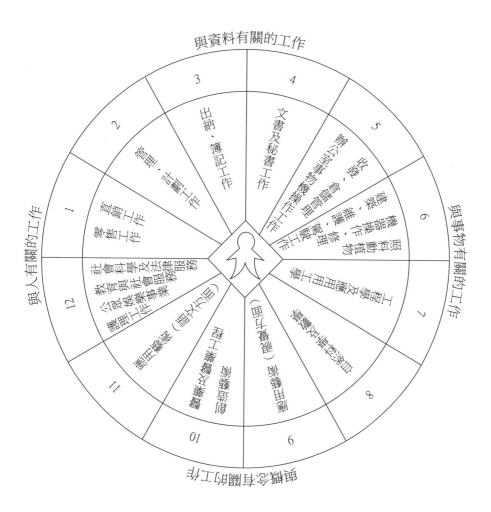

此外，如網路104人力銀行為了更能掌握產業人力需求的動態，將整體產業區分為七大部門，依其受求職者歡迎的程度加以排序為：資訊科技業、商業流通業、傳統製造業、金融工商服務業、媒體文教業、不動產相關業、餐旅醫藥業。這些行職業的分類狀況，是初步瞭解工作世界的不二法門。

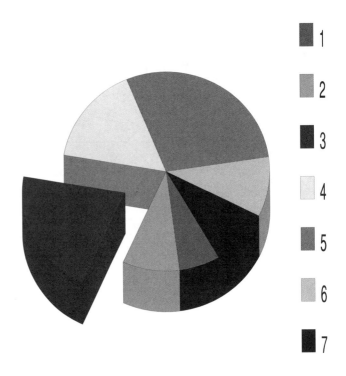

1
2
3
4
5
6
7

台灣社會特有的行職業

　　許多人在一處共同生活一段較長時間之後，即會發展出該地區特有的「文化」表徵，可能呈現在該地區人群共同的風俗、習慣、語言、生活方式、行為規範、宗教信仰等；也可能形成該地區特有的職業類型和工作方式。因此，每一個社會都存在一些不同於其他社會的獨特的行業或職業。有些隨著時代演進而逐漸失傳、甚至已銷聲匿跡，有些則仍然在社會中發揮其功能和影響力。

　　如果有一位初次來到台灣的外國朋友，好奇地向你詢問哪些是台灣本土社會所特有的行業或職業，你會如何向他說明這些行職業是什麼？這些行職業在做些什麼？為什麼會有這些行職業的產生？這些行職業是如何演變？

　　請和你的朋友或同學一起蒐集相關資料，來回答這些問題。並嘗試在這些台灣本土特有的行職業中，找出至少一項是你的資格條件或教育背景可能勝任的工作。

	台灣獨特行業	工作內容	如何產生？	如何演變？
1.				
2.				
3.				
4.				
5.				
6.				

台灣社會的十大熱門行業

　　依據網路104人力銀行對2000年整體產業中各行業新增工作數的排名分析，提供最多工作數的前十名分別為：電子零件業、進出口貿易、網際網路業、電腦週邊業、半導體業、光電通信器材業、軟體業、百貨零售業、塑化紡織業、金融證券產險業。這些行業需才孔急，為台灣社會創造了不少就業機會。整體而言，在科技高度且迅速發展的二十一世紀初期，最熱門的行業大多與資訊科技高度相關。

　　然而，十年前社會的就業趨勢恐怕就和今日社會有相當大的差異，而根據趨勢專家的預期未來十年的科技發展與生命科學研究會更加日新月異，因此未來社會的就業趨勢可能也會和當前就業趨勢迥然不同。

　　請和你的朋友或同學一起蒐集當前就業趨勢的最新資料，並比較當前的熱門行業和過去十年、未來十年有些什麼不同？

1990年代熱門行業	2000年代熱門行業	2010年代熱門行業
1	1	1
2	2	2
3	3	3
4	4	4
5	5	5
6	6	6
7	7	7
8	8	8
9	9	9
10	10	10

蒐集職業資訊的方法

　　如果你很希望能知道某一項看起來很吸引人的職業，究竟在做一些什麼，以及如何工作，你會用哪些方法去找出你所想要的資訊呢？請和你的朋友或同學一起討論，將所想到的方法記錄下來。

職業名稱：＿＿＿＿＿＿＿＿＿＿＿＿＿＿＿＿＿＿＿＿

＊書面資料方面

＊網路資源方面

＊機構參觀方面

＊生涯訪談方面

＊實際接觸方面

評估職業的方法

面對著五花八門的工作世界，包羅萬象的職業類別，你還需要依據一些方法來評估職業的各個層面或工作性質是否符合你的需要；或是你的各方面特質條件是否符合該職業的需要。

P.L.A.C.E.通常可以用來作為評估職業的指標。

P：指職位或職務(position)，包括該職位的經常性任務、所需擔負的責任、工作層次等。

L：指工作地點(location)，包括地理位置、環境狀況、室內或戶外、都市或鄉村、工作地點的變化、安全性等。

A：指升遷狀況(advancement)，包括工作的升遷管道、升遷速度、工作穩定性、工作保障等。

C：指雇用情形(condition of employment)，包括薪水、福利、進修機會、工作時間、休假情形及特殊雇用規定等。

E：指雇用條件(entry requirements)，包括所需的教育程度、證照、訓練、經驗、能力、人格特質....等條件。

※以某一項吸引你的職業或「心理諮商工作者」為例，試著評估該項職業的各個層面。如果你並不十分清楚職業的這些層面，顯然你需要投入更多心力、從多元管道去探索。

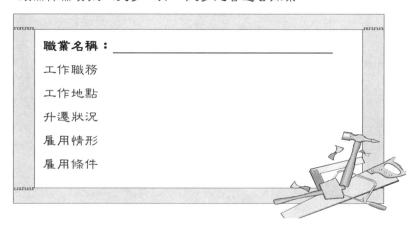

職業名稱：＿＿＿＿＿＿＿＿＿＿＿＿＿＿＿

工作職務

工作地點

升遷狀況

雇用情形

雇用條件

蒐集職業資訊—職業簡介

　　由行政院勞委會職訓局所出版的「職業簡介」，有系統地提供了有關工作世界的重要資訊來源，你可以在職訓局的網站或學校的輔導中心取得該項重要資源。

　　請以某一項吸引你的職業或「心理諮商工作者」為例，查閱「職業簡介」上的相關資訊，並做成簡報紀錄，和你的朋友或同學一起分享你的收穫。

職業名稱：＿＿＿＿＿＿＿＿＿＿＿＿＿＿＿＿＿＿＿＿＿＿

＊概說

＊工作環境

＊工作時間及待遇

＊所需資格條件

＊教育與訓練

＊未來展望

蒐集職業資訊─求才廣告大搜索

　　翻開每天報紙的求才、求職廣告欄，各式各樣的大小廣告簡直令人眼花撩亂，不知該從何搜尋能真正適合自己的職業。假設你目前服務於民間的職業介紹所，你會如何幫求職的人找尋工作呢？

　　請試著從一疊報紙的求才廣告中，幫志堅、素娟和你自己找個好工作吧！

※志堅的履歷摘要表

◆年齡：26歲　◆學歷：大學畢業　◆性別：男　◆工作經驗：3年

◆地點：中部　◆專長：電腦程式設計　◆目標：主管或經理

◆希望待遇：NT$ 35,000元

◆可考慮的工作是：

※素娟的履歷摘要表

◆年齡：20歲　◆學歷：五專畢業　◆性別：女　◆工作經驗：無

◆地點：北部　◆專長：商業文書　◆目標：收入穩定

◆希望待遇：NT$ 20,000元

◆可考慮的工作是：

※你的履歷摘要表

◆年齡：　歲　◆學歷：　　畢業　◆性別：　◆工作經驗：　年

◆地點：　◆專長：　　　◆目標：

◆希望待遇：NT$　　　元

◆可考慮的工作是：

蒐集職業資訊—網路資源

　　電腦科技高度發達，網路社會已無遠弗屆，各類資訊在網路社會中的交流相當頻繁而密切。因此，你所需要的職業資訊，也可從網際網路上來搜尋，也許會有意想不到的收穫。

　　請透過網路的搜尋引擎，搜尋和某一項吸引你的職業或「心理諮商工作者」相關的網站，以及未來可能雇用該類工作者的相關機構或單位，並瞭解其工作的內容或任務，及其他可用於評估職業的相關職業資訊。

職業名稱：＿＿＿＿＿＿＿＿＿＿＿＿＿＿＿＿

＊相關網站

＊相關機構或單位

＊工作內容或任務

＊其他相關職業資訊

蒐集職業資訊—生涯人物訪談

　　一旦充分地閱讀了有關職業的書面敘述之後，即須找一至數位從事該職業的資深工作者談談，一方面可印證所蒐集職業資訊的可靠性和有效性，二方面可更深入瞭解工作者本身從事該項職業的生涯抉擇和甘苦經驗，以作為審視自身是否投入該項職業的重要參考。此外，如人物訪談地點為其工作場所，更可實際觀察其工作情形、應對進退等，以評估自己對該類工作的喜好或適合程度。所以，生涯人物訪談是蒐集職業資訊不可或缺的重要方法，可一舉而數得。

　　請透過朋友介紹或自己毛遂自薦，安排一位從事你所感興趣職業的資深工作者或至少三年以上工作經驗者。很禮貌地告訴他，由於你對該項職業甚感興趣，希望能更進一步瞭解該職業的相關資訊，以及他從事該職業的心得和經驗。請他安排半個小時至一個小時的時間空檔，讓你到他工作場所拜訪他。

　　在正式訪問之前，你需要列出一張訪談問題清單，例如：

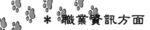

＊ 職業資訊方面

1. 工作性質、任務或內容
2. 工作環境、就業地點
3. 所需之教育、訓練或經驗
4. 所需之個人資格、技巧和能力
5. 收入或薪資範圍、福利
6. 工作時間和生活型態
7. 相關職業和就業機會
8. 進修和升遷機會
9. 組織文化和規範
10. 未來展望

＊ 生涯經驗方面

1. 教育或訓練背景
2. 投入該職業的抉擇
3. 生涯發展歷程
4. 工作經驗心得：樂趣和困難
5. 對工作的看法
6. 獲得成功的條件
7. 未來生涯規劃
8. 對後進者的建議

生涯人物專訪報告

　　請將你的生涯人物訪談經過、所蒐集資料和心得，整理撰寫成「生涯人物專訪報告」，並和你的朋友或同學們一起分享你們各自的收穫和心得。

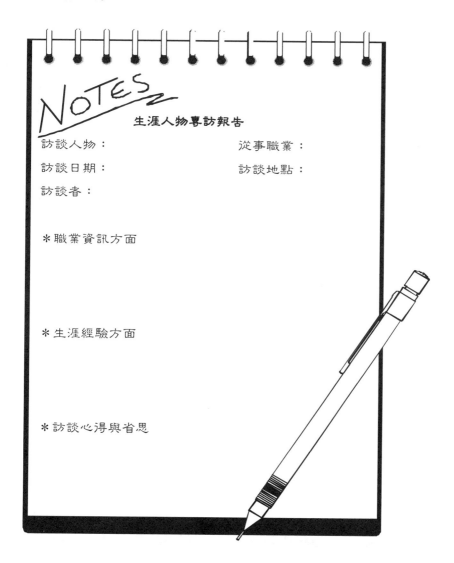

NOTES

生涯人物專訪報告

訪談人物：　　　　　　從事職業：

訪談日期：　　　　　　訪談地點：

訪談者：

＊職業資訊方面

＊生涯經驗方面

＊訪談心得與省思

蒐集職業資訊—實際接觸

閱讀有關某一職業的簡介說明，及和從事該職業的資深工作者請益，是蒐集生涯相關資訊的兩個重要途逕。但是，如果你想要更明確地瞭解某項職業的實際工作情況，那麼，為自己安排一些實地參訪、實習或打工的工作經驗，是投入該職業的基本預備動作。

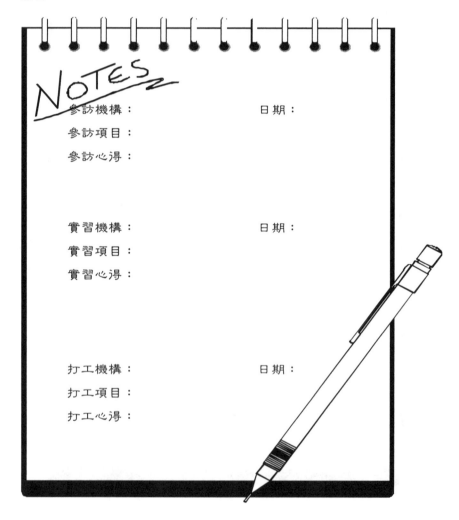

NOTES

參訪機構：　　　　　　　　　日期：

參訪項目：

參訪心得：

實習機構：　　　　　　　　　日期：

實習項目：

實習心得：

打工機構：　　　　　　　　　日期：

打工項目：

打工心得：

第 *21* 章

家庭期待與溝通

◆

職業家族譜

◆

家庭的職業價值觀

◆

重要他人的期待

◆

彙整資訊找出共通點

◆

表達想法與溝通協調

生於斯長於斯的青年學子們，大多背負著沉重的家庭期待與社會壓力。當還是懵懂無知的孩提時代，父母師長就不斷地告誡我們要「好好唸書」，將來才有機會「出人頭地」。社會中處處瀰漫著「萬般皆下品，唯有讀書高」的普遍價值，為人父母基於「望子成龍，望女成鳳」的深切期盼，更是斤斤計較子女在學校中的課業成績表現。於是對於台灣社會的青年學子而言，在求學過程中似乎再也沒有比「讀書」更重要的事了。

　　而讀書的目的何在呢？對許多「望子成龍」的父母而言，為的是子女將來許多「成大功，立大業」，好能夠「光耀門楣」。換句話說，父母要求子女讀好書的最終目的，不外是藉學歷文憑找到一個有機會能光耀門楣的「好職業」，讓父母感覺到相當「有面子」，甚至能一舉「魚躍龍門」擠身上流社會之林。社會中藉著讀書機會「向上提昇」的集體潛意識，締造了當前社會中「文憑至上」的社會價值。連日死背苦讀、大考小考不斷，磨練成考試的機器，只為了在聯考的競技場上取得高分，進入人人稱羨的好學校。

　　然而，進入好學校之後的青年學子，卻經常感到茫然失措，不知如何自處；習慣於權威式與標準答案式的教學，更使得青年學子的獨立思考與創意表達受到嚴重壓抑，而無法彈性因應危機、解決問題。因為，許多青年學子在成長過程中從沒有機會學習獨立思考問題、表達想法、溝通意見、歸納分析、作出決定、解決問題。而這些能力都是成為一個獨立的個體，基本而必備的條件。

　　因此，在你已更充分認識自我、瞭解工作世界的現實之後，接下來，你需要學習如何瞭解父母及重要他人的想法和期待，思考並評估這些來自他人的期待和你對自我的期待有些什麼異同，釐清並表達你自己的想法，並真誠地和父母及重要他人進行充分的溝通，取得彼此的協調和共識，才能一方面忠於自己內在的聲

音、一方面爭取到父母的支持和信賴。事實上，習得了這一連串思考、表達、溝通、協調的態度與技巧，亦為你未來在職業生涯中的傑出表現奠定紮實穩固的基礎。

赫曼．赫賽說：

「千萬種誘惑使我們無法實現自我，而其中最大的障礙是我們在潛意識中不願意忠於自己，我們以理想或社會規範來要求自己，而這些外在的標準，實際上我們無法企及，而且也不需企及。」

職業家族譜

　　就像族譜可以追溯你的根源一樣，透過職業家族譜，你更能明白父母對你未來從事職業的期待也其來有自，很可能是代代相傳的家族企業，也可能是克紹箕裘或繼承衣缽。當然，也可能是因為家族中成員的職業較不被父母所看重，所以對你從事「好」職業的期待特別深。

　　除了你的父母親之外，你知道其他的家族成員目前都在做些什麼工作呢？他們曾經做過哪些工作或職業？在你父親這一邊的家族祖先中—也許是你已經去世的爺爺或叔公—曾經做過一些什麼工作或職業？母親那邊的家族祖先又如何呢？

　　如果你並不是很清楚這些家族軼事，那麼你需要向你的父親或母親探詢，或者直接打電話或寫信向親友探詢，將這些職業家族譜的珍貴資料一一記錄下來。

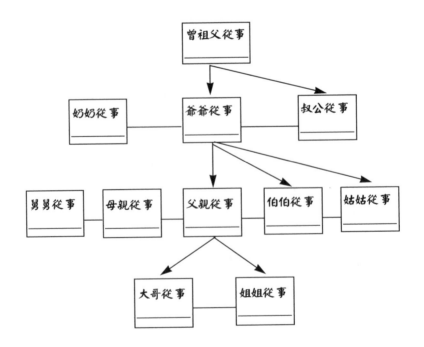

家庭的職業價值觀

　　家族中的成員會選擇從事某一些工作或職業，父母會期待你從事某一些工作或職業，都有他們選擇或偏好的理由。詢問「為什麼？」可能是獲知這些理由的重要管道，可以邀請他們深入談談在他們所從事或偏好的職業中，所看重的是什麼？為什麼會認為這是重要的？應有助於整理出所有家族成員的職業價值觀。

　　接著，將這些家族成員的職業價值觀——和你自己的職業價值觀加以比對分析，看看這些價值觀中是否有些什麼共通點？哪些是家族共同擁有的職業價值觀？哪些是個別家族成員獨特且與眾不同的價值觀？

　　請在下圖的核心部分記錄家族成員—包括你自己—共同擁有的職業價值觀。在其他的圓圈中寫上家族成員的名字或稱謂—包括父親或母親—以及他們個別獨特的職業價值觀，和他們所從事的職業。

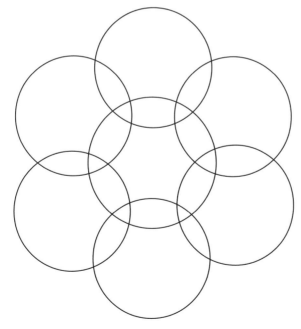

重要他人的期待

也許你已發現父母親希望你將來有機會從事的職業，和你自己所偏好從事的職業有著莫大的差距，你會如何爭取父母支持你的選擇呢？

例如，唐毅從很小的時候，父母就苦心栽培他當醫生，但是在好不容易念了醫學院之後，他才發現他對醫學完全不感興趣，真正吸引他的是富有創意性的設計工作。他感到非常苦惱，一方面不忍心違拗父母的期待，另一方面卻也難以壓抑來自心底的呼喚。如果你是唐毅，你會如何做呢？你會如何說服父母接受你的興趣，讓你轉換生涯的跑道呢？

請和你的朋友或同學分享如果你是唐毅你會採取的作法，以及你提供給唐毅的建議。

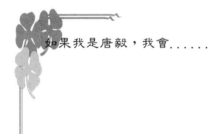

如果我是唐毅，我會......

我提供給唐毅的建議是......

彙整資訊找出共通點

　　這時，瞭解父母的職業價值觀就顯得異常重要。也許唐毅的父母栽培他當醫生，是因為傳統上「醫生」是「高收入」、「高社會地位」、「受人敬重」的社會頂尖人物。如果你也接受這些價值觀，那麼你不妨想想看從事什麼樣的設計工作，同樣也能滿足「高收入」、「高社會地位」、「受人敬重」的價值觀呢？找出你和父母都可以接受的共同點，正是和父母進行有效溝通的絕佳起點。

　　價值觀的異中求同，目的在找出彼此雙方都夠相容或接受的「最大公約數」，作為溝通的起點。其他與生涯選擇有關的各層面資訊，亦可作為瞭解自己和父母雙方觀點之異同的重要基礎。如果你尚未得知父母對你的看法，你不妨直接地探詢或委婉地旁敲側擊。

	我對自己的看法	**父親**對我的看法	**母親**對我的看法
個性特質			
生涯興趣			
生涯技能			
生涯價值			

	我希望自己成為	**父親**希望我成為	**母親**希望我成為
生涯目標			
因為：			

表達想法與溝通協調

　　瞭解了父母及家族成員對職業的重要觀點或價值判斷，並釐清了這些觀點與你自己想法的異與同，接下來就該是向父母表達你的想法的時候了。

　　首先，你必須將到目前為止你所蒐集到的所有資訊，再度瀏覽一次，記下其中的重點。接著，找一個風和日麗的星期天，主動邀請父母談談天。也許你不妨先幫忙父母做一些會讓父母感到滿意、愉快的事。當氣氛逐漸和諧熱絡了起來，你可以先起個頭－告訴父母你瞭解他們希望你選擇××職業生涯的原因或價值觀，而這些可能也是你希望在你的職業生涯中可以達成的。只是，你對父母期待你從事的職業缺乏可以讓自己感動的興趣，你需要的是一個可以讓你感動、讓你專心致志全力以赴的職業，你才會有更大的機會達成父母和你自己的願望。

　　向對方表達「同理的瞭解」是溝通上無注不利的武器，可和對方建立和諧而良好的關係；而明確「果決」的表達則是讓人瞭解你的想法的最佳方式。「同理」是在瞭解了對方的觀點之後，適當地向對方表達你的瞭解，你可以嘗試「我知道你希望我……」或是「對於我……，讓你感到……」的方式來表達同理的瞭解。「果決」則是真誠、坦率但態度謙和地說出你心中真正的想法，不逃避也不挑釁。

　　表達的態度當然是坦誠、尊重與誠懇；表達的目的則在於「溝通」你的想法和對方的想法，並不必然要在短時間之內「說服」對方放棄他的想法而接受你的想法。因此，「溝通」並不等於「說服」，必須留給雙方足夠且充分的時間去逐漸地修正原有固若金湯的觀點。觀點的逐步修正，而趨於一致並取得共識，即是「協調」的歷程。

你準備好了嗎？請依據下列的提示，為自己安排一場和父母溝通的練習。你為自己的表現打幾分呢？結果如何？

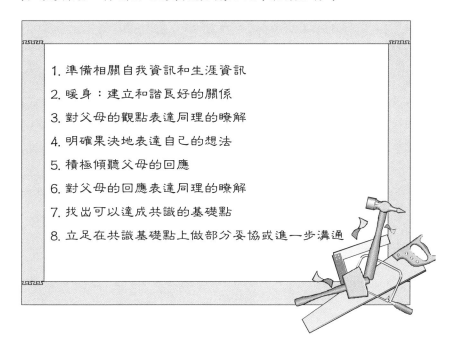

1. 準備相關自我資訊和生涯資訊
2. 暖身：建立和諧良好的關係
3. 對父母的觀點表達同理的瞭解
4. 明確果決地表達自己的想法
5. 積極傾聽父母的回應
6. 對父母的回應表達同理的瞭解
7. 找出可以達成共識的基礎點
8. 立足在共識基礎點上做部分妥協或進一步溝通

別忘了，父母長期以來所深信不移的想法觀念絕不是一朝一夕所促成的，因此也不會在一朝一夕發生太大的改變。唯有你明確地知道自己真正「要」什麼，對自己的抉擇有充分的信心，並透過實踐行動讓父母有機會肯定你的努力和表現，另一方面也須度地修正自己以創造「雙贏」的局面，父母家人終會成為你生涯發展歷程中最大的助力！

第 *22* 章

生涯選擇和決定

◆
對自我的初步評估

◆
評估學習的方法

◆
相關資訊的蒐集

◆
分析選擇的理由

◆
評估他人的建議

◆
檢核理性的決定

◆
理性決定的步驟

◆
職業生涯的決定

◆
生涯選擇方格

◆
我的理想生涯目標

◆
核心生涯想法

在瞭解自己、認識工作世界，且和重要他人充分溝通之後，你需將所有相關的、多元層面的資訊統合起來，以便能確定自己生涯規劃的目標與方向。

生涯選擇與決定歷程的成功關鍵，在於「博學、慎思、明辨、篤行」。「博學」係指當面對生涯選擇的議題時，要先能廣博地學習、瞭解並充分掌握各方面的資訊。「慎思」是指當資訊蒐集齊全且能充分掌握之後，即必須對多元化的資訊進行謹慎地思辯，分析利弊得失。在「叩其兩端而竭焉」權衡出輕重之後，即須「明辨」── 做出明確的選擇和決定。最後則堅定地「篤行」歷經謹慎思考判斷之後的決定，絕不輕言放棄或半途而廢。

然而，實際上並不是每個人都可以成功地作成決定。臨事猶豫不決、躊躇不安的例子比比皆是。如果一個人思慮過度周密，反覆不斷地來回考慮各個可能的選項，他很可能會遭遇無法作出決定的難題。尤其當多元層面的資訊或想法之間彼此矛盾牴觸時，更會讓猶豫不決的人感到非常焦慮惶恐，無法從中確立真正的目標或作出有效的決定。

因此，本章即試圖藉由對學校中選修科目的選擇歷程，來練習作出有效的選擇和決定。並利用「生涯決定平衡單」及「生涯選擇方格」彙整面臨生涯選擇問題時所有可能的資訊或想法，一一加以評量分析，協助你能更清楚自己的核心生涯想法或價值，以及你對「理想生涯」最深切的期待。透過這些單元活動將有助於你確立理想的生涯目標。

對自我的初步評估

在學校中，你可能有較多機會選擇你有興趣選修的科目或課程。面對學校或系上所提供琳瑯滿目的選修科目，你通常都是如何做出決定的呢？請根據下列各欄所提示的項目，對自己作初步的評估。

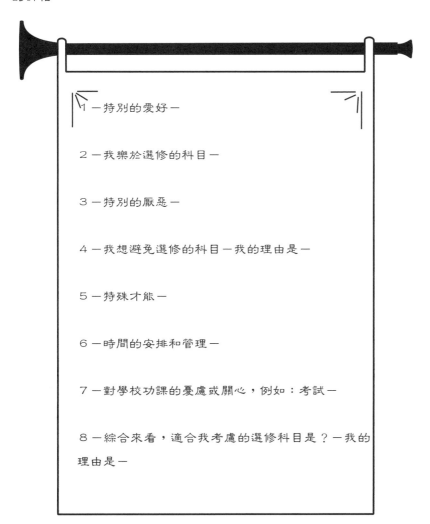

1 —特別的愛好—

2 —我樂於選修的科目—

3 —特別的厭惡—

4 —我想避免選修的科目—我的理由是—

5 —特殊才能—

6 —時間的安排和管理—

7 —對學校功課的憂慮或關心，例如：考試—

8 —綜合來看，適合我考慮的選修科目是？—我的理由是—

評估學習的方法

　　每個人會偏好不同的學習方法，有自己最佳的學習藍圖。當你作決定時，你必須了解什麼方式最適合你，才能作出最適當的決定。

　　想像你的老師必須教你關於佛萊明發現盤尼西林的事－你必須知道它如何被發現的、與發現它有關聯的事情、它的重要性、以及它目前在藥物方面的地位。

※你比較喜歡你的老師使用下列哪一種方法來教你？

a) 在課堂上告訴學生所有的細節，並且要學生背起來。

b) 要求學生去讀教科書中所有的細節和內容。

c) 要求學生閱讀佛萊明的個人日記，並且試著從中發現資料。

d) 要求學生利用圖書館去研究這主題，請教別人，然後：

* 寫一篇短文

* 對班上同學報告

* 與班上的其他一群同學表演一齣戲劇。

* 在牆上展示一系列插圖來敘述這項發現。

E) 觀賞有關這項發現的電視節目。

※你比較喜歡哪些類型的家庭作業？請在你的選擇後面打勾。

實用的－製作、準備東西等。		閱讀論文或資料	
短文寫作 a) 利用真實的資料		方案企劃	
短文寫作 b) 創意的、有想像力的寫作		圖表設計	
為準備考試而讀書		特定的練習	

相關資訊的蒐集

※ 接下來，請藉助一些資訊蒐集的方法，蒐集你正在考慮的每個科目的資訊。

科目：	成績表	課程表
評分的方法及分數分配的比例	作業	考試
課程大綱		
家庭作業		
最常用的學習／教學方式是什麼？（例如：實作，閱讀）		
為了能充分學習這個科目，需要做好什麼？（例如：獨立工作，細心，敏銳處理數字）		
需要的知識及技巧		
幫助發展的技巧		
有關聯的其他科目		
任何其他的資訊？例如：訪問、其他學生研讀此科目的說法。		
與這個科目直接相關的專業生涯領域？		

分析選擇的理由

選擇一個科目有種種不同的理由，有些是理智的，有些不是。請仔細想想下列所提供的理由，並指出它是否是理智的。

選修科目的理由	理智	不理智
我最好的朋友正在讀這一科	○	○
有人告訴我這一科很容易	○	○
這一科很有趣	○	○
我擅長這一科	○	○
這一科任課的老師是本校最好的	○	○
我未來的工作可能需要這一科相關知能	○	○
我的學姊為了文憑選讀它，並且拿到甲等	○	○
這一科很少有手寫的作業	○	○
我喜歡這一科	○	○
我不喜歡其他可選擇的科目	○	○
我父母親說我應該選讀這一科	○	○
它會是一門有用的科目	○	○

※ 你認為選擇科目時，最重要的理由是什麼？

評估他人的建議

　　許多人會對你所選讀的科目或選擇的生涯提供建議。你認為該聽信誰的建議？你如何評估他們的建議？

　　※下表中所列出的是一些經常會提供你建議的人，請你評估其建議是否偏見或有用。

提供建議的人	偏見	無偏見	有用	理性	有見識
兄弟／姊妹	○	○	○	○	○
任課老師	○	○	○	○	○
生涯規劃老師	○	○	○	○	○
父母／監護人	○	○	○	○	○
輔導老師	○	○	○	○	○
班級導師	○	○	○	○	○
學會會長	○	○	○	○	○
最好的朋友	○	○	○	○	○
男／女朋友	○	○	○	○	○
其他人	○	○	○	○	○

　　※　請將這些人依你會聽信其建議的程度排順序（1表示你最願意接受這個人的建議），並紀錄他們所曾提供給你的建議。

	提供建議的人	所提供的建議
1		
2		
3		
4		
5		

檢核理性的決定

※當你認為你已經作好了決定，試著藉由問自己一些問題來檢核你的選擇。

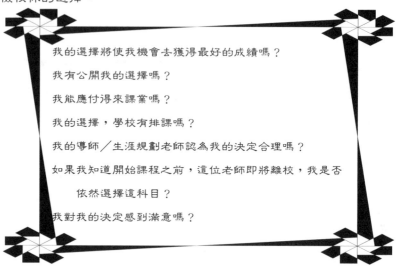

我的選擇將使我機會去獲得最好的成績嗎？

我有公開我的選擇嗎？

我能應付得來課業嗎？

我的選擇，學校有排課嗎？

我的導師／生涯規劃老師認為我的決定合理嗎？

如果我知道開始課程之前，這位老師即將離校，我是否
　　依然選擇這科目？

我對我的決定感到滿意嗎？

※這些問題的答案如果大部份為「是」，那恭喜你作了理性的選擇。如果大部分答的是「否」的話，你需更謹慎思考如何做最好的選擇？

※想像你是該選修科目的老師，你會給自己什麼樣的建議？

理性決定的步驟

綜合來說，有系統的作決定步驟應可提供你仔細思考決定選修科目時的有效方法，幫助你作出理性明智的決定。你可以依據下表中的提示，逐一回答問題，並和你的朋友或同學一起分享和討論你的答案。

考慮主題— 你必須去思考什麼？	你正被要求去作什麼的決定？ 你可擁有哪些選擇？ 你必須選修多少科目？ 你能選修多少科目？
獲得資訊— 什麼樣的資訊？ 在哪裡獲得？	你學校有提供選修科目指南嗎？ 圖書館中可獲得哪些資訊？
利用資訊— 如何利用這些資訊？	關於不同的科目，你必須懂哪些？ 有任何全新的課程嗎？ 你可以使用哪些讀書方法？ 關於你自己，你必須知道些什麼？
徵詢建議— 誰可給予建議？	與各科老師、導師、輔導老師、父母及你感興趣的行業的從業人員談談。
評估並且決定— 什麼將會影響你的決定？	做一個特定的選擇，它的優缺點各是什麼？ 某些科目對以後的生涯選擇有關聯嗎？如果有，是哪些？
討論結果— 你如何達成決定？	根據你學校的課表，你的選擇有可能實現嗎？ 你有給自己最好的機會，來獲得最高的成績及均衡的課程嗎？你感到快樂或者有些擔憂？

職業生涯的決定

　　當你已能更理性明智地作出選修科目的決定，熟知作決定的步驟和方法，你是否能進一步嘗試為自己未來可能從事的職業生涯作出理性的決定呢？請和你的朋友或同學們分享你的生涯決定歷程。

考慮主題— 你必須去思考什麼？	
獲得資訊— 什麼樣的資訊？ 在哪裡獲得？	
利用資訊— 如何利用這些資訊？	
徵詢建議— 誰可給予建議？	
評估並且決定— 什麼將會影響你的決定？	
討論結果— 你如何達成決定？	

生涯選擇方格

　　「生涯選擇方格」是用來探索和瞭解你自己面臨生涯選擇時的想法的一項有用工具。

　　在這份方格中你先必須列出一些可能或不可能從事的生涯選項。然後，藉由比較或對照你所列出的選擇，來探索你的一些「生涯想法」。你的生涯想法呈現你自己用來判斷生涯選擇的方式，它們是由你生涯發展歷程中的獨特經驗所形成的，而且這些想法仍在持續地發展變化之中。所以，你的許多生涯想法是獨特的，可能不同於其他的人。

　　我們在日常生活中，常會發現不同的個人，即使面對相同的經驗或現實，卻會依據個人的不同想法或理論，而衍生不同的方式來建構該經驗或現實，這是「生涯選擇方格」所依據的理論。因此，你所用以考慮或判斷潛在生涯選項的想法或理論，可能包含你對自己的瞭解和看法，如自我的興趣、性向、能力、價值和特質等，你對他人期待和社會規範的認知和覺察，以及你對工作世界的認識和展望。

　　「生涯選擇方格」的目的，即是有系統地協助你釐清並整理這些多元面向的生涯想法或理論，依據這些想法來判斷或評估你的理想生涯，使你更有信心地為自己設定理想的生涯目標，作為引領你規劃生涯發展方向的標竿。

任務 1－列舉生涯選項

在本生涯方格中，你的「生涯選項」是指你在完成你所需要的教育準備或訓練之後，想要去做的某項特定「工作」（如工程師、業務員、中學教師、個人工作者......）或「職業」（如工程、貿易、公教、家庭管理......）。

現在，請你假想「未來一至五年」或「完成你所需要的教育準備或訓練」之後，你可能或不可能去做的工作或職業（包括任何有薪給或無薪給的工作名稱）。並請你將想到的生涯選項，填寫在下列的空格中（一次一個不同的選項）。

※你可能考慮去做，或你曾經想過會去做的二項工作或職業。

1.

2.

※你不會考慮去做，或你曾經想過不會去做的二項工作或職業。

3.

4.

※你以前曾經做過，或你的父母親友做過，或任何其他你所熟悉的工作或職業。

5.

6.

任務2-列舉生涯想法

＊請你從列出的六個生涯選項中，依照123、456、134、256、135、246的順序，抽取出三個，進行每三個生涯選項的比較。

＊仔細想想看，在這三個生涯選項中，是不是有哪兩個工作在某一方面是相似的？而這個相似點正好不同於第三個工作？請將這一組包含「相似點」和「相異點」的生涯想法，填寫在空白「生涯選擇方格」的生涯想法欄內。

任務3-評定生涯選項

＊將這一組二分性的生涯想法，轉換為一個五點量表。

相似點　　　　相異點

5　非常接近「相似點」

4　有些接近「相似點」

3　接近中點

2　有些接近「相異點」

1　非常接近「相異點」

＊利用這一組生涯想法的五點量表，來評定你所列出的每一個生涯選項，以及你對「理想生涯」的期望水準。

例如：

	1. 中學教師	2. 公務員	3. 業務員	4. 甲	5. 乙	6. 丙	7. 理想生涯	
相似點 5　4								相異點 2　1
A. 工作時間固定	4	5	1	2	3	5	4	工作時間不固定
B.								

生　涯　選　擇　方　格

姓名：　　　　　　　　　　　　　　　　日期：

相似點　　　　　　　　　　　　　　　　　　相異點

	1	2	3	4	5	6	7 理想生涯		1	2
A										
B										
C										
D										
E										
F										
G										
H										
I										
J										
K										
L										
M										

4　　　　　　　　　　　　　　　　　　　　　　5

我的理想生涯目標

　　※現在請你仔細審視「生涯選擇方格」中，你對「理想生涯」
的期望水準，描繪出你所期望的「理想生涯」的輪廓─應該具備
哪些你所期望的特質或條件？

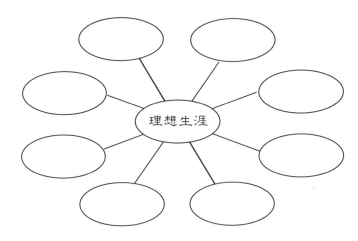

　　※當你歸納出你所期望的「理想生涯」應該具備的特質或條
件之後，你需進一步判斷在你所列舉出的六個生涯選項中，哪一
個最接近你的「理想生涯」？

＊請以你在「理想生涯」上的評量得分做為「基準點」，將每一個生涯選項
　在各組生涯想法上的得分「減去」「理想生涯」在該組生涯想法上的得
　分，即為該生涯選項的「基準分數」。

＊將該生涯選項在各組生涯想法上的基準分數相加起來，即為該生涯選項的
　「基準總分」。

＊「基準總分」愈低的生涯選項，表示其愈接近「理想生涯」。意即，你對該
　生涯選項的各項評量，愈符合你對「理想生涯」的期望水準。

＊在尚未出現其他更符合你的「理想生涯」的生涯選項之前，最接近的生涯
　選項即可作為你的理想生涯目標。

※請在下列方格中寫下一項最吸引你的職業或工作，作為你的理想生涯目標。並依據各項生涯想法的重要性順序，記錄該理想生涯目標所具備的特質或條件。

我的理想生涯目標：＿＿＿＿＿＿＿＿＿＿＿＿

所具備的特質或條件：

1.

2.

3.

4.

5.

6.

7.

8.

9.

10.

核心生涯想法

※為了幫助你更清楚為什麼你所列出的理想生涯目標的特質或條件對你而言是重要的,你需進一步探問自己,或者邀請一位朋友協助你來探問這些問題的答案。

「為什麼我期望我的理想生涯應具備這個特質或條件?」
「為什麼這個特質或條件對我的生涯選擇是重要的?」
或者是
「如果我的生涯能具備這項特質,對我而言有什麼意義呢?」

※同時,請將你的回答逐一記錄下來。並針對每一個回答進一步探問「為什麼...?」。你會更明白:你的理想生涯目標反映了你對自己最深切的期待,或是你所追尋的人生意義和價值。

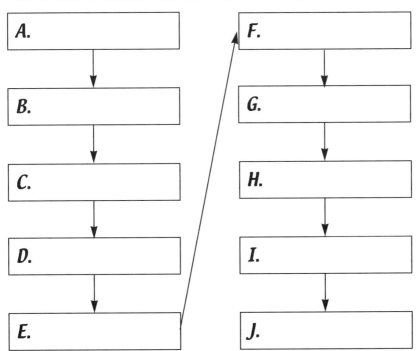

第 *23* 章

生涯願景與規劃

◆

我的生涯願景

◆

未來生涯幻遊

◆

我的蝴蝶大夢

◆

準備行動計畫

◆

擬定階段性目標

◆

生涯目標與自我評估

◆

生涯規劃報告

當你終於釐清了自己的核心生涯價值，體認到你此生存在的核心目的，你也更能清晰具體地勾勒出理想的生涯目標和願景。當你心中理想生涯目標的藍圖逐漸清晰地被勾勒出來，你對未來生涯發展的憧憬將更加殷切。

　　那麼，你會如何為自己鋪設一條通往理想生涯目標的路徑呢？就像遙望著險峻高山頂峰的登山者，對於山巔一望無際、睥睨群峰的雄偉景致雖然早已心嚮往之，卻沒有任何方法可以一步登天。茂密叢林中遍尋不見路徑，還須開山闢地、披荊斬棘，才能一步一腳印地走出自己的路。山腰險峻之處，更須一刀一斧雕石為階，才能臨淵履薄地拾級而上。登山沒有捷徑，必須步步為營。

　　還記得小時候玩過的迷宮捲紙遊戲嗎？捲紙開端的一條路，可以分岔無數，有些殊途同歸，有些危機四伏。人生歷程中也會出現無數的分岔路，每一次都會面臨新的抉擇和未知的挑戰，然而，當你前進的目標和方向一致，無論你選擇的是哪一條路，差別可能只在於遭遇困難險阻的程度。選擇一條人跡較少的路，也許沒有那麼順利，但克服險阻和挑戰的收穫也會更為豐富而深刻，悟化成千錘百鍊的人生智慧。

　　既然你已確立了人生的方向和目標，你打算如何幫自己的這一生修橋、鋪路或架設梯階呢？現在就讓我們一起來逐步建設這生涯規劃的歷程。

我的生涯願景

　　請在下欄中，將你的生涯願景生動而詳細地描述出來，作為你和自己的生涯約定。

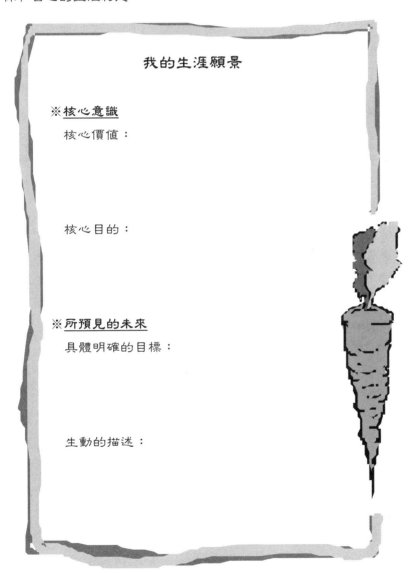

我的生涯願景

※核心意識

核心價值：

核心目的：

※所預見的未來

具體明確的目標：

生動的描述：

未來生涯幻遊

你是否能更具體地想像自己十年後的模樣？未來的生涯會是什麼光景？現在就讓我們一起乘坐未來世界最先進的時光隧道機，到未來世界去旅行！

（自我暗示放鬆訓練＋輕音樂）

現在，我們一起坐在時光隧道機裡，來到十年後的世界，也就是西元××××年的世界。算一算，這時你幾歲了？容貌有變化嗎？請你儘量想像十年後的情形，愈仔細愈好。好，現在你正躺在家裡臥室的床舖上。這時候是清晨，和往常一樣，你慢慢地張開眼睛，首先看到的是臥室裡的天花板。看到了嗎？它是什麼顏色？

接著，你準備下床。嘗試去感覺腳指頭接觸地面那一剎那的溫度，涼涼的？還是暖暖的？經過一番梳洗之後，你來到衣櫃前面，準備換衣服上班。今天你要穿什麼樣的衣服上班？穿好衣服，你看一看鏡子。然後你來到了餐廳，早餐吃的是什麼？一起用餐的有誰？你跟他們說了什麼話？

接下來，你關上家裡的大門，準備前往工作的地點。你回頭看一下你家，它是一棟什麼樣的房子？然後，你將搭乘什麼樣的交通工具上班？

你即將到達工作的地方，首先注意一下，這個地方看起來如何？好，你進入工作的地方，你跟同事打了招呼，他們怎麼稱呼你？你還注意到哪些人出現在這裡？他們正在做什麼？

你在你的辦公桌前坐下，安排一下今天的行程，然後開始上午的工作。早上的工作內容是什麼？跟哪些人一起工作？工作時用到哪些東西？

很快地，上午的工作結束了。中餐如何解決？吃的是什麼？跟誰一起吃？中餐還愉快嗎？

　　接下來是下午的工作，跟上午的工作內容有什麼不同嗎？還是一樣的忙碌？

　　快到下班的時間了，或者你沒有固定的下班時間，但你即將結束一天的工作。下班後，你直接回家嗎？或者要先辦點什麼樣的事？或者要作一些什麼其他的活動？

　　到家了。家裡有哪些人呢？回家後你都做些什麼事？晚餐的時間到了，你會在哪裡用餐？跟誰一起用餐？吃的是什麼？

　　晚餐後，你做了些什麼？跟誰在一起？

　　該是就寢的時間了。你躺在早上起床的那張床鋪上。你回憶一下今天的工作與生活，今天過得愉快嗎？是不是要許一個願？許什麼樣的願望呢？

　　漸漸地，你很滿足地進入夢鄉。安心地睡吧！一分鐘後，我會叫醒你。

　　（一分鐘後）

　　我們慢慢地回到這裡，還記得嗎？你現在的位置不是在床上，而是在這裡。現在，我從10開始倒數，當我數到0的時候，你就可以睜開眼睛了。好，10-9-8-7-6-5-4-3-2-1-0。請睜開眼睛。你慢慢地醒過來，靜靜地坐著。

幻遊未來世界之後，你回到了現實世界。還記得你的幻遊經驗嗎？請和你的朋友或同學一起分享你的生涯幻遊中出現了哪些有趣的經驗？

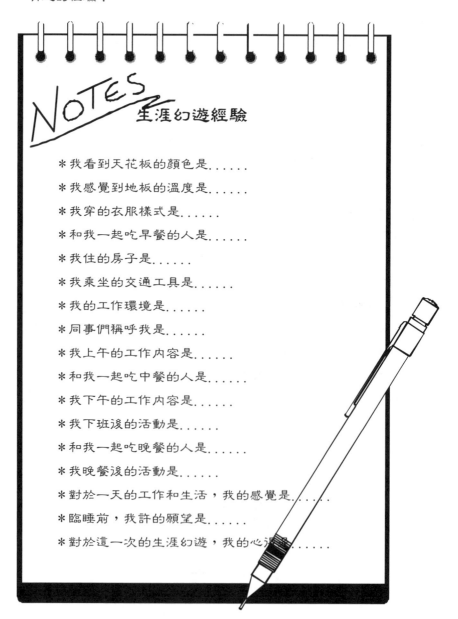

NOTES
生涯幻遊經驗

＊我看到天花板的顏色是……
＊我感覺到地板的溫度是……
＊我穿的衣服樣式是……
＊和我一起吃早餐的人是……
＊我住的房子是……
＊我乘坐的交通工具是……
＊我的工作環境是……
＊同事們稱呼我是……
＊我上午的工作內容是……
＊和我一起吃中餐的人是……
＊我下午的工作內容是……
＊我下班後的活動是……
＊和我一起吃晚餐的人是……
＊我晚餐後的活動是……
＊對於一天的工作和生活，我的感覺是……
＊臨睡前，我許的願望是……
＊對於這一次的生涯幻遊，我的心得是……

我的蝴蝶大夢

　　未來世界的一番自在遨遊，也許勾起了你平日潛藏在心底深處的一些願望和憧憬。這些願望也許在目前你所處身的現實環境中尚無緣實現，但誰知未來不會有那麼一天，你會逐步建構出夢想中的現實，變現實成為你的理想？！如果蝴蝶可以夢見莊周，蝴蝶會希望如何過莊周的生活呢？不要用現實覊絆你的夢想，就讓夢想乘著蝴蝶的翅膀飛翔吧！

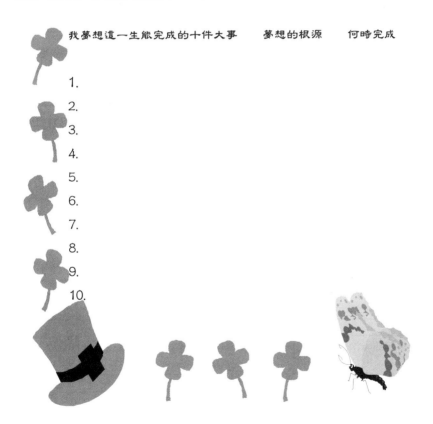

我夢想這一生能完成的十件大事　　夢想的根源　　何時完成

1.

2.

3.

4.

5.

6.

7.

8.

9.

10.

準備行動計劃

　　爲了達成你的生涯目標，實現你心底對自己最深的期待，你必須鋪設一條能通注生涯目標的道路或階梯。但在擬定生涯計劃之前，你仍需要仔細思考一些問題，看看你是否已經做好了展開行動的準備。下列是你可能需要深入思考的問題。

我在哪裡？ 我已經得到什麼？	**例如**：你需要考慮—你在曾經選修過的科目中的學習和進步情形？ *你在實習或打工經驗的學習和進步情形？ *你已經培養的技能是什麼？
我要去哪裡？ 我想得到什麼？	**例如**：你將對於念研究所、出國留學或就業求職作出決定。 *爲了什麼目的？
我需要什麼來到達那裡？ 我需要什麼才能成功呢？	**例如**：你需要考慮達成生涯目標所須準備的知識與技能：包含哪些？ *要學好它們，你需要具備什麼技能？ *它們對什麼工作有用？ *會有浪多壓力嗎？
我要採取什麼行動？	**例如**：你要如何找到所需要的資料？ *和老師談談，從他們那裡得到資源 *使用生涯中心所提供的資料 *使用電腦查詢就業資訊 *查看學校的升學就業手冊
有關的時間限制	**例如**：你需要考慮你要設定的目標以及達成目標的期限。
我如何知道已經達到目標了？	**例如**：當你決定你打算要發展的生涯逕路時，告訴父母、老師和學校。
我要和誰討論我的想法？	**例如**：可和你重視且了解你未來目標所需條件的長輩或朋友討論你的想法。

我現在在哪裡？ 我已經得到什麼？	

▼

我要去哪裡？ 我想得到什麼？	

▼

我需要什麼來到達那裡？ 我需要什麼才能成功？	

▼

我要採取什麼行動？	

▼

有關的時間限制	

▼

我如何知道已經達到目標了？	

▼

我要和誰討論我的想法？	

擬定階段性目標

當我們有一個很大或艱困的工作要完成時，通常把它分成較小的任務會比較容易。當我們要完成一個特定目標時，也可以應用相同的概念。

任務執行後達成

短期目標

↓

最終目標

例如：假如你希望成為總統……

生涯目標	在～年之前
我希望成為總統	在2030年之前

你必須採取很多行動步驟，設定階段性目標。如：

生涯目標	在～年之前
1‧我需要有擔任行政首長的經驗	2025
2‧我需要當選民意代表	2015
3‧我需要進入政府或民意機構工作	2010
4‧我需要成為政黨中活躍且有代表性的成員	2005
5‧我需要參加政黨	明年九月
6‧我需要選修演說的課程	下學期
7‧我需要和一個人以上討論對政治議題的看法	下星期以前
8‧我需要看兩個時事的節目	這星期五以前
9‧我需要閱讀報紙的社論及時事評論	今天

你所設定的生涯目標愈具體明確，愈有助於擬定行動計畫來達成。因此，你所設定的目標必須是具體明確、可測量、可達成、有關聯，以及有時間限制的。例如：「下學期的微積分成績要拿到班上前五名」。

生涯目標與自我評估

　　你也可以試著依據工作世界地圖所提供的興趣和能力向度，來擬定你的短程、中程、長程生涯目標。通常，在機構中所擔負的決策責任愈輕，要求工作者之興趣和能力的偏向性愈加明顯；在機構中所擔負的決策責任愈重，則愈要求工作者應具備多元化的興趣和能力。

　　例如，獨立作業的機械工程師，僅需具備操作、維修、或研發機械的興趣和能力；團隊工作的機械工程師，則在機械能力之外，還需具備與人相處的興趣和溝通協調的能力；而管理階層的機械工程師，則更應有領導統御的能力和商業經營的興趣。

　　想想看，在未來的生涯旅程中，你會如何來「栽培」自己呢？

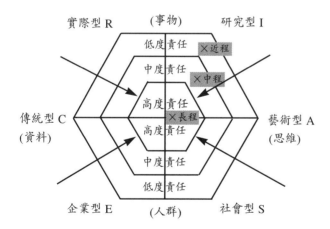

三～五年後，我的短程生涯目標：

*主要的工作內容：

*它吸引我的特點是：

*我在個性上可以嘗試的改變是：

*我可以培養的生涯興趣是：

*我尚須培養的能力是：

*我必須具備的其他條件是：

*我的短程生涯計劃（含教育進修或訓練）：

六～十年後，我的中程生涯目標：

＊主要的工作內容：

＊它吸引我的特點是：

＊我在個性上可以嘗試的改變是：

＊我可以培養的生涯興趣是：

＊我尚須培養的能力是：

＊我必須具備的其他條件是：

＊我的中程生涯計劃（含教育進修或訓練）：

十一～二十年後，我的長程生涯目標：

＊主要的工作內容：

＊它吸引我的特點是：

＊我在個性上可以嘗試的改變是：

＊我可以培養的生涯興趣是：

＊我尚須培養的能力是：

＊我必須具備的其他條件是：

＊我的長程生涯計劃（含教育進修或訓練）：

生涯規劃報告

　　除了工作和職業的規劃是生涯規劃的主軸之外，在這個強調「終身學習」的時代，你尚須思考其他層面的生涯規劃，例如人際經營、家庭經營、經濟經營、置產消費、休閒旅遊等。

　　在人際經營方面，俗話說：「在家靠父母，出外靠朋友」，朋友常在我們的職業生涯發展中扮演著支持協助或穿針引線的關鍵角色，讓我們的成就產生加成的效果，更勝於閉門造車或孤軍奮鬥。華人社會尤其重視人際關係，綿密的人脈網絡經常可發揮彼此相輔相成的作用。你希望到何處去認識未來可能會對你有幫助的朋友呢？如何和新認識的朋友建立良好的人際關係呢？

　　在家庭經營方面，家人是我們每一個人最重要的精神支柱，當外在環境充滿了挫敗經驗時，也只有家人仍然誠心地接納我們，不斷為我們打氣加油。因此，能有時間陪伴家人常是許多人選擇職業的重要考慮因素之一。你打算如何經營你的家庭？包括和父母建立較佳的關係、交往男女朋友、結婚、生子、照顧家庭……等與家庭有關的議題。

　　在經濟經營方面，足夠維持生活所需的經濟收入，是我們對於工作或職業的最起碼要求。但當需要拓展人脈資源、組織家庭或照顧家庭、以及其他需求的滿足時，我們所期待的收入水準也會提高。何時你會希望能賺進年薪一百萬元呢？何時你會希望自己擁有年薪五百萬元的身價？你打算如何做呢？

　　在置產消費方面，關於土地、房屋等不動產，和汽車、股票、債券等動產方面，你會有何安排？如何時買進你的第一部車？何時購買第一棟房子？何時打算換車或換屋？

　　在休閒旅遊方面，由於「環遊世界」是許多人的夢想之一，因此如何安排休閒旅遊活動，和生涯規劃的品質更是關係密切。至於其他你個人所看重的層面，最好也能一併納入生涯規劃中。

____生涯規劃表

生涯向度 ＼ 時間向度	時間／年齡									
教育準備										
興趣培養										
能力培養										
工作職業										
人際經營										
家庭經營										
經濟經營										
置產消費										
休閒旅遊										

第 24 章

生涯準備與行動

◆

找尋工作機會

◆

撰寫求職申請書

◆

撰寫履歷表

◆

撰寫自傳

◆

準備面試與面試技巧

◆

開展職業生涯

在確定自己生涯規劃的目標與方向，且有系統地規劃了自己循序漸進的生涯逕路之後，你可能已摩拳擦掌、迫不及待地要展開你的生涯準備和行動。俗話說：「登高必自卑，行遠必自邇」，為了有朝一日能達成你最終的生涯理想，在跨出校園之後，你也必須朝向引領著你前進的方向，踏踏實實地邁進一大步。這一步可能是取得更高深的教育文憑，可能是接受相關單位舉辦的職前訓練，更可能是直接投入工作世界、接受實地的挑戰和試煉。

這時候，你應該要知道申請進修甄選、職前訓練或職業工作的流程。三者的流程基本上有其共通性。

就申請職業而言，下列程序可以提供你作為檢核的依據：

一、 利用求職管道找尋工作機會。

二、 備齊相關證明文件，如學經歷證明等。

三、 準備履歷表、自傳與相關作品。

四、 寄送履歷表與相關資料。

五、 確定面試時間與地點。

六、 接受面試。

七、 接獲錄取通知與回覆。

八、 確定正式上班日期及準備事項。

對於剛要跨入社會的新鮮人而言，進入職場的第一步便是學習如何透過履歷自傳與面試中行銷自己，讓自己能從諸多競爭者中脫穎而出。因此，找尋工作機會、撰寫履歷和自傳、接受面試，不啻是通往工作世界的重要鎖鑰，通常也是剛跨出校門的社會新鮮人較感到棘手的程序，必須多投資一些時間來加以準備和演練。

找尋工作機會

　　當你需要找尋工作機會時，你知道有哪些管道嗎？例如，有些人早就託親朋好友四處打聽，有些人卻成天翻爛了數份報紙，仍感到職海茫茫。現在新興的網際網路充斥各式各樣的求才求職資訊，能提供什麼好處？又潛藏著什麼問題呢？

　　一般而言，求職管道可以歸納成下列五類，分別有其不同的運作方式和優缺點。請你花些時間，仔細瞭解這些求職管道如何運作、提供什麼求職服務，並想想看這些不同的求職管道各有些什麼優點或缺點。和你的朋友或同學一起討論你們的發現。

求職管道	優點	缺點
一、親友介紹 **A.** 親戚長輩 **B.** 師長		
二、報章雜誌 **A.** 報紙求才廣告欄 **B.** 雜誌求才專欄 **C.** 就業快報或求才求職快報		
三、學校輔導單位 **A.** 就業輔導處 **B.** 學生輔導中心		
四、政府輔導機構 **A.** 行政院青年輔導委員會 **B.** 行政院勞工委員會職業訓練局 **C.** 國民就業輔導處		
五、私人仲介機構 **A.** 人力仲介公司或職業介紹所 **B.** 網路人力銀行或求才求職網站		

透過親朋好友密佈的人脈網絡搜尋，確實較容易找到輕鬆又穩當的職缺，但受限於親朋好友的工作類型，所介紹的工作性質常無法完全符合自己的興趣。拿著報紙五花八門的求才廣告按圖索驥，經常危機四伏，容易掉入老江湖佈下的求職陷阱。政府開辦的就業輔導機構能提供較佳的工作選擇和保障，但申請的手續繁瑣，條件門檻又過於嚴苛且缺乏彈性。民間傳統的人力仲介公司，似乎已淪為外勞或基層勞力仲介機構，甚少提供予高級人才的就業機會，且缺乏保障。於是，新興網際網路的無遠弗屆、立即搜尋功能，已成為求才、求職者的最愛，然而網路中的資訊開放又容易予歹徒駭客可趁之機。因此，要認真找一個好工作，仍須謹慎小心、步步為營。

現在，你不妨以一個可以作為你短期生涯目標的職業或工作為例，嘗試透過不同求職管道找尋適當的工作機會，看看你會有些什麼有趣的發現？

我要找的職業或工作是：

_____

我所嘗試的求職管道	我的發現
1.	
2.	
3.	
4.	
5.	
6.	

撰寫求職申請信

當你已從某一個最有效的求職管道，找到了一個夢寐以求的工作機會時，下一步就是準備要儘快寄出履歷表和自傳，以及相關證明文件了。這時，一封簡短且有禮貌的申請信面，表明你的來意，會讓接信的潛在雇主有興趣仔細展讀你的履歷表和自傳。

※ 請試著參考下列的說明，撰寫一封求職申請信。

　　××經理鈞鑑：

　　　第一段：說明你寫信的目的，從何處知道這個工作機會，以及所要申請的工作或職務名稱。

　　　第二段：說明你的學歷和專業背景，以及你對這項工作感興趣的原因，或申請這項工作的理由。

　　　第三段：呈現你對未來工作表現的信心和期望，邀請雇主參看你的履歷表和自傳。

　　　第四段：感謝雇主展讀你的信和履歷資料，並請求雇主給予進一步面談的機會。

　　敬祝

　　　鴻圖大展

　　　　　　　　×××敬上×年×月×日

撰寫履歷表

在職場中，履歷表通常是求職的社會新鮮人為雇主準備的第一份見面禮。一份能表現個人風格的履歷表，也常能留給雇主良好的第一印象，引起雇主的興趣，以便爭取到面試的機會，求職路上也就成功了一半。因此，履歷表最好能自行設計製作並打字，但基本上仍以簡明扼要、樸實無華為宜。

履歷表也是你生涯中所有成就的重要指標，要讓素昧平生的主管靠一紙文件瞭解你，就必須充分的準備好這份見面禮。一般而言，履歷表的內容通常包含以下的項目：

內容項目	說明
a.應徵之工作項目	工作名稱及工作內容
b.個人基本資料	姓名、年齡、性別、籍貫、出生年月日、通訊住址及聯絡電話等。男性需註明兵役狀況。
c.學歷與訓練	高中以上畢業之學校名稱、科系與輔系、專業認證或文憑等。需註明就讀及取得文憑時間，由後往前推移。
d.經歷(工作及社團經驗)	含兼差、打工或工讀、社團活動(擔任幹部及舉辦活動等)、義務工作、研究工作等。
e.能力與專長	專業能力、工作相關能力、語文(外語)能力、資訊處理(電腦)能力、受獎及作品等。
f.興趣與休閒活動	日常休閒活動、一般興趣、職業興趣等。
g.希望待遇	依公司規定，或者個人可接受的彈性額度。
h.個人近照	一吋或兩吋。

※請設計製作一份你個人專用的履歷表，以表現出你個人獨特的風格，創造良好的第一印象。

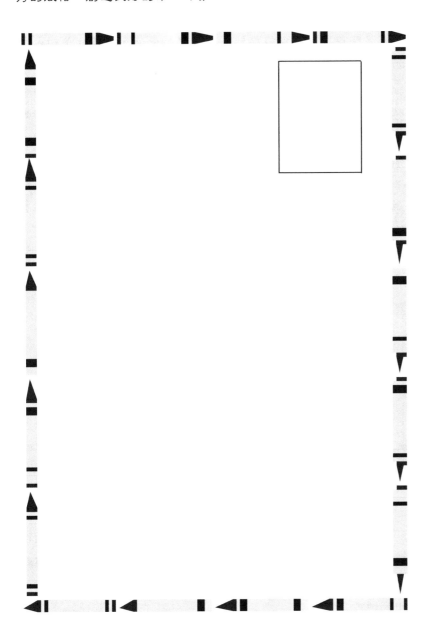

撰寫自傳

在求職的起點上，自傳通常必須與履歷表一搭一唱，相互輝映。如果說履歷表為你支撐起一目了然的骨架，自傳就是耐人尋味的內涵。

相較於履歷表的簡明扼要，自傳的表達形式更為彈性自由，可以敘事、可以論理、也可以抒情。由於履歷表上較無法流露感情，撰寫自傳時，一般人多會以較為感性的訴求來作自我介紹，呈現個人的成長背景、生活經驗、觀念想法、風格特質、志向抱負、及生涯目標等，最後更凸顯出對獲得工作與未來工作表現的強烈企圖心。但為顧及雇主並沒有太多仔細品味閱讀的時間，自傳的字數以一千字左右或不超過兩頁A4書寫紙為宜。

請嘗試依據下列數項主題，撰寫一份800字至1000字的自傳，設法讓有機會閱讀你自傳的雇主留下良好而深刻的印象。

1.家庭及成長背景
2.求學經過及社團經驗
3.個人特質與興趣
4.工作經歷與技能
5.未來生涯規劃
6.結語

※ 邀請一位你信賴的朋友或長輩，假扮你的潛在雇主，請他閱讀你的履歷表和自傳，請教他對你的看法如何？會不會有興趣邀請你當面談談你對工作的期待和抱負？有哪些是你需要補充或修正的地方？

準備面試與面試技巧

當你寄出的履歷表和自傳受到雇主的青睞，你就爭取到進一步筆試和面試的機會了。筆試大多測驗求職者的時事、常識和專業知識，有些公司則會安排性向測驗、人格量表和價值觀測驗等，以更深入剖析求職者的人格特質是否符合企業文化的要求。

面試通常都是在筆試結束之後進行，主要目的在瞭解求職者的口語表達能力、溝通協調能力以及機智反應等；有些則會要求求職者實際演練和操作，以瞭解求職者的專業能力和臨場表現。主試者對求職者所問的問題可能是一般性問題，也可能是履歷表或自傳中未能充分表達的問題，有時則暗藏玄機，使求職者的反應和能力無所遁形。尤其是求職者專業能力已經初試淘汰篩選過，眾多競爭者的實力都在伯仲之間，能否脫穎而出，就取決於面試時的反應和表現。因此，求職者對面試這一決定性的關卡，絕不能掉以輕心。

面試過程中的注意事項，則有下列數點，需謹記在心：

＊面試技巧與注意事項：

1. 提早到達較為從容。
2. 進入房間應先敲門。
3. 坐姿端正，眼神自然，手腳安定。
4. 每次答話應乾脆俐落，不打斷對方談話。
5. 正面積極的自我表達是面試時不可或缺的。
6. 自己對職務的期待要適時表達，讓主試者可以正確評估自己，以免到職後才發現不適任。
7. 訪談告一段落的閒聊，也會影響主試者對自己的評價，所以不宜太鬆懈。
8. 談話結束前應約定下次見面或連絡的時間，以探詢自己被錄用的機會有多少。
9. 無論面談之後對此工作或主試者的好惡，都應該向對方表示感謝。

※邀請一位你信賴的朋友或長輩，假扮你的潛在雇主，參考下列模擬試題，協助你進行模擬面試，並觀察你面試時的態度、語調、聲音、速度、眼神、手勢、表情、和禮貌等，一起討論有些什麼優點？哪些地方需要修正？

1. 請你用三分鐘時間介紹你自己。
2. 為什麼選擇來本公司應徵？
3. 為什麼選擇這份工作？
4. 為什麼辭去前一份工作？
5. 過去的工作經歷如何？和這項工作有關的是什麼？你從經驗中學到了什麼？
6. 對工作內容和任務有什麼認識和瞭解？
7. 對這個行業的發展性有什麼看法？
8. 你認為你具備什麼條件（能力或專長）能勝任這項工作？
9. 你會如何在工作上表現？對本公司能有什麼貢獻
10. 你對工作的期望和目標是什麼？
11. 你對工作時間和地點有何意見？
12. 你希望的待遇是多少？
13. 你還想瞭解公司什麼？

開展職業生涯

當你已幸運地在職場上連連過關斬將，順利找到一份適才適所的工作，你就敲開了通往職業生涯之路的大門。

彷彿剛跨出少林寺的青澀高手，對五光十色的江湖既期待又怕受傷害。極目四望，一條或崎嶇或坦蕩的道路向著望不見盡頭的遠處蜿蜒而去，可能荊棘遍野、也可能黃花遍地，你仍然需要不斷地精進你已在少林寺中練就的十八般武藝，才能順利闖蕩江湖。在東突西進中稍一不慎的頭破血流、遍體鱗傷，就當作是成就武林高手必經的試煉與必要的傷痕。因為，唯有歷經艱難險阻，才能有機會琢磨出更犀利、更高深的武功，未來才有較大機會稱霸武林、雄據一方。

所以，你準備好扮演工作者的角色了嗎？列出一份備忘錄，隨時提醒自己在未來職業生涯中可能會面臨的艱難險阻，以及要如何克服困難、跨越阻礙？

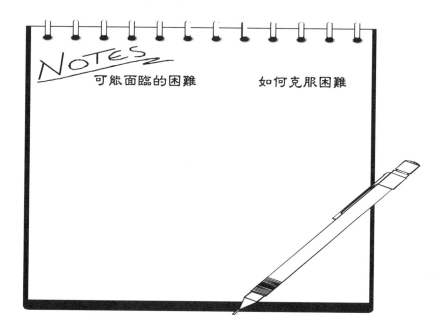

NOTES

可能面臨的困難　　　　　如何克服困難

揮灑生涯的彩虹

最喜歡在新雨過後嬌陽燦爛的天空，尋找彩虹的蹤跡。一輪圓弧狀的彩虹橫跨天際，七彩繽紛的顏色更顯得璀璨亮麗。而大地經過新雨的刷洗，滌盡污泥，塵埃落地，總似嗅得著花草的芬芳，聞得到春天的氣息。

仰望雨後的彩虹，好像心中的的煩惱壓力也獲得滌清抒解，可以暫時放下，讓一切重新來過，更加努力去開創如彩虹般亮麗的人生！著名生涯學者Super，也將人們一生的生涯歷程譬喻成一道跨越天際的彩虹。七彩繽紛的是人們在一生中扮演的各種「角色」--兒童、學生、公民、工作者、休閒者、夫妻、父母等，從生到死，有的沈潛黯淡，有的燦爛輝煌。

生而為人，我們確實無法決定生於何處以及生命的長度。然而，我們掌握了自己生命的彩筆和調色盤，只要我們以認真的態度盡情揮灑生命的彩筆，可以讓生活更豐富深刻、多采多姿，擴展生命的寬度與廣度。就像我們無法左右天氣的變化，但可以改變我們面對天氣的心情--即使天氣是陰鬱的，心情則是開朗的。我們或許無法決定「命」的生成，但可開創「運」的走向，盡力扮演好每一個生活階段中最值得重視的「角色」，發揮其最大的效能，即是開展成功運局的不二法門。

於是，我們的一生即使如飛鴻雪泥般短暫，仍須立志揮灑出一道瑰麗奪目的彩虹，留下令人讚嘆的燁燁光華！

參考書目

American College Testing Program (1984). *DISCOVER: A Computer-Based Career Development and Counselor Support System*. Iowa City, IA: ACT.

American College Testing Program (1995). *DISCOVER*. Iowa City, IA: ACT.

Bandura, A. (1977a). Self-efficacy: Toward aunifying theory of behavior change. *Psychological Review*. 84, 191-215.

Bandura, A. (1977b). *Social Learning Theory*. Englewood Cliffs, NJ: Prentice-Hall.

Bandura, A. (1986). *Social Foundations of Thought and Action: A Social Cognitive Theory*. Englewood Cliffs: NJ: Prentice-Hall.

Beck, A. T. (1976). *Cognitive Therapy and Emotional Disorders*. New York: International Univ. Press.

Beck, A. T., Rush, A. J., Shaw, B. F., & Emery, G. (1979). *Cognitive Therapy of Depression*. New York: Guilford Press.

Berg, I. K. (1994). *Family-based Services: A Solution-focused Approach*. New York: W. W. Norton.

Betz, N. E., & Hackett, G. (1981). The relationship of career-related self-efficacy expectations to perceived career options in college women and men. *Journal of Counseling Psychology*. 28, 399-410.

Bieri, J. (1955). Cognitive complexity-simplicity and predictive behavior. *Journal of Abnormal Social Psychology*. 51, 263-268.

Bordin, E. S. (1946). Diagnosis in Counseling and Psychotherapy. *Education and Psychological Measurement*. 6, 169-184.

Bordin, E. S. (1984). Psychodynamic model of career choice and satisfaction. In D. Brown & L. Brooks (Eds.), *Career Choice and Development: Applying Contemporary Theories to Practice* (chap. 5). San Francisco: Jossey-Bass.

Bordin, E. S., & Kopplin, D. A. (1973). Motivational conflict and vocational development. *Journal of Counseling Psychology*. 20(2), 154-161.

Bordin, E. S., Nachmann, B., & Segal, S. J. (1963). An Articulated framework for vocational development. *Journal of Counseling Psychology*. 10, 107-116.

Brill,A. A. (1949). *Basic Principles of Psychoanalysis*. New York: Doubleday.

Brook, J. A. (1992). Use of the Repertory Grid in career counseling. *Career Development Quarterly*. 41, 39-50.

Brown, D. A. (1980). Life-planning workshop for high school students. *The School Counselor*. 29(1), 77-83.

Brown, D., & Brooks, L. (1984). *Career Choice and Development*. London: Jossey-Bass.

Brown, D., & Brooks, L. (1991). *Career Counseling Techniques*. Boston: Allyn & Bacon.

Brown, D., & Crace, R. K. (1996). Values in life role choices and outcomes: A conceptual model. *Career Development Quarterly*. 44, 211-223.

Bryan, M. (1997). *Career Development Manual*. Career Coach and Career Services. University of Waterloo.

Campbell, R. E., & Cellini, J. V. (1981). A diagnostic taxonomy of adult career problems. *Journal of Vocational Behavior*. 19(2), 175-190.

Carney, C. G. & Wells, C. F. (1995). *Discover the Career Within You*. Pacific Grove, CA: Brooks / Cole.

Clark, R., Gelatt, H. B., & Levine, L. (1965). A decision-making paradigm for local guidance research.. *Personnel and Guidance Journal*. 44, 40-51.

Cochran, L. (1983a). Seven measures of the ways that deciders frame their career decisions. *Measurement and Evaluation in Guidance*. 16(2), 67-77.

Cochran, L. (1983b). Conflict and integration in career decision schemes. *Journal of Vocational Behavior*. 23, 87-97.

Cochran, L. (1987). Framing career decision. In R. A. Neimeyer & G. J. Neimeyer (Eds.), *Personal Construct Therapy Casebook*. New York: Springer.

Cochran, L. (1992). The career project. J*ournal of Career Development*. 18, 187-198.

Cochran, L. (1997). *Career Counseling: A Narrative Approach*. Thousand Oaks: Sage.

Crites, J. O. (1969). *Vocational Psychology*. New York: McGraw-Hill.

Crites, J. O. (1981). *Career Counseling: Models, Methods, and Materials*. New York: McGraw-Hill.

Dagley, J. C. (1987).A new look at developmental guidance: The hearthstone of school counseling. *School Counselor*. 35, 102-109.

Dawis, R. V., & Lofquist, L. H. (1984). *A Psychological Theory of Work Adjustment: An Individual-differences Model and Its Applications*. Minneapolis, MN: University of Minnesota Press.

Doyle, R. E. (1992). *Essential Skills and Strategies in the Helping Process*. Pacific Grove, CA: Brooks/Cole.

Dysinger, W. S. (1950). Maturation and vocational guidance. *Occupations*. 29, 198-201.

Ellis, A. (1973). *Humanistic Psychotherapy: The Rational-Emotive Approach.* New York: Julian Press.

Emmett, J. D., & Harkins, A. M. (1997). StoryTech: Exploring the use of a narrative technique for training career counselors. *Counselor Education & Supervision.* 37, 60-74.

Employment and Training Administration (1993). *Finding One's Way: Career Guidance for Disadvantaged Youth.* Washington, DC: U.S. Department of Labor.

Engels, D. W., & Minor, C. W. (1995). Career counseling specialty: History, development, and prospect. *Journal of Counseling & Development.* 74, 134-139.

Erikson, E. H. (1950). *Childhood and Society.* New York: Norton.

Erikson, E. H. (1963). *Childhood and Society* (2nd ed.). New York: Norton.

Fransella, F., & Dalton, P. (1990). *Personal Construct Counseling in Action.* London: Sage.

Fuqua, D. R., & Hartman, B. W. (1983). Differential diagnosis and treatment of career indecision. *Personnel and Guidance Journal.* 62, 27-29.

Gati, I., & Fassa, N. (1995). Applying decision theory to career counseling practice: The sequential elimination approach. *Career Development Quarterly.* 43, 211-221.

Gati, I., Shenhav, M., & Givon, M. (1993). Processes involved in career preferences and compromises. *Journal of Counseling Psychology.* 40(1), 53-64.

Gelatt, H. B. (1962). Information and decision theories applied to college choice and planning. In *Preparing School Counselors in Educational Guidance* (pp.101-114). New York: College Entrance Examination Board..

Ginzberg, E. (1972). Toward a theory of occupational choice: A restatement. *Vocational Guidance Quarterly.* 20, 167-176.

Ginzberg, E. (1984). Career development. In D. Brown & L. Brooks (Eds.). *Career Choice and Development: Applying Contemporary Theories to Practice.* San Francisco: Jossey-Bass.

Ginzberg, E., Ginsbrug, S. W., Axelrad, S., & Herma, J. L. (1951). *Occupational Choice: An Approach to General Theory.* New York: Columbia University Press.

Goodstein, L. D. (1965). Behavior theoretical views of counseling. In B. Stefflre & W. H. Grant (Eds.), *Theories of Counseling.* New York: McGraw-Hill.

Gottfredson, L. S. (1981). Circumscription and compromise: A developmental theory of occupational aspirations. *Journal of Counseling Psychology* .28(6), 545-579.

Hansen, L. S. (1977). *An Examination of the Definitions and Concepts of Career Education*. Washington, DC: National Advisory Council for Career Education.

Hansen , L. S. (1981). New goals and strategies for vocational guidance and counseling. *International Journal for the Advancement of Counseling*. 4, 21-34.

Harren, V. A. (1974). A model of career decision-making for college students. *Journal of Vocational Behavior*. 14, 119-133.

Harris-Bowlsbey, J. (1984). The computer and career development. *Journal of Counseling and Development*. 63, 145-148.

Hartman, B. W., Fuqua, D. R., & Blum, C. R. (1985). A path-analytic model of career indecision. *Vocational Guidance Quarterly*. 33(3), 231-240.

Havighurst, R. (1972). *Developmental Tasks and Education*. (3rd ed.) New York: Longman.

Herr, E. L. (1991). *Guidance and Counseling: A Shared Responsibility*. Alexandria, VA: National Association of College Admissions Counselors.

Herr, E. L. (1995). *Counseling Employment Bound Youth*. Greensboro, NC: ERIC/CAPS Publication.

Herr, E. L. (1997). Career counseling: A process in process. *British Journal of Guidance & Counseling*. 25(1), 81-94.

Herr, E. L., & Cramer, S. H. (1996). *Career Guidance and Counseling through the Life Span*. (5th Ed.) Glenview, Illinois: Scott & Foresman.

Hinkle, D. (1965). *The change of personal constructs from the viewpoint of a theory of construct implications*. Unpublished PhD Thesis. Ohio State University.

Holland, J. L. (1973). *Making Vocational Choices: A Theory of Careers*. Englewood Cliffs, NJ: Prentice-Hall.

Holland, J. L., Daiger, D. C., & Power, P. G. (1980). *My Vocational Situation*. Palo Alto, CA: Consulting Psychologist Press.

Holland, J. L., & Holland, J. E. (1977). Distributions of personalities within occupations and fields of study. *Vocation Guidance Quarterly*. 25(3), 226-231.

Hoppock, R. & Super, D. E. (1950). Vocational and educational satisfaction. In D. H.Fryer & E. R. Henry (Eds.), *Handbook of Applied Psychology, Vol. 1*. New

York: Rinehart.

Hoyt, K. B. (1984). Career education and career guidance. *Journal of Career Education.* 10(3), 148-157.

Hoyt, K. B., & Shylo, K. R. (1989). *Career Education in Transition: Trends and Implications for the Future.* Columbus, OH: The National Center for Research in Vocational Education.

Ivey, A. E., & Gonsalves, O. F. (1988). Developmental therapy: Integrating developmental process into the clinical practice. *Journal of Counseling and Development.* 66, 406-413.

Janis, I., & Mann, L. (1977). *Decision-making: A Psychological Analysis of Conflict, Choice, and Commitment.* New York: The Free Press.

Jesser, D. L. (1976). *Career Education: A Priority of the Chief State School Officers.* Salt Lake City: Olympus.

Keller, K. E., Biggs, D. A., & Gysbers, N. C. (1982). Career counseling from a cognitive perspective. *Personnel and Guidance Journal.* 60.

Kelly, G. A. (1955). *The Psychology of Personal Constructs.* NY: Norton.

Krumboltz, J. D. (1979). A social learning theory of career decision making. In A. M. Mitchell, G. B., Jones, & J. D. Krumboltz (Eds.), *Social Learning and Career Decision Making* (pp. 19-49). Cranston, R.I.:Carroll.

Krumboltz, J. D. (1983). *Private Rules in Career Decision Making.* Columbus, OH: National Center for Research in Vocational Education.

Krumboltz, J. D. (1991). *Career Beliefs Inventory.* Palo Alto, CA: Consulting Psychologists Press, Inc.

Krumboltz, J. D. (1994). Improving Career development theory from a social learning perspective. In M. L. Savickas & R. W. Lent (Eds.), *Convergence in Career Development Theories: Implications for Science and Practice*, PP.9-31. Palo Alto, CA: Consulting Psychologists Press.

Krumboltz , J. D. & Hamel, D. A. (1977). *Guide to Career Decision-Making Skills.* New York: Educational Testing Service.

Landfield, A. W. (1977). *The Nebraska Symposium on Motivation.* Lincoln: University of Nebraska Press.

Lawler, E. E., III. (1973). *Motivation in Work Organizations.* Pacific Grove, CA: Brooks/Cole.

Lent, R. W., Brown, S. D., & Hackett, G. (1994). Toward a unified social cognitive theory of career and academic interest, choice, and performance. *Journal of Vocational Behavior.* 45, 79-122.

Lewias, R. A. & Gilhousen, M. R. (1981). Myths of career development: A cognitive approach to vocational counseling. *Personnel and Guidance Journal.* 59, 296-299.

Lofquist, L. H., & Dawis, R. (1969). *Adjustment to Work, a Psychological View of Man's Problems in a Work-oriented Society.* New York: Appleton-Century-Crofts.

Maslow, A. H. (1954). *Motivation and Personality.* New York: Harper & Row.

McKelvie, W., & Friedland, B. V. (1978). *Career Goals Counseling: A Holistic Approach.* Baltimore, MD: F. M. S. Associates.

McKelvie, W., & Friedland, B. V. (1981). The life style and career counseling. In L. Baruth & D. Eckstein (Eds.), *Lifestyle: Theory, Practice and Research* (pp. 57-62). Dubuque, IA: Kendall / Hunt.

Meichenbaum, D. (1977). *Cognitive-behavior Modification.* New York: Plenum.

Mitchell, L. K. (1980). *The Effects of Training in Cognitive Restructuring and Decision Making Skills on Career Decision Making Behavior, Cognition, and Affect.* Unpublished PhD Dissertation: Stanford University.

Mitchell, L. K. & Krumboltz, J. D. (1980). In L. K. Mitchell' Dissertation: *The Effects of Training in Cognitive Restructuring and Decision Making Skills on Career Decision Making Behavior, Cognition, and Affec.*

Mitchell, L. K. & Krumboltz, J. D. (1984). Social learning approach to career decision making: Krumboltz's theory. In D. Brown, & L. Brooks (Eds.), *Career Choice and Development.* San Francisco: Jossey-Bass.

Mitchell, L. K. & Krumboltz, J. D. (1990). Social learning approach to career decision making: Krumboltz's theory. In D. Brown & L. Brooks (Eds.), *Career Choice and Development: Applying Contemporary Theories to Practice* (2nd ed.), pp.145-196. San Francisco: Jossey-Bass.

National Occupational Information Coordinating Committee, NOICC (1992). The *National Career Development Guidelines Project.* Washington, DC: U. S. Department of Labor.

Neimeyer, G. J. (1989a). Applications of repertory grid technique to vocational assessment. *Journal of Counseling and Development.* 67, 585-589.

Neimeyer, G. J. (1989b). Personal construct systems in vocational development and information processing. *Journal of Career Development.* 16, 83-96.

Neimeyer, G. J. (1992). Personal constructs in career counseling and development. *Journal of Career Development.* 18, 163-173.

Nevo, O. (1987). Irrational expectations in career counseling and their confronting arguments. *Career Development Quarterly*. 35, 239-250.

Norris, L., Shatkin, L., Schott, P. S., & Bennet, M. F. (1985). *SIGI PLUS: Development and Field Test of the Computer-Based System of Interactive Guidance and Information...Plus More*. Princeton, NJ: Educational Testing Service.

Osipow, S. H., Carney, C., & Barak, A. (1976). A scale of educational-vocational undecidedness: A typological approach. *Journal of Vocation Behavior*. 9, 233-243.

Osipow, S. H., Carney, C. G., Winer, J. L., Yanico, B. J., & Koschier, M. (1976). *Career Decision Scale*. Columbus, OH: Marathon Press.

Parsons, F. (1909). *Choosing a Vocation*. Boston: Houghton Mifflin.

Patterson, C. H. (1964). Counseling: Self clarification and the helping relationship. In H. Brown (Ed.), *Man in a World of Work*. Boston: Houghton Mifflin.

Peavy, R. V. (1992). A constructivist model of training for career counselors. *Journal of Career Development*. 18, 215-228.

Peavy, R. V. (1994). A constructivist perspective for counseling. *Education and Vocational Guidance Bulletin*. 55, 31.

Peavy, R. V. (1996). Constructivist career counseling and assessment. *Guidance & Counseling*. 11, 8-15.

Peng, H. (1999). Comparing the effectiveness of two different career education courses on career decidedness for college freshmen: An exploratory study. *Journal of Career Development*. Revised paper.

Pepinsky, H. B. (1948). The selection and use of diagnostic categories in clinical counseling. *Applied Psychological Monographs*. 15.

Peterson, G. W., Sampson, J. P., & Reardon, R. C. (1991). *Career Development and Services: A Cognitive Approach*. Pacific Grove, CA: Brooks/Cole.

Piaget, J. (1963). *The Child's Conception of the World*. Patterson, NJ: Littlefield.

Pope, M. L., & Keen, T. R. (1981). *Personal Construct Psychology and Education*. London: Academic Press.

Raynor, J. O., & Entin, E. E. (1982). *Motivation, Career Striving, and Aging*. New York: Hemisphere.

Roe, A. (1956). *The Psychology of Occupations*. New York: Wiley.

Roe, A., & Lunneborg, P. W. (1984). Personality development and career choice. In D. Brown & L. Brooks (Eds.), *Career Choice and Development: Applying Contemporary Theories to Practice*. San Francisco: Jossey-Bass.

Rounds, J. B., Jr., & Tinsley, H. E. A. (1984). Diagnosis and treatment of vocational problems. In S. Brown & R. Lent (Eds.), *Handbook of Counseling Psychology* (pp. 137-177). New York: Wiley.

Ryan, T. (1974). A systems approach to career education. *Vocational Guidance Quarterly*. 22, 172.

Salomone, P. R. (1982). Difficult cases in career counseling: II. The indecisive client. *Personnel and Guidance Journal*. 60, 496-500.

Savickas, M. L. (1990). *Career Interventions that Create Hope*. Paper presented at the National Career Development Association, Scottsdale, AZ.

Savickas, M. L. (1995). *A Framework for Linking Career Theory and Practices*. Paper presented at the Fifth National Conference of the National Career Development Association, San Francisco.

Sharf, R. S. (1997). *Applying Career Development Theory to Counseling*. (2ed.) Pacific Grove: Brooks/ Cole.

Shaw, M. L. G. (1980). *On Becoming a Personal Scientist*. London: Academic Press.

Slaney, R. B. (1978). Expressed vocational choice and vocational indecision. *Journal of Counseling Psychology*. 27, 122-129.

Slaney, R. B. (1988). The assessment of career decision making. In W. B. Walsh & S. H. Osipow (Eds.), *Career Decision Making* (pp33-76). Hillsdale: Erlbaum Associates.

Slaney, R. & McKinnon-Slaney, F. (1990). The vocational card sorts. In C. E. Watkins & V. Campbell (Eds.), *Testing in Counseling Practice* (pp. 317-371). Hillsdale, NJ: Erlbaum.

Spieberger, C. D. (1972). Conceptual and methological issue in anxiety research. In C. D. Spielberger (Ed.), *Anxiety: Current Trends in Theory and Research*. New York: Academic Press.

Splete, H., & Stewart, A. (1990). *Competency-based Career Development Strategies and the National Career Development Guidelines*. Information Series No. 345. Columbus ERIC Clearinghouse on Adult, Career, and Vocational Education (ED 327 739).

Spokane, A. R. (1991). *Career Intervention*. Englewood Cliffs, NJ: Prentice-Hall.

Super, D. E. (1951) Vocational adjustment: Implementing a self-concept. *Occupations*. 30, 88-92.

Super, D. E. (1953). A theory of vocational development. *American Psychologist*. 8, 185-190.

Super, D. E. (1963).. Self-concepts in vocational development. In D. E. Super et al., (Eds.), *Career Development: Self-Concept Theory*. New York: College Entrance Examination Board.

Super, D. E. (1970). *Work Value Inventory*. Boston: Houghton Mifflin.

Super, D. E. (1974). *Measuring Vocational Maturity for Counseling and Evaluation*. Washington, DC: National Vocational Guidance Association.

Super, D. E. (1976). *Career Education and the Meaning of Work. Monographs on Career Education*. Washington, DC: The Office of Career Education, U. S. Office of Education.

Super, D. E. (1980). A life-span, life-space approach to career development. Journal of Vocational Behavior. 16(30), 282-298.

Super, D. E. (1983). Assessment in career guidance: Toward truly developmental counseling. Personnel and Guidance Journal. 61(9), 555-562.

Super, D. E. (1984). Career and life development. In D. Brown & L. Brooks (Eds.), *Career Choice and Development: Applying contemporary Theories to Practice*. San Francisco: Jossey-Bass.

Super, D. E. (1984b). Perspectives on the Meaning and value of work. In N. C. Gysbers (Ed.), *Designing Careers: Counseling to Enhance Education, Work and Leisure*. San Francisco: Jossey-Bass.

Super, D. E. (1985). *New Dimensions in Adult Vocational and Career Counseling*. Occupational paper No. 106. Columbus, OH: The National Center for Research in Vocational Education.

Super, D. E. (1990). A life-span, life-space to career development. In D. Brown & L. Brooks (Eds.) *Career choice and development: Applying contemporary theories to practice* (pp.197-261).San Francisco: Jossey-Bass.

Super, D. E. , Thompson, A. S., & Lindeman, R. H. (1988). *The Adult Career Concerns Inventory*. Palo Alto, CA: Consulting Psychologists Press.

Thompson, A. P. (1976). Client misconceptions in vocational counseling. *Personnel and Guidance Journal*. 55, 30-33.

Tiedeman, D. V. & Miller-Tiedeman, A. (1984). Career decision-making: An individualistic perspective. In D. Brown & L, Brooks (Eds.), *Career Choice and Development*. San Francisco: Jossey-Bass.

Tiedeman, D. V. & O'Hara, R. P. (1963). *Career Development: Choice and Adjustment*. Princeton, NJ: College Entrance Examination Board.

Tyler, L. E. (1961). Research explorations in the realm of choice. *Journal of Counseling Psychology*. 8, 195-202.

U. S. Development of Labor(1991). *Dictionary of Occupational Titles* (4th ed. Revised). Washington, DC: U. S. Government Printing Office.

Van Matre, G. & Cooper, S. (1984). Concurrent evaluation of career indecision and indecisiveness. *Personnel and Guidance Journal.* 62, 637-639.

Vondracek, F. W., Hostetler, M., Schulenberg, J. E., & Shimizj, K. (1990). Dimensions of career indecision. *Journal of Counseling Psychology.* 37, 98-106.

Vroom, V. H. (1964). *Work and Motivation.* New York: Wiley.

Walsh, W. B., & Chartrand, J. M. (1994). Emerging directions of person-environment fit. In M. C. Savickas & R. W. Lent (Eds.), *Convergence in Career Development Theories: Implications for Science and Practice* (pp.187-195). Palo Alto, CA: CPP Books.

Walsh, W. B. & Osipow, S. H. (1990). *Career Counseling: Contemporary Topics in Vocational Psychology.* Hillsdale, NJ: Lawrence Erlbaum Associates.

Watts, A. G., Super, D. E., & Kidd, J. M. (1981). A person-environment interactive model of the bases of career maturity. In *Career Development in Britain.* London: Hobson's Press.

Wheeler, K. G., & Mahoney,T. A. (1981). The expectancy model in the analysis of occupational preference and occupational choice. *Journal of Vocational Behavior.* 19, 113-122.

Williamson, E. G. (1939). *How to Counsel Students: A manual of Techniques for Clinical Counselors.* New York: McGraw-Hill.

Wu, C.-Y. (1997). *A Constructivist Approach to the Study of Career Decision Making: A Sample of Senior Undergraduate Students in Taiwan.* Unpublished PhD Thesis: University of Reading, U. K.

Zunker, V. G. (1994). *Career Counseling: Applied Concepts of Life Planning.* Pacific Grove, CA: Brooks/Cole.

王玉珍（1998）。生涯探索團體對高二女學生職業建構系統及生涯自我效能之影響研究。國立台灣師範大學教育心理與輔導研究所碩士論文。

王淑敏（1988）。生涯團體諮商方案對增進五專一年級學生生涯成熟之實驗研究。國立台灣師範大學教育心理與輔導研究所碩士論文。

王澤玲等（1995）。替未來造形：我的生涯手冊。台北：康和。

朱秉欣（1971）。擇業指南。台北：中國輔導學會。

李大偉（1983）。我看當前國中畢業生就業輔導工作。中學工藝月刊，16卷6期，14-60頁。

余彩華等（1997）。生涯輔導手冊。雲林縣西螺農工輔導室。

金樹人、王淑敏、方紫薇、林蔚芳（1992）。國民中學生涯輔導計畫規劃之研究。教育心理學報，25期，125-200頁。

金樹人（1987）。生計發展與輔導。台北：天馬。

金樹人（1997）。生涯諮商與輔導。台北：東華書局。

林幸台（1983）。我國高中及大一學生職業決策行為之調查與實驗研究。輔導學報，6期，91-124頁。

林幸台（1987）。生計輔導的理論與實施。台北：五南。

吳芝儀（1991）。五專五年級學生生涯決定信念、情境-特質焦慮與生涯決定行動之研究。國立台灣師範大學教育心理與輔導研究所碩士論文。

吳芝儀（1995）。從認知層面探討生涯決定的問題。諮商與輔導。

吳芝儀（1997）以建構研究法探討個人建構系統與生涯決定的相關論題。輔導季刊，33卷3期，42~51頁。

吳芝儀（1998）犯行青少年生涯建構系統與生涯關注。國立中正大學學報，9卷1期，51-92頁。

吳芝儀（1999）從建構論觀點探討當前台灣大學生的生涯價值。輔導季刊，35卷1期，42-54頁。

沈逢時（1928）。教育與職業指導。教育雜誌，17卷1期。

紀憲燕（1994）。大學生生涯決定類型與生涯決定信念之研究。國立台灣師範大學教育心理與輔導研究所碩士論文。

洪寶蓮（1994）。國民中學生涯輔導探討。學生輔導通訊，30期，42-49頁。

彭慧玲（1999）。淺談大專學生的班及生涯輔導課程模式。學生輔導通訊，64期，48-57。

楊朝祥（1984）。生計輔導-終生的輔導歷程。台北：行政院青輔導委員會。

鄭崇趁（1995）。學校生涯輔導工作要領。學生輔導通訊，39期，12-21頁。

劉滿珍（1998）。生涯發展團體對單親國中學生之輔導效果暨個案分析研究。台南師院國民教育研究所碩士論文。

羅文基、朱湘吉、陳如山（1992）。生涯規劃與發展。台北：空中大學。

國家圖書館出版品預行編目資料

生涯輔導與諮商：理論與實務 ＝ Career guidance and
counseling：theories and practice／吳芝儀著.
－－初版－－嘉義市：濤石文化，2000【民89】
面；　　公分　　參考書目：面
ISBN 957-30722-0-3 (平裝)
1.生涯規劃 2.諮商

192.1　　　　　　　　　　　　　89014383

生涯輔導與諮商　《理論與實務》

Career Guidance and Counseling：Theories and Practice

著　　者：吳芝儀
出 版 者：濤石文化事業有限公司
發 行 人：陳重光
總 編 輯：陳重光
責任編輯：吳孟虹、朱儀羚
美術編輯：吳孟虹
封面設計：白金廣告設計
登 記 證：嘉市府建商登字第08900830號
地　　址：雲林縣斗六市建成路111號7樓之2
電　　話：(05)271-4478
郵政帳號：31442485
戶　　名：濤石文化事業有限公司
印　　刷：鼎易印刷事業股份有限公司
初版一刷：2000年10月　　　初版十二刷：2015年9月
ＩＳＢＮ：957-30722-0-3
總 經 銷：揚智文化事業股份有限公司
　　　　　電話：02-26647780　傳真：02-26647633
定　　價：新 台 幣 ５６０元
Ｅ-ｍａｉｌ：waterstone.tw@gmail.com
http://www.waterston.url.tw